本专著受国家自然科学基金项目"外包与云计算情境下IT业务匹配研究：适应性结构化理论视角"（71472011）、北京工商大学学术出版资助项目资助

离岸 IT 外包中的组织
惰性与价值链升级：
知识转移视角

邓春平　著

中国财经出版传媒集团

经济科学出版社
Economic Science Press

图书在版编目（CIP）数据

离岸 IT 外包中的组织惰性与价值链升级：知识转移
视角/邓春平著 . —北京：经济科学出版社，2019.5
ISBN 978 - 7 - 5218 - 0590 - 1

Ⅰ . ①离…　Ⅱ . ①邓…　Ⅲ . ①IT 产业 - 对外承包 -
研究　Ⅳ . ①F492

中国版本图书馆 CIP 数据核字（2019）第 112073 号

责任编辑：刘　莎
责任校对：郑淑艳
责任印制：邱　天

离岸 IT 外包中的组织惰性与价值链升级：知识转移视角
邓春平　著
经济科学出版社出版、发行　新华书店经销
社址：北京市海淀区阜成路甲 28 号　邮编：100142
总编部电话：010 - 88191217　发行部电话：010 - 88191522
网址：www. esp. com. cn
电子邮件：esp@ esp. com. cn
天猫网店：经济科学出版社旗舰店
网址：http: //jjkxcbs. tmall. com
北京密兴印刷有限公司印装
710 × 1000　16 开　18.5 印张　260000 字
2019 年 5 月第 1 版　2019 年 5 月第 1 次印刷
ISBN 978 - 7 - 5218 - 0590 - 1　定价：65.00 元
（图书出现印装问题，本社负责调换。电话：010 - 88191510）
（版权所有　侵权必究　打击盗版　举报热线：010 - 88191661
QQ：2242791300　营销中心电话：010 - 88191537
电子邮箱：dbts@ esp. com. cn）

前　　言

经济全球化改变了过去资源配置局限于国内、区域内的局面，企业的资源配置开始在全球范围内进行，外包成了企业资源配置的有效方法之一。伴随着信息技术的飞速发展，离岸 IT 外包异军突起，也成为广为讨论的热点之一。但随着数字技术的迅猛发展，一方面，IT 外包竞争模式逐渐变革，对承接高端 IT 外包项目的能力要求越来越高；另一方面，美国货币政策与贸易保护主义政策、新兴市场劳动力成本持续上升、外包服务回流、区域地缘政治不稳等因素对全球 IT 外包增长影响凸显。在此背景下，中国离岸 IT 外包业发展面临各种挑战，如何实现转型升级成为产业持续健康发展的关键。现有实践界和理论界主要从价值链理论、创新能力等角度对如何实现成功升级转型进行探讨，忽略了 IT 外包产业转型升级中潜在障碍以及外包供应商从事外包项目本身所导致的组织惰性问题。本书通过文献梳理、理论分析、案例研究和大样本的实证研究，对 IT 外包供应商的组织僵化、价值链升级进行了系统研究，并从知识转移角度探讨了如何破解组织惰性，促进价值链升级。

俘获型价值链治理模式下的升级挑战。在全球 IT 外包网络价值链分工中，在价值链中处于主导地位的发达国家的大发包商或跨国企业利用自身优势，一方面通过外包利用发展中国家承包方的低廉要素成本以实现其战略目的，另一方面又设法运用自己的技术、品牌和市场等优势，设计各种技术、质量、交付、流程标准、承包商相互竞争等策略来控制发展中国家承包商在其价值链体系的地位，阻碍其技术赶超和价值链攀升进程，把供应商锁定在价值链的低端，使得我国供应商在价值链升级过程中面临各种挑战。

组织僵化的形成机理。既有研究强调外包供应商如何通过创新实现价值链升级，忽视创新的对立面，即组织惰性影响，从组织惰性角度进行研究的文献很少。组织惰性的形成经过资源僵化和惯例僵化两个阶段。金字塔型的分包模式，俘获型治理模式，加上外包行业本身特性，导致供应商的资源锁定在中低端项目上，缺乏创新和转型升级所需的冗余资源，导致了资源僵化的出现。供应商习惯于"贩卖人头"的低成本模式，强调短期利润取向，主要从事单一重复价值链低端环节，难以接触高端的价值链环节，加之认知失灵等因素，渐渐陷入惯例僵化，丧失创新能力。因此，在面对环境剧变，试图通过转向国内市场或研发产品进行转型升级应对危机过程中必然面临不适应。本书通过案例研究揭示了外包供应商组织僵化的形成机理。

组织惰性化解和价值链升级中知识转移的作用。在实践中，为推动承包商对发包方业务领域、技术环境、作业流程、项目需求等的了解，不少发包方倾向于与供应商建立基于信任的关系契约合作形式，客观上促进了知识从客户方到供应商的转型。从海外发包方到国内供应商的有效知识转移，不仅是外包项目顺利实施的基础，也是我国供应商能力提升的重要途径。因此，供应商通过跨组织的知识转移和内部双元性学习，促进知识转移，是供应商转型升级的重要途径。本书基于组织间学习理论，从技能转移和合作知识转移两个角度概括了 IT 外包中知识转移的内涵、演变规律、影响因素及对项目管理能力、特定关系能力的作用，并从关系性视角分析了 IT 外包中关系租金的构建机制。

为探讨当知识接受方面临组织僵化时，控制如何能影响知识转移进而缓解组织惰性，本书基于压力的学习效应和组织认同理论视角，在离岸 IT 外包中展开了一项案例研究。结果发现知识发送方实施的不同控制机制将对知识接受方构成一种压力源和认同源，进而对知识转移及组织僵化产生影响。本书从压力和认同双重机制角度展示了控制影响组织僵化的过程机理，揭示了控制性和信息性压力源对认知惰性产生的不同影响，为正式控制促进还是阻碍知识转移，外部环境压力减缓还是强化组织僵化的争议提供了一个新的诠释视角。

由于知识的模糊性和环境依赖性，知识转移代价高昂且困难重重，尤其涉及跨文化跨组织的知识转移时。本书发现，客户方支持、主动学习机制知识表述对合作知识转移和技能转移这两种知识转移有重要影响。相反，经验积累作为一种相对被动的学习机制，对这两种类型的知识转移都没有显著贡献。知识表述比知识转移中的经验积累更重要，尤其是对于合作知识转移。此外，知识转移对离岸项目成功有积极作用，在高水平经验积累的情况下，技能转移对项目质量有积极影响，合作知识转移对成本控制绩效有很大贡献。另外，客户的正式控制对显性知识转移的影响比非正式控制的作用更强。隐性知识转移比显性知识转移更依赖于供应商的吸收能力，显性知识转移对隐性知识转移有积极促进作用。本书还显示，正式控制对离岸 IT 服务外包绩效有直接影响，但知识转移对外包绩效的影响并不显著。

本书通过案例研究、大样本的实证研究和理论分析，系统揭示了离岸 IT 外包中供应商的组织惰性形成机理及克服机制，探讨了知识转移的内涵、促进因素及其意义，分析了知识转移对组织惰性及价值链升级的机制。从这些研究结论基础上提出的对策建议对于提升供应商核心能力，实现转型升级有重要实践意义，对于 IT 外包研究也有积极的理论拓展意义。

本书在写作过程中，参阅、吸收、借鉴了国内外众多专家学者的优秀研究成果，在此深表感谢。案例研究的数据收集和写作过程中得到中国人民大学商学院院长毛基业教授、美国德州大学奥斯汀分校的斯尔卡（Sirkka Jarvenppa）教授、暨南大学管理学院苏芳博士的极大帮助和指导，在此也表示诚挚的感谢。本书前期部分成果陆续发表在《国际信息管理》（*International Journal of Information Management*）、《全球信息管理》（*Journal of Global Information Man-*

agement）、《管理评论》、《科学学与科学技术管理》、《国际经济合作》、《战略管理》等期刊中，也要向这些期刊表示衷心的感谢。另外，也向帮助对本书进行文献梳理、文字校对等繁杂工作的北京工商大学商学院的硕士研究生宋琦、郭子叶、王涛表示诚挚的谢意。

由于笔者学时水平的局限，不足之处在所难免，恳请各位专家学者不吝赐教，批评指正。

邓春平

2019 年 3 月于北京

目　　录

第一章

绪　　论

第一节　研究背景与动机

一、IT外包的基本概念

经济全球化改变了过去资源配置局限于国内、区域内的局面，企业的资源配置开始在全球范围内进行，外包成了企业资源配置的有效方法之一。外包是组织对资产、人员和行为进行出售或者通过契约的方式交由第三方管理的模式。作为交换，第三方供应商通过既定期限内提供或者管理资产或服务以获得收益（Kern，1997）。全球服务外包起始于20世纪80年代，到20世纪90年代中期迎来了高速发展期。主要包括业务流程外包（business process outsourcing，BPO）、信息技术外包（information technology outsourcing，ITO）和知识流程外包（knowledge process outsourcing，KPO）等（张磊、徐琳，2006）。其中，ITO业务的附加值变化范围很广，既有高附加值的软件研发、IT 咨询，也有中低附加值的数据录入和软件管理等。KPO 业务主要位于高附加值的区域，而 BPO 业务主要属于中低附加值（刘春生、王泽宁，2017）。本书主要关注面向海外客户的离岸 ITO，后面统称为 IT 外包。IT 外包是指企业为了降低成本，专注核心业务，提高核心竞争力，将其价值链中非核心的 IT 业务环节外包给专业承包商来完成的一种运作模式。

二、IT 外包发展现状与价值链升级困境

（一）全球 IT 外包市场

随着产业分工的细化和发展，由于劳动力成本的差异以及提高核心竞争力的需要，许多跨国公司将价值链上一些标准化程度较高、创新不多的非核心职能或环节转移到发展中国家，以充分利用发展中国家的廉价劳动力。其中 IT 外包占比最大。IT 外包产业具有能耗低、附加值高、促进就业等一系列优势，因此许多发展中国家都提出了大力发展 IT 外包产业的战略构想。

特别是随着市场竞争加剧和经济全球一体化的程度加深，一些人力成本昂贵的发达国家的大型企业（指项目发包方，以下统称客户方，client）开始寻找外包的机会，尽量将自己非核心的业务外包给专业服务商，包括海外人力成本较低国家的外包服务供应商。在外包实践中，一些国外 IT 外包供应商（属于另一类型发包方，以下也统称客户方）在接包后，发现某些业务环节已经不具有多少附加值，例如软件产品商的软件测试、软件模块开发以及嵌入式系统制造商的嵌入式软件开发与测试等。在成本驱动下，这些 IT 外包供应商也把经过分解后的项目进一步转包给二级外包服务供应商，因此可能出现金字塔型多层转包模式。

（二）我国 IT 外包产业的迅猛发展

在我国，越来越多的人认识到 IT 外包在促进就业和经济发展中的重要意义。大力发展 IT 外包产业对于缓解我国环境和资源短缺的瓶颈问题，保持经济的可持续发展具有重要意义。发展 IT 外包也有助于 IT 外包供应商资本积累，提升软件开发能力，并最终走向自主创新之路。为此，国家有关部门也对 IT 外包产业发展给予了极大重视。

实践中，我国 IT 外包产业发展也取得了长足的发展。早在 2006 年，国家出台了一系列促进软件与信息服务外包产业的政策，分别诞生了 6 个国家软件出口基地和 11 个中国 IT 外包基地城市，同时还成立了软件出口与 IT 外包推进联盟。此外，政府还为推动中国 IT 外包产业转型升级制定了一系列的创新支持政策。目的是让外包供应商在重视技术创新的同时，也增强外包供应商市场创新的意识，以便能使创新的技术与变化的市场相匹配，进而不断增强外包供应商的市场创新能力，以实现向高价值链跨越的目标。近年来，我国 IT 外包产业的地位和综合实力一直保持着持续增长的势头，价值链升级稳步推进，外包供应商的数量、规模、人才储备、自主创新能力以及企业国际并购速度保持着稳步上升的态势。尤其是"一带一路"沿线新兴市场经济发展新引擎的出现，使我国 IT 外包产业进入了规模从小到大，实力由弱变强的高速发展时期（王晓红，2019）。

（三）IT 外包业发展趋势

我国 IT 外包产业自 2007 年开始的高增长态势，也正在逐渐步入常态化的持续稳定增长，从规模扩张向量质并举发展。随着人口红利的逐渐消失、商务成本及人力成本的升高、数字技术的迅猛发展，在今后很长一段时间内，稳中有增以及产业整体转型与升级将成为我国 IT 外包产业的主要特征。具体体现在以下方面。

1. 数字技术的迅猛发展推动需求变革，高端 IT 外包能力要求日益凸显

以大智移云、区块链、人工智能等为代表的各种新技术大幅发展，客户方正积极融合新一代数字技术，寻找具有高端 IT 能力的外包供应商来帮助探索可扩展的解决方案，提升外包价值，充分发掘数字技术的突出作用。基于云计算的交付模式变革、大数据的业务升级和人工智能的平台搭建更加普及，要求 IT 外包供应商具备面向最终客户提供项目咨询设计、实施执行及运营维护等全流程 IT 外包服务的综合能力，大力拓展云计算交付模式，升级基于大数据的业务，搭建各种基于人工智能的平台，拓展电子商务平台服务、大数据分析服务等业务。

高端业务需求的凸显，需要 IT 外包供应商不断建立掌握尖端技能，同时兼具语言和商务软技能的开发团队。随着高端 IT 外包能力要求日益提高，雇佣掌握高端技能的 IT 员工开始变得困难。随着技术日趋复杂，人力资源在语言、沟通技能、团队协作等方面的软技能的需求将变得更为重要，兼具技术和软技能的高端人才将变得日益稀缺。

2. IT 外包竞争模式逐渐变革，外包业务模式日益多元化

历史上，我国 IT 外包供应商的迅猛发展很大程度借助了低成本的竞争优势，通过低端业务流程中人力资源的成本优势来实现。然而随着高端人才匮乏、人力成本偏高以及商务成本的上涨，这种模式的优势难以为继，各 IT 外包供应商陆续出现利润下滑趋势。这种基于低成本和人口红利为基础的竞争模式在我国正在丧失优势，这一形势要求建立以价值链转型升级为基础的新竞争模式。由于业务模式的惯性，在未来很长一段时间内两种商业模式会并存，但转型升级的比重毫无疑问会不断增加。最终需要增强转型升级以及外包行业环境建设意识，建立以质量、服务、技术、品牌、标准和规则为支撑的竞争新优势（李西林，2017）。

随着竞争模式的逐渐变革，IT 外包业务模式表现出日益多元化的趋势。从服务外包的结构来看，历史上 ITO 长期占据主要地位，但随着竞争模式的创新发展，ITO、KPO、BPO 的占比日益均衡，KPO、BPO 的比重有不断增加趋势。由中国商务部统计数据来看，2017 年，三大业务领域执行金额分别为 618.5 亿美元、235.7 亿美元、407.2 亿美元，占比分别为 49%、19%、32%；离岸执行金额分别为 364.2 亿美元、129.3 亿美元、303.3 亿美元，同比增长分别为 10.2%、10.9%、18%，占比分别为 46%、16%、38%（王晓红，2019）。

3. 产业空间布局不断调整，国际化程度不断提高

随着国内各区域服务外包竞争要素的差异不断凸显，产业空间不断调整。传统的外包一线龙头城市如北京、上海，由于成本上涨以及人才储备优势，已经逐渐进行了自我升级与战略转型，开始从产业链的低知识含量、低附加值下游环节逐步升级到高知识含量、高附加值的价值链上游环节。逐渐形成自己的品牌，强化了优势。北京也拥有如文思海辉、博彦科技、软通动力等一系列面向世界的著名大型 IT 外包供应商，北京已经在高端 IT 外包能力上积累了良好基础，并将进一步发展高端 IT 外包上的能力，在高端 IT 外包行业中的地位将会日益增强。但随着这些一线城市的成本上涨，传统的低端外包业务正不断向低成本的中西部转移，从而导致产业空间布局深度调整，区域合作的形式日益多元化。

我国的"一带一路"建设，为 IT 外包服务业发展，提高国际化程度提供了新契机。逆向外包模式不断发展，在此背景下，外包供应商的国际并购的数量增多，国际化进程加快（姜荣春，2015）。发包国家业务类型日益多元化，为 IT 外包服务供应商转型升级拓展了知识转移空间，也有利于 IT 外包产业的转型升级。

（四）IT 外包发展困境

尽管目前 IT 外包产业的发展态势是喜人的，但仍然面临一些深层次的挑战。

1. 全球外包产业发展环境的不稳定性

特朗普政府的货币政策与贸易保护主义政策、新兴市场劳动力成本持续上升、外包服务回流、区域地缘政治不稳等因素对全球 IT 外包增长影响凸显，国际产业分工格局正在发生深刻演变。逆全球化思潮和保护主义的出现（王晓红，2019），使发达国家的客户方出于维护自身利益的角度，试图对发展中国家 IT 外包供应商的价值链升级过程进行俘获和控制，导致发展中国家 IT 外包供应商长期处于附加值较低的价值链低端，难以实现向高端价值链的跃升。

2. 新一轮科技革命和产业变革带来的新挑战

大数据、人工智能、云计算、移动互联网、物联网、区块链等技术的快速发展，推动新业态不断涌现，为 IT 外包产业注入新动力的同时，也对 IT 外包供应商创新业务模式，实现价值链产业升级提出了新的更高要求。广大 IT 外包供应商如何在下一步云服务、大数据、工业物联网应用、研发设计等技术与附加值含量高的业务模式中抓住先发优势，构建竞争优势，对于我国的 IT 外包产业持续健康发展具有重要意义。

3. 价值链的俘获型和金字塔型分包治理模式给供应商的转型升级带来了挑战

发达国家的客户方牢牢控制了 IT 外包供应商升级的服务和升级的范围。现在，诸多发展中国家承接的项目大多为国际大型 IT 企业把从终端客户处承包的整体项目经过项目分解后再转包的项目。大多数项目技术含量低、利润低而难度较大，处于价值链的低端。客户方通过层层分包，将各个标准化模块分包给不同的 IT 外包供应商，这些供应商可能来自不同的国家，互相之间毫无联系，每个供应商只负责很小的一个任务，难以接触到项目的核心环节，因此较难进行知识转移和能力提升，最终使得供应商长期处于低附加值的环节。

4. 长期从事专业 IT 外包业务导致的组织惰性阻碍了供应商的转型升级

由于外包业务的路径依赖、认知偏差等原因，长期从事外包业务的供应商容易陷入认知和行为惰性，阻碍供应商能力提升和价值链升级的步伐。

5. 自身资源和能力不足限制了价值链的转型升级

我国 IT 外包产业发展的一个重要问题在于目前我国广大外包项目团队的能力还存在不足，规模较小，与许多印度同行相比缺乏竞争力，只能接一些外包项目中的"边角料"和"难啃的骨头"，致使整个外包产业处于国际外包价值链的中低端。一些外包实践者也发现，许多外包供应商的项目管理能力落后，不少项目还处在过程管理滞后的早期阶段，缺乏完善规范的服务流程等（刘栋，2005；秦燕等，2006）。同时，许多工程师缺乏质量意识和团队合作精神，习惯于英雄主义，受"差不多"文化的制约，还未能按服务工程标准提供专业服务，这些因素是阻碍供应商转型升级的重要内因。

三、IT 外包中知识转移的重要性

要抓住外包发展中可能获得的机遇，克服 IT 外包中存在的种种困难，一个重要的方面就是促进有效的知识转移。相对而言，我国外包供应商的许多客户本身都是一些成熟的规模比较大的发包企业，它们有成熟的服务流程和项目管理经验，较强的质量意识和团队合作精神。因此对于大多数供应商来说，外包是一个良好的切入点，通过外包能够获取知识溢出，积累经验，学习客户方的项目管理方法和理念，改变"差不多""英雄主义"的软件开发传统，提高客户服务意识，建立有效的服务流程，提高项目进度和质量管理能力。

在 IT 外包研究中，随着研究的推进，外包中的知识转移问题引起了越来越多学者的重视（Shi et al. , 2005；Balaji et al. , 2006）。已有的一些 IT 外包研究成果已认识到知识转移在取得外包成功中的重要作用。外包是为了获取竞争优势而组合各种不同知识以更有效生产的活动，因此外包可以看作集成来自外包供应商知识的一种机制。有效的知识转移有利于 IT 外包项目的成功，同时也能促进IT 外包服务发包商团队能力的成长。吴锋和李怀祖（2004）指出，客户方与供应商之间知识双向流动顺畅性是外包成功的一个重要保障，是影响 IT 外包绩效的重要因素（张培等，2018）。IT 外包中知识转移的重要性具体可以体现在 3 个方面。

（一）促进 IT 外包供应商能力的成长

虽然面临各种发展的良好机遇和政策支持，但我国 IT 服务外包产业发展还存在不少瓶颈，其中一个重要方面体现在由于目前我国广大 IT 外包服务供应商的能力还存在不足，导致我国 IT 外包行业在价值链升级过程中易被客户方进行俘获和控制，长期处于价值链的低端，缺乏竞争力。

根据基于知识的企业理论，知识是帮助企业在市场上获得竞争优势的最为关键的资源之一（Grant，1996）。通过学习来积累知识也是中小企业发展的核心推动力，知识转移为企业成长开启了新的"生产可能性"，并提高了企业实现这些可能性的能力。利用国际经济合作中的知识溢出效应，是本土企业成长的一条重要途径（陶锋、李诗田，2008）。对于处于创业期的许多 IT 外包供应商而言，它们受到的资源约束比较明显，因此特别依赖于创造性地把自身特定知识与外部合作伙伴的知识相结合，以获得生存和发展。对于我国企业来说，跨国公司就是技术和管理知识的储存库，是外部知识的重要来源。由于创造知识需要花费高额成本，但复制知识相对来说较为容易，为此从跨国公司获取知识是我国企业谋求发展的一个重要途径。现有的 IT 外包情景也为国内供应商打开了一个学习的窗口，提供了学习的可能性。目前我国众多 IT 外包供应商相对客户方而言在项目管理能力上存在不少差距，通过知识转移获取客户方成功的项目管理经验是提高自身项目管理能力的一条有效途径。一些日本学者也发现，在对日本 IT 外包中从日本客户方到中国供应商有技术和管理经验的转移，这种转移就长期而言是有利于我国 IT 外包供应商的。

（二）缓解组织惰性，促进转型升级

组织惰性越严重的企业，将面临更高的路径依赖性难题，难以有效集成和利用外部知识以应对外部环境冲击。通过承接外包项目，获得客户方的知识溢出，进而缓解组织惰性，快速实现转型升

级，一直被业内寄予厚望。由于长期承接软件编码、测试等中低端代工项目导致的能力僵化和组织惰性，不少企业很难实现向高端价值链跨越的目标。组织惰性的存在对有效获取和利用外部知识构成了巨大挑战。知识转移可以使 IT 外包供应商在承包外包项目过程中获取技能和合作的经验，促使企业突破自身的认知惰性和行为惰性，进而实现企业的转型升级。

（三）促进 IT 外包项目的顺利实施

IT 服务是一个知识密集型过程。除了通过知识转移提升能力及取得竞争优势外，有效的知识转移也是取得 IT 外包项目成功的必然要求。IT 外包尤其是知识流程外包是一个知识密集型过程，必然需要客户与开发团队的密切知识转移（Tiwana & Mclean，2005）。IT 外包项目涉及跨国界跨文化的交流问题，涉及不同的利益相关者（比如用户、业务分析人员、桥梁工程师、设计师、开发人员和质量保证人员等），每个人都拥有完成项目所需要的部分知识。因此，外包项目的一个重要方面就是不同领域的专业知识有效转移并集成起来以确保项目成功（Tiwana & Mclean，2005）。从供应商的角度来说，主要是希望学习到特定行业的业务流程知识，成为业务领域的专家。在外包开发中，只有把客户方拥有的业务知识、供应商拥有的技术知识，以及从双方关系以外（比如实践社区和外部社会网络）所获得的知识结合起来，才能更好地取得项目成功（Balaji et al.，2006）。除此之外，供应商项目团队还需要对客户方的作业流程、作业要求以及企业文化有所了解，掌握一定的合作方法，才能有效地与客户方交往，推动项目的成功实施。如果供应商团队没能准确理解客户方的业务领域知识和项目需求，不了解客户方的作业流程和要求，有可能导致整个项目的全面返工，给资源带来极大浪费。

综上所述，知识转移在 IT 外包中发挥着重要作用。但由于知识的缄默性和复杂性，知识的转移仍然面临诸多挑战，多种因素都会影响知识转移的结果，因此，如何推动 IT 外包中的知识转移是一个需要不断深入探讨的问题。

四、研究现状

（一）IT 外包研究

在 IT 外包领域，国内外相关学者对于如何推动外包项目成功、外包契约和关系治理、风险控制、供应商能力需求等问题进行了广泛探讨，也注意到了 IT 外包价值链升级的迫切性和困境。但既有文献还没有关注到 IT 外包俘获型价值链治理模式下供应商的组织惰性问题，以及在转型升级中面临的突出问题，缺乏对如何通过知识转移打破组织惰性，实现价值链转型升级的探讨。在面临俘获型治理和金字塔型多层分包情境下，IT 外包供应商可能存在学习窗口，但也面临长期从事专业化的外包服务环节导致的组织惰性问题。现有实践和理论界主要从创新能力角度探讨如何成功实现升级转型，忽略了创新的对立面，即组织惰性影响，从组织惰性角度进行研究的文献很少。在此背景下，基于知识转移视角探讨 IT 外包服务供应商的组织惰性和转型升级具有重要理论和实践意义。

（二）知识转移研究

IT 外包中的知识问题，更多涉及客户方和供应商之间的知识转移问题。知识转移的研究起源于技术扩散的研究，特别是对跨国公司的技术从母公司转移到本土公司的影响因素研究（Simonin，1999）。由于知识转移在促进技术创新、能力提升和组织绩效上的重要性，知识转移的研究成为近十几年的一个热点（Simonin，2004）。随着知识转移的研究领域不断扩展，研究的范围涵盖跨组织、组织内部、团队之间和个人之间等各个层面。许多学者从知识接收方特征、知识发送方特征、知识转移情境和所转移知识特征等方面研究了知识转移的影响因素（Szulanski，1996；Cummings，2001），并对知识转移与绩效的相关关系进行了研究。

在信息系统领域，对知识转移的研究相对成熟（Joshi & Sarker，2004），但对 IT 外包中的知识转移研究还相对较少。由于知识转移所涉及知识的复杂性和多样性，虽然国内外的知识转移研究取得了不少研究成果，但仍然存在一些问题需要进一步探讨。

1. 对外包服务情境下的知识转移内涵界定不够清晰

现有文献并没有对技能转移和合作知识转移作出明确区分。根据组织间学习理论，两种知识转移要素在性质上有差异，在促进因素和对合作关系和绩效的影响上是不同的（Tsang，1999；Inkpen & Currall，2004）。既有的少量与 IT 外包知识转移相关的文献主要关注的是项目相关知识的转移（主要指需求知识和业务领域知识），而对其他知识的转移（比如客户方作业要求、作业流程、企业文化等合作知识的转移）却缺乏足够的关注。同时，对供应商如何通过技能转移学习客户方的项目管理技能等并没有给予应有的关注。

技能转移和合作知识转移对于构建 IT 外包项目团队的项目管理能力和特定关系能力具有重要意义。在 IT 外包研究文献中，外包供应商的能力是外包中最重要的成功要素之一。IT 外包的一个核心驱动力就是通过外包服务商获得世界优秀水平的外包服务能力和经验。专业的 IT 外包供应商相对于非外包供应商企业在提升服务能力上有天然的优势，这些优势有可能来源于其能够在劳动力市场获得更多的专业人才，更主要的是其通过不同客户、不同项目的经验积累，能够发展一种内部能力以更好地提供外包服务。虽然已有文献认识到供应商能力在提高 IT 外包成功中的重要作用，但基本上是站在客户方的角度，对于供应商角度如何通过组织间学习构建其服务能力并进而提高外包成功缺乏必要的关注。

一些学者提出特定关系能力是 IT 外包供应商的一种核心能力，但对特定关系能力的来源并没有进行系统探讨。知识转移中两种要素的区分，为更好地理解供应商能力以及外包合作关系的发展演变，特别是特定关系能力的来源提供了一个新的视角。然而现有知识转移文献并没有对这两种知识转移要素进行明确区分，对它们的影响因素及对绩效的影响还有待进一步探讨。

2. 对 IT 外包情境下的知识转移影响因素探讨存在一定不足

首先，吸收能力的概念出现泛化，而对促进知识转移的知识接收方学习机制缺乏必要关注。通常而言，吸收能力被认为是促进知识转移的一个要素，但吸收能力这个概念已经"具体化"（reifica-toin）（Lane et al.，2006），即这个概念已经脱离了概念原先的假设网络，以及该概念与其他概念和相关观察现象的关系。有些学者似乎把吸收能力当作"知识接收方特征""组织学习"的同义词，只要涉及知识转移中知识接收方学习特征的因素都归为吸收能力。另外，既有文献对促进知识转移的知识接收方学习机制缺乏必要关注。因此，一个更有实践指导意义的做法首先是结合特定的情境，找出该情境下促进知识转移的关键学习机制以代表吸收能力的一些关键要素。其次，对知识发送方的控制机制对知识转移的影响缺乏实证研究。外包服务中控制机制是确保外包项目成功的关键因素，被客户方广泛运用于各种外包项目质量、成本和进度控制中。在一般的知识转移和组织学习文献中，有几位学者虽然没有明确探讨，但暗示了控制是与组织学习和知识管理密切相关的（Fiol & Lyles，

1985）。然而相关的系统理论分析却极其少见，只发现少量几篇文献（Makhija & Ganesh，1997；Kloot，1997；Turner & Makhija，2006）对学习和控制之间关系做了初步理论探讨。控制机制对知识转移影响的实证研究更是极其罕见。

3. 知识转移和绩效之间关系上存在诸多争议

由于知识转移和绩效提升之间有可能存在多个环节，因此在知识转移和绩效之间关系上还存在诸多争议。到底是应该把绩效当作一个独立的因变量探讨知识转移对绩效的影响？还是把知识转移当作最终因变量，把绩效的提高当作知识转移效果或转移发生的标志？既有研究存在争议。进一步地，既有研究忽视了知识转移对组织惰性的影响，也缺乏从能力角度来分析判断知识转移是否成功。

第二节　研究问题与研究计划

一、研究问题

虽然 IT 外包和知识转移的研究取得了不少丰硕成果，但有些问题依然需要深入细致的探讨。相对于知识转移对于 IT 外包成功和供应商价值链升级的重要性而言，现有的系统理论分析和实证研究还很缺乏。为此，本书根据价值链理论、组织惰性和知识转移理论，在 IT 外包中，着重探讨以下几个问题：

（1）IT 外包价值链存在什么样的特性？供应商的价值链升级存在什么样的障碍？

（2）供应商的组织惰性表现形式和形成机理是什么？

（3）供应商能从外包关系中获取什么样的知识？其影响因素及

结果变量有哪些?

（4）如何利用知识转移克服组织惰性和俘获型治理，实现价值链转型升级?

具体地，本书将从供应商的角度，在案例访谈的内容分析基础上，结合组织间学习理论中关于学习类型的探讨、关系能力理论和信息系统文献中关于外包供应商能力的理论，区分技能转移和合作知识转移两种获取要素，并识别 IT 外包情境中的关键知识转移影响因素以及供应商的两种能力（项目管理能力和特定关系能力），构建一个研究模型，通过问卷对模型进行检验。

这项研究不仅对于供应商，而且对于客户方而言都具有重要意义。从客户方角度来看，通过理解哪些因素会促进知识转移和供应商团队能力提升，有助于改善双方合作关系以促进供应商学习，进而获取更多的外包价值。而对于供应商而言，能够通过学习构建更强的外包服务能力，克服组织惰性问题，促进 IT 外包项目成功进而推动 IT 外包产业的发展。

二、研究计划

本书采取的研究思路是：文献收集和整理、理论分析、探索性案例研究、修正理论框架和量表开发、预测验和量表完善、验证性实证研究（问卷调查）、理论总结和管理启示提炼。在研究方法上，强调定性数据和定量数据的结合以及量表开发的严谨性。本书的安排如下：

第一章介绍研究背景、研究问题和研究计划。

第二章主要是针对研究的核心变量价值链升级、组织惰性和知识转移进行文献梳理。

第三章主要探讨 IT 外包产业的发展现状、趋势和供应商转型升级中存在的困境，以及 IT 外包供应商的能力需要和组织惰性问题。

第四章对 IT 外包中的知识转移内容、影响因素、演进规律进行理论分析。并对本书研究所涉及的相关文献进行搜集整理，重点在相关理论、概念和模型，发现已有文献对本书研究问题探讨上的欠缺。

第五章主要是探索性研究和研究模型构建，进行多层次多视角的访谈调研。根据内容分析结果，并借鉴相关的理论框架形成一个有待完善的初步理论框架。

第六章针对知识转移的影响因素及对能力提升和绩效的影响进行实证研究。对分析结果进行讨论，提出研究局限性和进一步研究方向。

第七章综合案例研究发现、理论分析和实证检验结果，总结研究成果，提出对策。

第二章

文 献 回 顾

第一节 价值链升级与组织惰性

一、价值链升级

全球价值链是指为实现商品或服务价值而连接生产、销售、回收处理等过程的全球性跨企业网络组织，涉及从研发、设计、采购和物流、半成品和成品的生产和分销，直至最终消费和售后服务的整个过程（张辉，2004）。外包活动本质上是一种价值链的整合重组过程，其实质是用供应商的价值活动来替代客户方原有的价值活动。跨国公司与其供应商之间以外包接包关系为基础形成了日益庞大的全球外包价值链网络。学者们在对价值链构成、本质和升级模式展开系统分析的同时，还对如何进行价值链升级从不同的角度展开了系统研究。

有关转型升级理论，学者主要有三种观点：一种观点从竞争力角度出发，认为升级有三种形式：产品、效率、生产环节（Kaplinsky，2004）。另一种观点则从价值链的视角，认为产业转型升级有四种类型，即过程升级、产品升级、功能升级、链的升级（Kaplinsky & Morris，2002）。还有一种观点是从创新角度提出了产品升级、功能升级、过程升级和部门间升级（Humphrey & Schmitz，2004）。基于全球价值链的视角，汉弗莱和施密茨（Humphrey & Schmitz，2002）提出了一种以企业为中心、由低级到高级的四层次升级模式：一是工艺流程升级，即通过提升价值链中某环节的工艺流程效率或对生产体系进行改进来提高效率，如提高存货周转率和生产效率，由此达到升级目的；二是产品升级，即通过设计新产品或改进现有产品来达到升级目的；三是产业功能升级，即通过重新组合价值链中环节，或从现有低附加值环节转移到高附加值环节（如生产环节向设计和营销环节转移）来完成升级；四是链条升级，即将在一条价值链上获得的知识和能力转移到另一条价值量更高的价值链的升级方式。其中，价值链的升级模式也并非一成不变，供应商可能会根据自身能力的变化和新市场的开拓，选择不同的升级模式。

国内学者主要从供应商角度，分析了价值链升级的路径和策略。徐建伟等（2010）从竞争优势和动态比较优势的角度，多因素地分析了爱尔兰和印度软件产业发展和竞争力的提升，结果发现产业上发展落后的国家可能借助传统比较优势的提升和新的竞争优势的形成，使得产业逐渐从价值链的中低环节向中高环节推进。郭睿（2018）从当今全球供应链理论背景下探讨创新驱动对我国价值链升级的作用方式，认为在全球价值链体系下，我国应转变驱动导向，应该做出从要素驱动、投资驱动向创新驱动的转变，进行科技创新和专业化服务，进而实现价值链升级的目的。林素媚（2015）基于供应商的视角研究 IT 外包业的价值链升级，一方面供应商需要挖掘客户方的实时性需求，及时应对市场变化，做好市场定位工作；另一方面要求供应商转换经营模式，提高综合服务能力。总体而言，现有国内外关于产业升级的文献主要关注加工贸易业转型升级和产业集群的升级，关于 IT 外包产业升级的文献还相对少见。

二、组织惰性

随着企业所面临的环境的不确定性逐渐增加，人们对于组织惰性的研究也愈加重视。近几年，相关学者对于组织惰性的理论研究无论是广度或深度都发生了明显的变化，由以单个组织为研究中心向以组织和环境互动关系为研究中心转变（白景坤，2017）。

在企业的发展过程中，相关的知识和经验会以规则、程序、方法和组织模式等方式储存在企业组织的记忆中，并通过系统化的整理和规范成为组织内部处于优势地位的主导逻辑（Prahalad & Bettis，1986）。主导逻辑的路径依赖极易形成组织惰性，企业开始难以识别和利用潜在的有利机会，对不确定性变化的反应能力也有所下降（陈传明，2004）。每个组织都内含有一定的组织惰性，国内外学者基于不同视角对于组织惰性的形式进行了分类，具体可分为认知惰性、战略惰性、结构惰性、行为惰性、资源惰性和程序惰性等（姜忠辉等，2018）。

经济学家和管理学家们已经认识到企业所具有的保持现状不变以及对变革的抵制特性（即惯性）已经严重制约了其自身的发展，成为企业衰败的根源。组织惰性可以体现在标准化的流程管理、组织结构、组织文化、产品开发和流程设计等方面与市场及发展的脱节（丁栋虹等，2014）。企业里除组织结构刚性问题严重阻碍企业变革及其未来的发展之外，还存在着组织文化刚性问题。长期践行同一套组织行为方式容易使组织陷入熟悉陷阱、成熟陷阱和相似性陷阱，导致组织忽视备选机会和方法，拒绝尝试新的事物，进一步陷入能力陷阱，产生核心能力刚性。每个企业随着时间的演变和组织规模的扩大，组织文化刚性越来越大，当组织文化刚性水平较高时，组织对既成价值观和信仰、行为规范比较认同和依赖，不愿意改变组织运行的理念和行为规范。组织内部各项工作持续地相互影响、相互依赖，会形成组织的习惯或常规，形成组织重复性的响应模式，即所谓惯例僵化。

对于如何缓解和克服组织结构刚性问题，首先，必须清晰未来组织中各种角色的定位。其次，必须营造优良的企业文化，给未来组织中的各种角色开展工作创造良好的氛围。最后，还要有效开展组织的动态学习，使组织一直处于一个良性的动态变革过程之中。由于组织惰性带来的潜在危害很大程度上影响了企业的发展进程，所以如何缓解组织惰性，促进持续学习是一个需要迫切解决的问题。姜忠辉等（2018）基于扎根理论研究方法，提出了双元性感知理论，认为当双元性感知以威胁感知为主导时，会带来企业的内部市场化行为，通过增强每位成员的威胁感知的意识，提高员工对企业变革必要性的认识，有力地推行程序变革，从而克服程序惰性；当双元性感知以机会感知为主导时，会引发企业的内部创业行为，能够有效激发员工的活力，引发员工的机会搜寻行为，破除"能力陷阱"，避免企业将资源投入单一的领域，并引导企业将资源投入新兴机会领域，进而克服资源惰性。

总体而言，现有与组织惰性相关文献更多从组织内部特征（如组织发展历史、规模、文化、组织复杂程度等）角度论述了组织惰性出现的原因，对于如何通过外部环境压力或刺激因素减缓组织惰性的研究还远远不够。虽然已有研究注意到，认知和行为惰性难于通过内部自发演变得到改善，必须借助于外部环境压力，但对外部环境压力到底是减缓还是强化组织惰性这一个根本问题却存在较大差异。

第二节 知识转移

根据知识基础理论，知识是企业最重要的资源之一，企业要创造竞争优势，有赖于通过吸收和聚合的方式在现存知识基础上获取新的知识（Grant，1996）。为此，企业必须通过各种途径获得更多知识，通过战略联盟、并购等手段进行组织间的知识转移是其中一种重要方式。然而，由于知识的缄默性和嵌入性等特点，知识转移存在种种困难（Szulanski，1996）。因此，不少文献从各个角度对知识转移的影响因素展开了研究，知识转移也成为近十年来国内外研究的一个热点。尽管对知识转移影响因素的探讨涵盖范围较广，然而由于知识转移的复杂性，有效的转移受众多因素影响，学术界对很多因素还不是很清楚。此外，文献中知识转移的内涵和操作化定义还存在较大分歧，导致对知识转移和绩效之间的关系的认识还比较模糊，有必要在对知识转移基本概念界定基础上，对既有研究进行系统性归纳梳理。

一、知识转移的定义和研究框架

（一）知识转移的定义

表 2 - 1 列举了知识转移的几个主要定义。在这些定义中，影响比较大的是阿尔戈和英格拉姆（Argote & Ingram，2000）的定义，他们从知识转移给知识接收方带来的影响角度来定义知识转移，认为知识转移是"单元（群体、部门或分区）受其他单元影响的过程"。这种影响可以体现在接收方知识存量和知识结构的变

化上，也可以体现在知识接收方绩效的提升上。

在信息系统研究领域，巴拉吉（Balaji et al.，2006）把离岸信息系统外包开发中的知识转移定义为业务知识从客户方向供应商的转移，主要关注的是业务知识转移。而徐和姚（Xu & Yao，2006）则把知识转移定义为客户和供应商交换和共享关于项目知识的过程，这些知识主要是业务领域知识、客户方的技术平台等知识。

表 2 - 1   知识转移的几个经典定义

作者	定义
阿尔戈和英格拉姆 （Argote & Ingram，2000）	单元（群体、部门或分区）受其他单元影响的过程
苏兰斯基 （Szulanski，1996）	知识源单元与知识接收单元之间组织知识的交换过程
古普塔和戈文达拉杨 （Gupta & Govindarajan，2000）	知识转移是知识的流动
巴拉吉等 （Balaji et al.，2006）	业务知识从客户方向供应商的转移
徐和姚 （Xu & Yao，2006）	客户和供应商交换和共享关于项目知识的过程
唐利—吉尔 （Dongli - Gil et al.，2005）	知识从知识源到知识接收方的传递过程，使该知识能为知识接收方学习和应用

（二） 知识转移研究的基本框架

有关知识转移的系统实证研究模型并不多，比较有代表性有苏兰斯基（Szulanski，1996）对最佳实践转移的影响因素研究，以及莱尔斯和索克（Lyles & Salk，1996）的跨国公司中的知识转移模型，以下分别进行简要回顾。

1. 苏兰斯基对最佳实践转移的影响因素研究

苏兰斯基（1996）在对最佳实践转移的影响因素研究中，把知识转移的困难归结为知识的粘性，即知识很难从知识源转移到知识接收方，他系统地从四类影响因素的角度研究了知识转移粘性的来源：所转移知识的特征、知识源的特征、知识接收方的特征和知识转移的情境因素（如图2-1所示）。

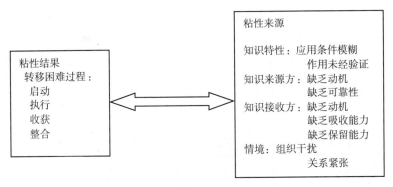

图2-1 苏兰斯基的知识转移粘性模型

资料来源：Szulanski G. Exploring Internal Stickiness: Impediments to the Transfer of Best Practice within the Firm, *Strategic Management Journal*, 1996, 17: 35.

通过实证研究，他发现影响最佳实践转移的3个主要因素分别是：知识的因果模糊性、知识接收方缺乏吸收能力和双方的紧张关系。苏兰斯基（1996）提出的知识转移四大影响因素，对后续的知识转移研究起了很重要的影响。在后来许多对知识转移影响因素的系统实证研究中，都从类似的四大方面进行了探讨。

2. 莱尔斯和索克的跨国知识转移模型

在跨国知识转移研究领域，其中最具代表性的是莱尔斯和索克（1996）对跨国战略联盟中知识转移的研究（如图2-2所示），他们从学习能力、学习目标和客户方支持3个方面研究了跨国联盟中的知识转移影响因素问题，对后续相关研究产生了深远影响。他们认为跨国合资企业中国外母公司的积极参与是合资企业获取知识的必要条件之一。母公司的积极参与能引起个人或团队对潜在知识源的注意，并为他们提供识别潜在有用知识及在国际合资企业（international joint venture，IJV）内部进行吸收调整的机会。国外母公司的参与主要体现在如下几方面：母公司之间的分工（本国母公司提供制造能力而外国母公司提供技术）；在产品技术、管理技术和制造上的支持；在管理技能上的支持（包括销售、营销、管理资源、情感支持和培训等）；对当地劳动力的培训。通过对 201 家匈牙利中小跨国合资企业的问卷调查，他们发现这些机制都与匈牙利合资企业报告的从国外母公司吸收的知识正相关。

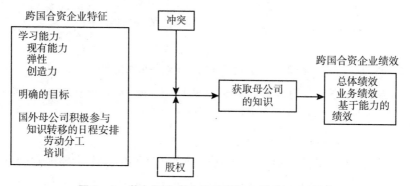

图 2 - 2 莱尔斯和索克的跨国知识转移研究模型

资料来源：Lyles，M. A. and Salk，J. E. Knowledge acquisition from foreign parents in international joint ventures：an empirical examination in the Hungarian context，*Journal of International Business Studies*，1996，29（2）：881.

莱尔斯和索克（1996）也把股权（是否持股）和冲突当作知识转移前因对转移效果影响的调节变量。同时还指出，弹性（非科层、非官僚）的组织结构和管理方法能更有效地获取知识。组织弹性和创造力能鼓励知识接收方成员对外部环境做出响应，在组织内部提供一个协作和信息共享的组织氛围，提高组织的吸收能力，进而促进知识转移（Lyles & Salk，1996）。

同时，莱尔斯和索克（1996）还指出，根据市场份额、利润率、投资回报率（return on investment，ROI）和高层经理的评价来反映学习绩效是有一定缺陷的，因为行业和市场环境的不同使得很难对绩效作出有意义的比较。为此把组织成员积累的能力纳入学习绩效的考虑范围是很有必要的，从能力积累的角度来看待绩效可以被证明是比业务绩效更紧密地与知识转移联系在一起的（Lyles & Salk，1996）。为此，他们识别了三种不同的绩效作为知识转移的结果：总体绩效和业务绩效；累积的经验和能力；关于努力和产出的总体评价。业务绩效包括业务额的上升、市场份额上升、计划目标完成程度和利润等，总体绩效主要指母公司和 IJV 总经理对 IJV 绩效的评价。而能力构建则指累积管理技能、创造新的战略实施能力等。

他们的模型为本书提供了一个参考模型，他们关于把能力纳入学习绩效考虑范围的论述也启发了本书的相关探讨，但他们并没有对知识转移、能力和绩效之间的关系做深入系统探讨。

二、跨组织知识转移的影响因素及与绩效关系

目前相关的系统文献综述还不是很多。针对上述情况，本书试图通过知识转移相关文献的综述，回答下列问题：（1）在知识接收方、发送方、知识转移情境这 3 个方面，知识转移影响因素的研究取得了哪些成果，发现了哪些主要的因素？（2）主要的研究方法和理论基础有哪些？（3）知识转移和组织绩效之间存在怎么样的关系？（4）现有研究存在哪些不足和后续研究方向？本书首先介绍文献收集方法，然后归纳知识转移主要影响因素、主要

研究方法和理论基础，接着对知识转移和绩效之间的关系进行分析总结，并提出一个理论框架。最后指出现有文献的不足和后续研究方向。

文献回顾首先需要确定变量和文献的范围。研究人员对知识转移的定义和理解存在差异，不同学者用相关但不同的词来表述知识转移这一概念，如知识转移、知识获取（Yli – Renko et al., 2001；Lyles & Salk，1996）、技术能力转移（Mowery et al., 1996）、知识流动（Gupta & Govindarajan，2000）、学习到的知识（Lane et al., 2001）、学习（Kale et al., 2000）等。因此，为提高文献覆盖面，获得尽可能多的文献，我们在最初的文献收集中，把知识转移的内涵范围相对扩大，把知识转移界定为知识接收方收到他人的经验和知识，或者受到他人经验和知识的影响。同时，知识转移可以发生在个人、团队、组织内和组织间等各个层面。相对而言，组织之间的知识转移比起组织内部的转移存在更多的困难（Inkpen & Tsang，2005）。因此，本书主要关注组织之间转移的相关文献。

文献收集主要通过 ProQuest 数据库，检索时尽量用各种不同的关键词组合进行检索，包括"知识转移"（knolwege transfer）、"知识获取"（knowledge acquisition）、"知识流动"（knowledge flow）等，其中"知识转移"（knolwege transfer）、"知识获取"（knowledge acquisition）、"学习和联盟"（learning and alliance）、"学习和合资企业"（learning and joint venture）等题目检索获得的文献较多。由此可见，关于知识转移的相关文献是比较多的。为此我们决定主要参考发表在国际上比较权威的管理学期刊上的文献，包括管理学报（*Academy of Management Journal*）、管理学术评论（*Academy of Management Review*）、管理科学季刊（*Administrative Science Quarterly*）、决策科学（*Decision Sciences*）、管理科学（*Management Sci-*

ence）、组织科学（*Organization Science*）、战略管理（*Strategic Management Journal*）、国际商业研究（*Journal of International Business Studies*）、管理学报（*Journal of Management*）、管理研究（*Journal of Management Studies*）和组织研究（*Organization Studies*）11 份期刊。

按照以上列举的期刊标准对初步收集的文献进行筛选，通过阅读文献摘要（如有必要则阅读全文），进一步剔除与研究问题关系较远的文献。另外为了文献的全面性，还补充进行了一些题目检索（如 "learning and partnership" "learning and cross + team" "learning and inter-firm"）。同时，根据经典文献的引用情况进一步增加了一些发表在顶级期刊上的相关文献。最后，还补充了若干与本书密切相关的重要文献，比如关于吸收能力、控制的重要文献。最终得到与本书密切相关的 60 篇左右外文经典文献。在国内知识转移相关文献的收集上，以 "知识转移" "联盟学习" "知识获取" 等为题名在中国期刊网上进行检索，对这些文献进一步缩小范围，选择发表在比较权威刊物上的组织间知识转移文献，尤其实证类型的文献。另外我们还补充了一些相关的经典文献和学位论文，共得到 40 篇左右中文文献，构成了国内文献回顾的基础。国外文献中所入选的文献集中在战略管理和国际商业研究领域，特别是发表在战略管理（*Strategic Management Journal*）、国际商业研究（*Journal of International Business Studies*）等期刊上的实证研究文献居多。因此，知识转移在战略联盟，尤其是跨国战略联盟、国际商务管理等领域是一个热点研究问题。

（一）知识转移的影响因素

由于知识的缄默性、嵌入性的特点，知识转移存在种种困难，为此学者们从各个角度对知识转移的影响因素展开了研究，比如吸收能力、学习意愿、知识发送方的转移意愿、知识转移的情境等。

我们对其中几篇经典的知识转移的实证文献进行了归纳，发现已有文献对影响因素的探讨主要集中在 4 个方面：所转移知识的特性（包括知识的缄默性、粘性、因果模糊性等）、知识发送方的特征（如知识转移意愿和能力）、知识接收方特征（如吸收能力、学习意愿等）和知识转移发生的情境（社会资本、信任、冲突、治理机制等）。由于知识特性因素已得到较多关注，本书主要从知识接收方、知识发送方和转移情境这 3 个方面对知识转移影响因素的相关文献做简要回顾。

（二）知识接收方的因素

知识接收方的因素主要包括吸收能力、学习意愿等，表 2 - 2 对主要的实证研究结果进行了总结。

1. 吸收能力

从知识接收方的因素来看，知识接收方对知识发送方的能力信任与情感信任、接收新知识的主观意愿与接收动机（Wang, 2004）、对新知识的吸收能力、对知识价值的判断、原有的知识存量、对新知识的学习能力、智力因素、沟通解码能力等都会直接影响知识转移的效果（Duanmu, 2007）。

在探讨知识转移的接收方因素时，通常认为吸收能力是知识转移的重要先决条件，现有实证研究结论也基本认同吸收能力对知识转移的积极影响（Mowery et al., 1996; Minbaeva et al., 2003; Tsai, 2001）。根据科恩和莱文塔尔（Cohen & Levinthal, 1989），吸收能力是企业最基本的一个学习过程，是企业从环境中识别、消化和探索知识的能力。因此，吸收能力这个概念被广泛用于分析知识接收方自身能力对知识转移的影响。

然而在吸收能力的具体内涵上却存在较大争议。早期许多学者把吸收能力看作知识基础，为此采用了研发投入、技术相似性

（Mowery et al. , 1996）、专利等一些替代指标来操作化定义吸收能力。后期一些学者认识到仅仅强调知识内容是有缺陷的，认为吸收能力应该注重它的能力方面，因此，除知识内容外还试图把组织惯例和流程纳入吸收能力的考虑范围。已有一些文献把知识共享惯例、激励、补偿政策等因素当作吸收能力的一部分（Simonin，2004；Lane & Lubatkin，1998；Lane et al. , 2001），拥有相关的已有知识是提高吸收能力的必要条件而不是充分条件（Lane et al. , 2001）。因此，吸收能力是一个多层面多纬度的概念，在更多意义上是一个动态能力。

表 2 - 2 　　　知识转移知识接收方因素主要实证研究结果

因素	构念角度	构念（假设影响方向）	结论	参考文献
吸收能力	学习能力	现有能力（＋）	S	莱尔斯和索克 （Lyles & Salk，1996）
		组织弹性（＋）	S	
		组织创造力（＋）	S	
	学习能力	资源型学习能力（＋）	N	西莫宁（Simonin，2004）
		激励性学习能力（＋）	S	
		认知型学习能力（＋）	N	
	学习能力	学习能力（＋）	S	明伯瓦等（Minbaeva et al. , 2003）
	吸收能力	与合作伙伴的技术相似性（＋）	S	莫厄里等（Mowery et al. , 1996）； 明伯瓦等（Minbaeva et al. , 2003）
		研发投入（＋）	S	莫厄里等（Mowery et al. , 1996）
		吸收能力（＋）	S	古普塔和戈文达拉扬（Gupta & Govindarajan，2000）；苏兰斯基（Szulanski et al. , 2004）；赛（Tsai，2001）

续表

因素	构念角度	构念（假设影响方向）	结论	参考文献
学习意愿	学习意愿	学习意愿（+）	S	莫厄里等（Mowery et al.，1996）；西莫宁（Simonin，2004）；明伯瓦（Minbaeva et al.，2003）；苏兰斯基（Szulanski et al.，2004）；佩雷斯（Pérez - Nordtvedt et al.，2008）
		知识获取动机（+）	S	古普塔和戈文达拉扬（Gupta & Govindarajan，2000）
		能力创造动机（+）	S	杨等（Yang et al.，2008）
组织特征	组织特征	公司规模（+）	S	古普塔和戈文达拉扬（Gupta & Govindarajan，2000）；达那杰（Dhanaraj et al.，2004）
		公司规模（+）	N	佩雷斯（Pérez - Nordtvedt et al.，2008）；穆图萨梅和怀特（Muthusamy & White，2005）
		组织弹性（+）	S	莱尔斯和索克（Lyles & Salk，1996）
		成立时间（+）	N	叶莉 - 伦科等（Yli - Renko et al.，2001）
		成立时间（+）	S	达那杰等（Dhanaraj et al.，2004）

注：S：假设的影响方向显著，N：假设的影响方向不显著，下同。

从这些关于吸收能力的讨论中可以看出，这个概念的定义是非常宽泛，甚至模糊的。在实证研究中，对吸收能力的操作化也存在较大差异，如明伯瓦等（Minbaeva et al.，2003）把学习意愿和学习能力当作吸收能力的两个核心维度，也有学者用类似概念来反映吸收能力，如学习能力（Simonin，2004），试图从资源型、激励型和认知型 3 个角度较全面地定义组织自身能力对知识转移的影响。还有一些实证研究则直接用了吸收能力或学习能力这一构念，并未对具体维度加以区分（Minbaeva et al.，2003；Gupta & Govindarajan，2000；Szulanski et al.，

2004；Tsai，2001）。莱恩等（Lane et al.，2006）在对 1999～2002 年发表在 14 份主要管理学期刊上 289 篇有关吸收能力的文献进行综述后发现，吸收能力这个词已经"具体化"（reification），即这个概念已经脱离了概念原先的假设网络，以及该构念与其他构念和相关观察现象之间的关系。莱恩等（2006）指出，吸收能力到底是一种资源还是能力，或者两者都有？他们的文献回顾发现将近一半的文献并没有明确说明，已有的一些讨论也没有得出一个较为一致的答案。在他们综述的文献中，40.1% 的文献把吸收能力当作一种能力，14.5% 认为是一种资源，而 3.8% 的文献认为两者都有。事实上，科恩和莱文塔尔（Cohen & Levinthal，1990）在随后的两篇文章中也对吸收能力这个概念作了重新阐述，其范围得到不断扩充。后续一些学者对吸收能力概念的探讨越来越宽泛，一些学者指出，吸收能力的维度不仅包括如何对各种学习资源加以有效利用的能力，还包括如何让这些资源发挥充分作用的各种系统、规则、惯例、学习文化、组织结构特征（Lyles & Salk，1996）等。特别是莱恩等（2006）的定义更可谓全面，在某种程度上，他们似乎把吸收能力当作一种学习过程。这种概念的"繁荣"也提醒我们注意不要走向概念的滥用和泛化，有些学者似乎把吸收能力当作"知识接收方特征""组织学习"的同义词，只要涉及知识转移中知识接收方的因素都归为吸收能力。这样操作其实并不利于实证研究，因此，我们在讨论吸收能力的时候，必须结合特定的情境，找出在该情境下吸收能力的一些关键学习机制和实践，进而探讨这些学习机制或实践对于知识转移的影响。

2. 学习意愿

学习意愿（learning intent）反映了一种自我激励的从合作伙伴或合作环境中学习的意愿和愿望，体现了一种内化合作伙伴技能的意愿的强烈程度。知识转移是一个需要投入资源，特别是管理时间和精力的持续过程（Tsang，2002）。为此，成功的知识转移有赖于接收方意识到学习的必要性。实证研究结果在学习意愿对知识转移的积极影响上取得了比较多的共识（Simonin，2004；Minbaeva et al.，2003；Szulanski et al.，2004；Pérez–Nordtvedt et al.，2008）。比如，西莫宁（Simonin，2004）通过对 147 家跨国公司的分析发现，学习意愿不仅能直接促进知识转移，而且还能提高资源型和认知型学习能力进而间接促进知识转移。类似地，威妥玛（Tsang，2002）把学习意愿定义为从联盟经验中学习的意愿程度，他发现在跨国合资企业中，母公司的学习意愿能增加母公司从联盟中学习的积极性，提高他们的管理投入和对联盟的监控努力，进而提高从联盟经验中获取知识的成效。而一些学者则发现日本企业相对于西方国家的合作伙伴具有较强向合作伙伴学习的意愿，因此通常能从联盟中取得更多的收益（Mowery et al.，1996）。

除了学习意愿这个构念外，一些学者还采取了类似的构念来检验学习意愿对知识转移的影响，如知识获取动机（Gupta & Govin-darajan，2000）、能力创造动机（Yang et al.，2008）等，这些构念基本反映了知识接受方的学习态度对知识转移的影响，因此也大致可以归为学习意愿这一因素。

3. 组织特征

许多文献把组织特征纳入知识转移影响因素的研究范畴。这些特征包括组织成立时间、规模、结构形式等。关于成立时间这一因素，一些研究成果发现其对知识转移有显著影响。如威妥玛（2002）发现联盟成立时间，在中国的经验充当着知识转移促进因素与知识转移之间的调节变量。达纳拉杰等（Dhanaraj et al.，2004）则发现成熟的合资企业比新成立的合资企业更有利于合资企业吸收母公司知识。然而也有一些研究发现知识接收方的成立时间对知识转移没有影响（Yli–Renko et al.，2001）。因此，时间这个因素对知识转移的影响目前还没有定论。

关于组织规模这个因素，绝大部分研究都发现组织规模与知识转移有正向关系（Gupta & Govindarajan，2000；Dhanaraj et al.，2004）。然而也有研究发现组织规模的影响不显著，还有一些文献发现规模起着调节作用（Simonin，2004）。因此，知识接收方规模的影响还有待于更多的研究检验。还有一些文献认识到组织结构形式也会对知识转移产生影响，例如弹性（非科层、非官僚）的组织结构和管理方法能更有效地获取知识（Lyles & Salk，1996）。组织弹性和创造力能鼓励知识接收方成员对外部环境做出响应，在组织内部提供一个协作和信息共享的组织氛围，提高组织的吸收能力，进而促进知识转移。

总而言之，许多文献都在实证检验中把组织特征纳入知识转移影响因素的考察范围（不少文献把它当作控制变量），对知识转移的影响似乎是显而易见的，但结论却存在较大差异。因此，后续研究可通过元分析的形式对已有研究进行总结。

（三）知识发送方因素

如表 2 - 3 所示，列出有关知识发送方因素的主要实证研究结果，可以划分为转移意愿、积极参与、吸引力和转移能力 4 个方面。

表 2 - 3　　　知识转移知识发送方因素主要实证研究成果

因素	构念（假设影响方向）	结论	参考文献
转移意愿	对知识的保护（－）	S	西莫宁（Simonin，2004）
	转移意愿（＋）	S	苏兰斯基（Szulanski et al.，2004）
	风险偏好（＋）	S	贝塞拉（Becerra et al.，2008）
	知识转移在绩效评价标准中重要性（＋）	S	比约克曼（Björkman et al.，2004）
	分支机构管理层财务补偿标准中总公司绩效的重要性（＋）	N	
	向分支机构外派经理数（＋）	N	

续表

因素	构念（假设影响方向）	结论	参考文献
积极参与	知识发送方的支持（＋）	S	莱尔斯和索克（Lyles & Salk，1996）
	明确的目标（＋）	S	
	知识发送方的培训（＋）	S	
吸引力	吸引力（＋）	S	佩雷斯（Pérez－Nordtvedt et al.，2008）
转移能力	转移能力（＋）	N. A.	马丁和萨洛蒙（Martin & Salomon，2003）

注：N. A. 表没有实证检验，为全面性故列出该因素。

1. 知识发送意愿

从知识发送方的因素来看，知识发送方进行知识转移的主观意向、转移动机、激励程度，对知识的保护意识，知识转移的代价以及其沟通编码能力和语言表达能力等都会对知识转移的质量与效果产生重大影响（王琦等，2014）。

知识发送方的因素主要体现在其对知识转移的意愿和动机上。发送方的意愿是知识转移发生的有效促进因素（Lyles & Salk，1996；Szulanski，1996；Simonin，2004；Szulanski et al.，2004）。当发送方对学习持负面态度，对知识采取保护的时候，知识转移将会变得更加困难（Simonin，2004）。合作伙伴对知识的保护还会提高知识的因果模糊性，从而进一步阻碍知识转移。贝切拉等（Becerra et al.，2008）也发现，知识的向外扩散具有一定风险性，特别是具有较高价值的隐性知识扩散，为此只有那些具有较高风险偏好的组织才具有更高的知识发送意愿。比约克曼等（Björkman et al.，2004）也认识到动机在知识转移中的作用，他们认为跨国公司分支机构向外转移知识的动机受该分支的管理补偿、绩效评价标准的影响。根据代理理论，他们提出如下假设：（1）如果在分支机构的绩效评估中强调向外知识转移的重要性，则它的知识转移的动机便会得到提高。（2）当在财务补偿系统中强调整个公司或者某个区域的共同利益而不是某个分支结构利益的重要性时，那么分支结构的经理人员更有积极性与其他分支结构共享知识。（3）总部向分支机构外派经理也能减少分支机构的代理成本，从而提高知识发送的意愿。但实证检验结果仅支持了前一个假设，而不支持后两个。因此，虽然从代理成本的角度探讨知识发送意愿是一个有意义的研究方向，但对于哪些因素才能真正降低代理成本与促进知识转移还有待于深入研究。

2. 知识发送方的积极参与

在跨组织知识转移的文献中，发送方的积极参与被认为是促进知识转移的一个重要因素。发送方通过多种渠道积极向接收方转移各种知识，比如派人指导、培训、人员互访等。相比远距离的交流，这些活动更能促进知识特别是隐性知识的转移。莱克斯和索克（1996）认为跨国合资企业的国外母公司的积极参与是合资企业获取知识的必要条件之一。母公司的积极参与能引起个人或团队对潜在知识源的注意，并为他们提供了识别潜在有用知识以及在内部进行吸收调整的机会。国外母公司的参与主要体现在：母公司之间的分工（本国母公司提供制造能力而外国母公司提供技术）；在产品技术、管理技术和制造支持上的支持；在管理技能上的支持（包括管理资源、情感支持和培训等）；对当地劳动力的培训。通过对201家匈牙利中小型跨国合资企业的问卷调查，发现这些机制都与匈牙利合资企业报告的从国外母公司吸收的知识正相关。

3. 转移能力

马丁和萨罗门（Martin & Salomon，2003）区分了知识源的转移能力和接收方的吸收能力。在他们看来，知识源的转移能力是一种构建自身能力、评价知识需求方需要和已有能力进而有效发送知识的能力。然而，对于转移能力的具体内涵及对知识转移的影响，已有文献还缺乏深入探讨和实证检验。

4. 吸引力

在跨国知识转移中，佩雷斯（Pérez – Nordtvedt et al.，2008）发现能够取得更好绩效并具有知识创新力的知识发送方更能让知识接收方认识到所转移知识的价值，他们的实证研究结论也支持了知识发送方对于知识接收方的吸引力能提高知识转移的效率和效果。

总体而言，既有文献对知识发送方的关注相对较少，关注的因素主要体现在知识发送的意愿上，而对如何提高这种意愿、如何提高转移能力、如何有效支持等方面还缺乏了解。

（四）知识转移的情境因素

知识转移的情境因素包括知识接收方与知识发送方的网络特征、治理结构、制度差异等方面。主要研究结果见表 2 – 4。

近年来，情境因素对知识转移的影响引起了国内外学者的广泛关注，一般情况下，情境因素会通过改变前因变量与结果变量之间的关系来调节知识转移，如有研究表明，跨组织边界的知识转移要比组织内部各单元间的知识转移困难许多。归纳来看，知识转移的情境因素包括知识发送方与接受方的关系情境、知识转移渠道、治理结构、地理距离、知识距离和文化差距等方面（王琦等，2014）。

1. 网络特征

近年来，从经济社会学的角度探讨知识转移的关系情境因素日益成为知识转移的研究热点，许多学者从社会资本的角度（包括结构、关系和认知 3 个维度）对知识转移的影响进行了大量研究，还有一些学者从社会嵌入、关系资本的角度分析了双方网络特征对知识转移的影响。其他一些得到关注的网络特征因素还包括信任、冲突等。

表 2 - 4　　　　　知识转移情境因素主要实证研究成果

因素	构念角度	构念（假设影响方向）	结论	参考文献
网络特征	社会资本：关系维度	相互承诺（+）	S	Muthusamy & White（2005）
		相互影响（+）	S	Muthusamy & White（2005）
		社会交往（+）	S	Yli - Renko et al.（2001）
		网络链接（+）	S	Yli - Renko et al.（2001）
		关系质量（+）	N	Yli - Renko et al.（2001）
		关系质量（+）	S	Pérez - Nordtvedt et al.（2008）；Szulanski et al.（2004）
	社会资本：结构维度	网络中心位置（+）	S	Tsai（2001）
		吸收能力 * 网络中心位置（+）	S	Tsai（2001）
		社会凝聚（+）	S	Reagans & McEvily（2003）
		网络范围（+）	S	Reagans & McEvily（2003）
		联系强度（+）	S	Dhanarajet al.（2004）；Reagans & McEvily（2003）
	社会资本：认知维度	共享系统（+）	S	Dhanarajet al.（2004）
	关系资本	关系资本（+）	S	Kale et al.（2000）
	信任	信任（+）	N	Lane et al.（2001）；Dhanaraj et al.（2004）
		能力型信任（+）	N	Lui（2009）
		信任（+）	S	Muthusamy & White（2005）；Becerra et al.（2008）；Szulanski et al.（2004）
	冲突	冲突（-）	S	Kale et al.（2000）；Tsang（2002）
治理结构		联盟形式（调节变量）	S	Simonin（2004）；Mowery et al.（1996）；Lyles & Salk（1996）
		股权比例（+）	S	Williams（2006）

续表

因素	构念角度	构念（假设影响方向）	结论	参考文献
制度差异和组织距离		空间距离（-）	S	Galbraith（1990）
		文化距离（-）	S	Simonin（1999）
		文化距离（-）	N	Szulanski et al.（2004）
		权力距离（+）	S	Wong et al.（2008）
知识转移机制		转移渠道的丰富性（+）	S	Gupta & Govindarajan（2000）
		交流（+）	S	Bresman et al.（1999）
		参观和会议（+）	S	Bresman et al.（1999）
控制机制	控制	总公司社会化机制（+）	S	Björkman et al.（2004）
		（对合资公司）监管程度（+）	N	Tsang（2002）
		（对合资公司）管理参与程度（+）	S	Tsang（2002）
		正式合约（+）	S	Lui（2009）
合作时间	时间	时间（+）	S	Bresman et al.（1999）；Muthusamy & White（2005）
		时间（+）	N	Becerra et al.（2008）；Lui（2009）

（1）社会资本。第一个是结构维度。一些学者从网络结构特征的角度分析其对知识转移的影响，发现网络联系强度对知识转移有显著影响（Dhanaraj et al.，2004；Reagans & McEvily，2003）。网络的结构特点（强联结）通过能力型和善意型信任的中介作用对知识转移产生影响（Levin & Cross，2004）。里根和麦克维（Reagans & MecEvily，2003）对非正式网络的结构要素特征对知识转移的影响做了分析，并指出关系中的社会凝聚（social cohesion）对分享知识的意愿和动机发挥着重要影响。而网络范围代表着与不同知识的联系，能提高知识发送方把复杂的理念传达给不同受众的能力。他们的研究结果发现，这两个因素在吸收能力以外，对知识转移还有进

一步的解释力。蔡（Tsai，2001）认为处于网络组织中心位置的单元能够更好地进行创新，获得更好的绩效，其中一个重要的原因就在于这种单元更有利于获得其他单元创造的新知识，他的实证研究结果支持了这一个假设。

第二个是关系维度。在关系维度方面，学者们发现的一些显著影响因素包括相互影响、相互承诺、关系质量、社会交往和网络联系。其中，关系质量对于知识转移影响的相关研究目前还存在不一致（Pérez – Nordtvedt et al.，2008；Szulanski et al.，2004；Yli – Renko et al.，2001）。这有可能与关系质量的内涵和操作化定义还存在较大差异有关。

第三个是认知维度。在社会资本的认知方面，共享目标（共享视野）和共享文化都是促进知识转移的重要认知维度（Inkpen & Tsang，2005）。在跨国合资企业中，共享系统也是促进知识转移的一个积极因素（Dhanaraj et al.，2004）。

（2）关系资本。与社会资本相似，关系资本的角度也可被用来分析关系资本对知识转移的影响。比如卡莱等（Kale et al.，2000）把关系资本定义为联盟伙伴之间的个人层面的密切交往而形成的相互信任、尊敬和友谊。这种关系资本为知识的跨组织流动和相互学习奠定了基础，不仅能提高企业保护核心知识产权的能力，还能促进知识转移（Kale et al.，2000）。但事实上，关系资本这个概念和社会资本的关系维度是难以区分的，比如它们都强调相互信任。因此，虽然理论角度不同，但关注的都是信任、关系质量等网络特征对知识转移的影响。

（3）信任。信任作为一种知识转移的促进因素得到许多学者的关注。绝大部分学者对此也持支持态度（Muthusamy & White，2005；Becerra et al.，2008；Szulanski et al.，2004）。当知识接收方认为发送方是值得信赖的时候，他会更愿意听从发送方的建议并进而改变它的行为，从而提高学习效果（Szulanski et al.，2004）。也有研究发现接收方对知识源的能力信任和仁慈型信任（benevolence-basedtrust）对弱联系（weakties）与知识转移之间的关系存在调节效应，并且能力型信任对隐性知识的接受尤为重要（Levin & Cross，2004）。

虽然信任对知识转移的重要性似乎得到广泛一致的认识，但也出现了一些不同的实证研究结果（Lane et al.，2001；Dhanaraj et al.，2004；Lui，2009）。例如，信任并不是直接与知识转移发生联系，而是对绩效产生直接的影响（Lane et al.，2001）。以信任为核心内涵的关系质量能显著地促进企业从它的关键客户中获取外部知识（Yli‐Renko et al.，2001）。因此信任与知识转移关系仍然有进一步研究的空间。

（4）冲突。合作双方的冲突对知识转移是一个潜在的障碍，也阻碍了接收方把知识源当作一个知识参考源（Lyles & Salk，1996）。许多文献都认识到冲突是影响知识转移的一个重要因素（Tsang，2002）。莱尔斯和索尔克（Lyles & Salk，2000）把冲突管理当作知识转移的一个重要促进因素，发现冲突对国际合资企业特征和知识转移之间的关系充当着调节变量的作用（Lyles & Salk，1996）。

总体而言，在知识转移研究领域，网络特征作为一种关系情境对知识转移双方产生影响是一个比较一致认可的因素（Szulanski，1996）。许多学者借鉴经济社会学的社会网络理论，从社会资本、关系嵌入、信任等角度探讨了对知识转移的影响。但在网络特征的具体维度上，并没有一个较一致的结论，有时候还显得比较混乱，经常出现基于不同理论视角的概念内涵相重叠的现象。比如社会资本和关系资本、关系质量与信任等概念的相互交叉等。这种现象导致的一个结果便是测量的混乱和研究结果的难以比较。比如叶莉—伦科等（Yli‐Renko et al.，2001）把关系质量定义为企业与其客户形成共同目标和规范以及对交易伙伴的善意和可信赖水平的互惠预期，而在度量关系质量时仅仅包括信任这一维度，用3个企业对自身与关键客户感知的信任水平的主观评价题项来测量。因此，后续研究应该注重研究的积累和相互借鉴，同时对关系情境的一些关键维度加以探讨。综合分析以上从不同角度对网络特征情境因素的研究发现，不管是社会资本理论，还是关系资本或者网络嵌入视角，信任都是一个基本的维度。

2. 治理结构

不少学者都意识到知识转移的程度可能取决于发送方和接收方之间的治理结构（Dyer & Singh，1998；Anand & Khanna，2000）。许多学者把治理结构当作知识转移影响因素与知识转移之间关系的调节变量（Lyles & Salk，1996）。治理结构对知识转移的影响得到不少实证研究结果的支持。例如，在不同联盟形式下，学习能力和知识发送意愿对知识转移的影响存在显著差异（Simonin，2004）。股权合资企业比起合约型联盟在转移复杂能力时更为有效（Mowery et al.，1996）。这些研究结论的确说明治理结构对知识转移的影响。

3. 制度差异和组织距离

制度差异反映了知识转移双方在政治、经济、法律环境等方面的差距。在存在明显制度差异的知识转移情境中，如跨国知识转移，通常需要在新的制度环境下复制知识所代表的原有情境，并对新知识进行必要的调整。否则，知识会表现出一定的粘性，降低接受意愿和转移的成功率（Jensen & Szulanski，2004）。

组织距离包括空间距离、文化差异和权力差异。空间距离是指知识供需双方所处地理位置的远近，一般而言物理距离对知识转移具有负面影响，特别是对于难以编码的隐性知识。比如，在地理位置上相互分开的两个组织，它们之间的技术嵌入性知识的转移要慢得多。另外，随着知识发送方和知识接收方知识距离的增加，知识转移的成功率下降（Dixon，2000）。

组织间的文化差异也是影响知识转移的一个因素。战略联盟中企业文化的差异会造成联盟伙伴在意识形态和价值观上的差异，是不利于企业间隐性知识交流的（Parkhe，1991）。在合资联盟中，当母公司与合资公司高级经理人持有不同的经营价值假设时，会产生文化冲突，使学习受挫（Inkpen，1998）。西莫宁（Simonin，1999）进一步指出，联盟伙伴在企业实务操作、经营理念、组织制度等方面的文化差异程度都是影响知识转移的潜在因素，他的实证结果支持了这一假设，发现这些差异会提高知识的模糊性，进而阻碍知识的跨组织转移。然而也有一些不一致的证据表明，文化差异对知识转移的影响并不显著（Szulanski et al.，2004）。因此还有待于更多经验证据的支持。

除了空间距离和文化差异外，组织间的相对权力差异也会对知识转移带来一定影响，如当知识接收方相对发送方拥有更多相对权力时，知识转移会变得更加便利（Wong et al.，2008）。

4. 知识转移机制

知识转移机制反映了知识转移的具体途径。已有文献发现了交流、会议等机制对知识转移的重要性。例如，在跨国并购的知识转移中，交流、参观和会议的频繁程度对知识转移具有重要作用（Bresman et al.，1999）。另外，有实证研究发现，知识转移渠道的丰富性与跨国公司分支机构获取的知识呈正相关（Gupta & Govindarajan，2000）。龚毅和谢恩（2005）通过调查问卷获得 142 家中外联盟的数据，结果表明联盟成员间沟通的频率、沟通中的反馈情况、通过沟通对联盟伙伴产生影响的程度以及正式沟通渠道的完备性能够提高我国联盟企业通过联盟获得管理、技术以及市场营销方面知识的程度。

5. 控制机制

控制反映了一种协调和规制过程，包括流程和规章制度设定等正式控制机制以及文化融合等非正式机制。在战略联盟中，母公司通过在合资企业内部实施自己的系统和流程，不仅仅提高了控制水平，而且还能使母公司的商业哲学得到合资企业的理解（Uzzi，1997；Kale et al.，2000），进而在某种程度上促进了信息和知识的转移。因此，控制机制对知识转移也可能存在潜在的影响。相对于知识转移关系情境的广泛研究，发送方对接收方的控制机制对知识转移和组织学习结果的影响却缺乏相应的探讨。只有少量文献对此进行了一些理论分析和实证检验。

在仅有的几篇文献中，有的对控制过程在合资企业情境下对学习的影响作了探讨，指出控制过程作为一个有意图的和目标导向的行为，能够影响组织内部的信息获取、解释和扩散（Makhija & Ganesh，1997）。也有研究探讨了控制机制对组织吸收能力和组织学习的影响，指出"所有的控制机制都会通过影响知识的获取、消化、解释和运用以实现组织目标而对企业的知识管理流程产生影响"（Turner & Makhija，2006）。因此，从这个意义上说，控制机制可能会对知识转移产生影响。然而相关的实证经验还极其缺乏，包括以下几个：吕（Lui，2009）发现正式契约对知识转移的积极影响。比约克曼（Björkman et al.，2004）基于社会化理论，从跨国公司总部对子公司控制的角度，发现总部实施的社会化机制的确有助于促进知识在子公司之间的跨国转移。这个结论表明社会化机制类似于一种文化融合的非控制机制，对知识转移产生潜在影响。类似地曾（Tsang，2002）实证检验了母公司对合资公司的管理控制（用监管程度和管理参与程度）对知识转移的影响，发现母公司对合资公司的管理参与程度有助于母公司获得更多的知识。李等（Lee et al.，2011）运用案例研究得出结论：跨国公司应该运用

"文化"和"绩效"控制机制来获取非编码知识。反过来，隐性知识会带来更好的经济绩效和基于能力的绩效，而显性知识会更显著地影响综合绩效。

国内学者也开始对控制机制影响知识转移的作用机理展开了研究，王婷等（2018）通过整合组织控制理论和知识管理理论，构建出组织间控制→合作伙伴知识转移→新产品创造力的作用路径，得出结论：组织控制协同作用除了可以对研发新产品产生直接促进作用外，还可以通过促进合作伙伴显性和隐性知识转移这一中介机制提升新产品创造。而毕静煜等（2018）则是从关系控制和契约控制的视野出发，认为两者均能对知识转移起到正向的促进作用。刘瑞佳等（2018）利用交易成本理论和社会交换理论，构建出"控制类型—竞合关系—知识创造"理论框架，并且通过实证研究揭示出不同阶段、不同类型的控制机制的确会对知识转移产生不同的影响，但由于目前相关实证经验的极度缺乏，对其探讨只能是基于现有理论的推导，更多的认识还有待于后续实证研究。

6. 合作时间

随着双方合作时间的增加，无论是关系质量还是相互了解程度都会有提高。因此，合作时间的增长对知识转移的积极影响似乎是显而易见的。然而既有研究结果并未就此达成一致，一些研究的确发现随着合作时间增长，知识转移会更加便利（Bresman et al.，1999；Muthusamy & White，2005），但也有证据表明这种影响并不显著（Becerra et al.，2008；Lui，2009）。因此，合作时间的增加可能仅仅是提高了知识转移的可能性，但这种可能性要转变成现实可能还需要一些其他因素的支持，如吸收能力、学习意愿等。

（五）研究方法和理论基础

当前，关于知识转移的相关研究方法已经比较成熟，绝大多数的文献都采用了实证研究方法。在理论基础方面，由于知识转移影响因素的复杂性，已有研究从多个理论角度对此进行了探讨。我们对样本文献中明确提到的理论基础进行了归纳（没有包括主要基于已有知识转移理论的相关文献），结果见表 2 − 5。由此可见，相关的理论基础相当丰富，涵盖了战略管理、社会学、经济学、经济社会学和组织理论等。主要的理论基础包括战略管理理论、组织理论、经济社会学等。由于本书主要关注组织间的知识转移，因此战略管理理论，特别是战略联盟理论在样本文献中出现的比例相对较高，同时由于组织学习和知识转移的密切关系，组织学习理论也得到学者们的较多关注。值得注意的是，近几年，从经济社会学角度探讨知识转移的影响因素逐渐成为一个研究热点，众多学者采用了社会资本、关系嵌入、社会网络等理论视角。这说明有更多的学者注意到了关系情境对知识转移的影响。

表 2 − 5　　　　　　　　　　　主要理论基础

领域	理论基础	代表性参考文献
战略管理	战略联盟理论	Dussauge et al.（2000）；Inkpen（2000）
	知识基础观	Fang et al.（2010）；Martin & Salomon（2003）；Szulanski et al.（2004）；Inkpen（2000）
	资源基础观	Pérez − Nordtvedt et al.（2008）；Makhija & Ganesh（1997）
	动态能力理论	Dyer & Hatch（2006）
	权变战略观	Wong et al.（2008）
组织理论	吸收能力理论	Minbaeva et al.（2003）；Lane et al.（2001）
	组织学习	Dhanaraj et al.（2004）；Greve（2005）；Makhija & Ganesh（1997）；Edmondson et al.（2003）
	知识管理	Edmondson et al.（2003）

领域	理论基础	代表性参考文献
经济学	代理理论	Björkman et al.（2004）
	演化经济学	Dyer & Hatch（2006）；Szulanski et al.（2004）
社会学	社会交换理论	Watson & Hewett（2006）；Muthusamy & White（2005）
	社会制度理论	Lam（1997）
	社会认知	Ringberg & Reihlen（2008）
	社会心理学（拥挤效应）	Osterloh & Frey（2000）
经济社会学	社会网络 f 理论	Levin & Cross（2004）；Tsai（2001）；Sammarra & Biggiero（2008）
	关系资本	Kale et al.（2000）
	社会化理论	Björkman et al.（2004）
	关系嵌入	Dhanaraj et al.（2004）
	社会资本	Yli–Renko et al.（2001）；Inkpen & Tsang（2005）；Reagans & McEvily（2003）
国际商业管理	进入模式，国际化扩张	Martin & Salomon（2003）
	企业国际化理论	Makino & Delios（1996）
人力资源管理	激励理论	Minbaeva et al.（2003）
	外派理论	Fang et al.（2010）
信息扩散	信息扩散理论	Reagans & McEvily（2003）

（六）国内学者对知识转移的研究

国内学者对知识转移问题也作了不少探讨，成为近几年的一个研究热点。如胡汉辉和潘安成（2006）、王毅（2005）、徐海波和高祥宇（2005）、闫立罡和吴贵生（2006）、夏清华（2006）、谢卫红等（2006）等。但国内知识转移的文献绝大部分仍停留在理论阐述上，所提出的影响因素也基本上可以归入上面提到的 4 个方面中，比如周晓东和项保华（2003）在阐述知识转移的影响因素时也是从知识接收方、知识发送方和知识特性3个方面进行阐述的。

一些比较有代表性的实证研究文献有：魏江和王铜安（2006）对信任、人际关系、激励、决策者态度、知识管理系统、知识吸收能力等因素在个体、群组、组织间知识转移作用的实证检验；龚毅和谢恩（2005）对中外企业战略联盟中，中外企业之间的差异、联盟成员间的沟通等因素对知识转移效率影响的实证研究；龙勇等（2005）对技能型战略联盟中合作效应与知识转移、学习能力三者之间关系的实证检验；刘帮成和王重鸣（2007）从知识特性、组织和国家3个层面对跨国知识转移影响因素的研究，以及薛求知对知识特性及知识转移工具对跨国公司知识转移成功的影响。另外，张成考等（2006）用层次分析法对20家丰田（中国大陆）合资公司中的知识流动（转移）和组织间学习的影响因素进行了分析，发现信任程度、学习意图、知识属性和学习能力是其中4个重要因素。国内也有相关的理论文献展开了对此问题的研究。比如谭云清等（2014）认为合作关系质量、跨文化沟通、企业文化、正式合约以及信任关系均会对承包企业的知识转移产生显著影响。还有学者认为知识转移还受风险意识、客户方的风险态度和转移知识的企业专用性的影响等（陈果，2017）。

国内这些相关文献和实证检验对于推进我国知识转移研究作出了重要贡献，但在国内相关文献中，对IT外包情境下知识转移的相关探讨还很少，关注的知识转移类型主要是跨国公司中的能力转移，缺乏对合作知识转移的相关探讨。

（七）知识转移与绩效的关系

1. 知识转移与绩效关系的两种视角

根据知识基础理论，从合作伙伴处以及合作经验中获取的新知识可用于创造一种竞争优势（Grant，1996）。新知识，特别是来自外部的知识，是组织变革和改进的重要刺激因素。然而，文献中对知识转移和组织绩效之间的关系却存在较大分歧，一般存在两种研究思路。一些研究并没有把绩效当作一个独立的因变量来探讨知识转移对绩效的影响，而是把绩效的提高当作知识转移效果或学习发生的标志（Mowery et al. ，1996；Simonin，1999，2004），采用的是一阶段模型思路。而更多的文献则把知识转移和绩效区分开来，把知识转移当作转移促进因素和绩效的中介变量（Yli - Renko et al. ，2001；Tsai，2001；Lyles & Salk，1996；Dhanaraj et al. ，2004；Edmondson et al. ，2003；Szulanski & Jensen，2006；Lane et al. ，2001；龙勇等，2005），采用的是两阶段模型思路。事实上，这两种研究思路和知识转移的定义和度量方式有关。知识转移可以体现在接收单元的知识结构或者绩效变化上（Argote，1999）。当用接收单元的知识结构变化度量知识转移结果时，则倾向于把知识转移当作中介变量，采取两阶段模型，前一阶段分析各种因素对接收方知识存量和结构变化的影响，后一阶段分析知识转移结果对绩效的影响。而当把绩效的变化或者接收方运用知识的有效性当作知识转移的成效指标时，则倾向于采取一阶段模型，即第一种研究思路。这种研究并不对知识转移的过程进行分析和度量，也不对知识接收方知识存量和结构变化进行度量，而是直接通过观察绩效的变化来推测学习是否发生（Edmondson et al. ，2007）。然而这种研究思路的一个比较大的问题在于知识接收方绩效的改变在多大程度上能够代表知识转移的成功？绩效改变有可能是内部组织学习的结果，也有可能是外界竞争环境变化的结果，而不仅仅是知识转移的结果。因此，两阶段模型似乎更合理，把绩效与知识转移结果区分开来，进一步检验接收方知识转移结果对绩效的影响。这种做法得到较多学者采纳，比如叶莉—伦科等（Yli - Renko et al. ，2001）把新产品开发、技术独特性和销售成本效率当作对所获取知识的知识开发绩效，认为知识转移是绩效与知识转移促进因素（社会资本）之间的中介变量。同样，莱恩等（2001）也采取了两阶段模型的思路，认为学习促进因素通过知识转移这一中介变量对跨国合资企业的绩效产生影响。龙勇等（2005）的实证结果也发现学习能力不直接影响合作效应，而是通过知识转移来间接地影响合作效应。

2. 绩效的测量指标

已有知识转移对绩效影响的文献中，有各种不同的绩效指标。主要包括主观和客观指标两种角度，也有一些两种兼有。例如，采用主观指标的文献有塔布等（Kotabe et al.，2003），使用流程设计、质量和提前期的主观测量题项度量绩效。德哈纳拉等（Dhanaraj et al.，2004）也用的是主观指标，用本土母公司、外国母公司和合资企业经理对跨国合资企业绩效评价来度量。使用客观指标的有对效率提升的度量（Edmondson et al.，2003），用特许经营网络数量的增长来反映知识转移有效性（Szulanski & Jensen，2006），用产品质量和生产率来代表绩效指标（Dyer & Hatch，2006）。

以往文献大多采用主观评价的方法度量知识接收方所感知的吸收知识程度，然后直接检验用这种方式度量的知识转移对绩效的影响。然而，这种研究方法也还有一些值得进一步探讨的地方。具体而言，度量知识转移产生的知识变化对绩效的影响还是存在一些不足（Lyles & Salk，1996）。组织可能发生了学习，但并不意味着绩效发生了变化，因为学习行为可能仅仅导致认知和知识结果及存量的变化，把知识运用到实务中使绩效发生变化可能缺乏动机、资源，甚至根本没有运用知识的机会。相反，绩效的变化有可能仅仅是由于竞争环境的变化，而不是学习的结果（Argote，1999）。学习可能仅仅意味着认知发生变化，而不是行为上的变化（Fiol & Lyles，1985）。由此可见，学习和绩效之间的关系并不是那么直截了当的。同样，因为行业和市场环境的不同使得很难对绩效做出有意义的比较（Lyles & Salk，1996），根据市场份额、利润率、ROI和高层经理的评价来反应学习绩效是有一定缺陷的。因此，把组织成员积累的能力纳入学习绩效的考虑范围是很有必要的，可以证明知识转移与基于能力积累的绩效的联系比与业务绩效的联系更紧密（Lyles & Salk，1996）。综上所述，我们不能简单地把绩效表现和知识转移联系起来，知识转移的结果可能与能力更紧密地联系在一起，而不是业务绩效。

三、知识转移的综合理论框架

国外现有文献对知识转移的影响因素展开了广泛的探讨，可以比较全面地概括为 4 个方面（Szulanski，1996；Cummings，2001）：所转移知识的特性（包括知识的缄默性、知识的粘性、因果模糊性等）、知识源的特征（如知识转移意愿和能力）、知识接收方特征（如吸收能力、学习意愿等）和知识转移发生的情境（双方关系质量、控制、关系嵌入性等）。国内学者对知识转移影响因素的理论探讨也成为一个热点，但探讨的相关因素也可以归入以上 4 个方面，相对而言，国内对知识转移的实证研究还非常少见。

虽然国内外学者在知识转移领域取得了不少丰硕的成果，但仍有一些问题值得进一步研究。

第一，现有文献并没有对技能转移和合作知识转移做出明确区分。根据组织间学习理论中对学习类型的探讨，两种知识转移要素在性质上有差异，在促进因素和对合作关系及绩效的影响上是不同的（Tsang，1999；Inkpen & Currall，2004）。而这两种知识转移对于 IT 外包团队能力构建，提供更多的外包价值都是至关重要的。

第二，吸收能力的概念出现泛化，而对促进知识转移的知识接收方学习机制缺乏必要关注。通常而言吸收能力被认为是促进知识转移的一个要素。但吸收能力这个词已经发生"具体化"（Lane et al.，2006），即这个概念已经脱离了概念原先的假设网络，以及该构念与其他构念和相关观察现象的关系。有些学者似乎把吸收能力当作"知识接收方特征""组织学习"的同义词，只要涉及知识转移中知识接收方特征和知识接收方学习的因素都归为吸收能力。另一方面，对知识接收方学习机制对知识转移的影响缺乏必要关注。因此，一个更有实践指导意义的做法是结合特定的情境，找出该情境下促进知识转移的关键学习机制以代表吸收能力的一些关键要素。

第三，对知识转移和绩效之间关系上还存在诸多争议。后续研究不能把绩效表现和知识转移简单联系起来，知识转移必须有一个吸收、重构过程，而不仅仅是简单的知识传递，知识的再利用也很重要。从知识转移的结果到知识运用、知识调整，再到最后绩效改进是一个复杂的循环动态过程。其中也有可能发生知识的折旧。比如威廉姆斯（Williams，2007）发现由于知识的贬值，往年发生的知识转移对绩效并不存在长期效应。这个发现也从其他研究获得佐证（Argote，1999；Lane et al.，2001）。但要检验知识转移和绩效之间的中介变量是一个庞大工程，知识转移的吸收、重构和利用等过程涉及复杂的组织学习过程和组织情境，往往难以在一个模型中加以验证。因此，下一个研究方向可能在于在绩效和知识转移之间考虑更多的因素，比如知识的调整、运用程度、知识的折旧等。这样的研究用多案例的纵贯研究可能是一个比较好的方法。另外，知识转移的结果可能与能力更紧密地联系在一起，而不是业务绩效，为此可进一步对知识转移与能力改变之间的关系进行实证检验。

第四，对知识发送方的控制机制对知识转移的影响缺乏实证研究。

第五，IT 外包情境中的知识转移和学习问题才刚开始引起注意，系统地站在供应商角度的实证研究还很少被发现。而在国内文献中，IT 外包中的知识转移文献更是罕见。

第六，隐性知识和显性知识的不同影响因素及其对绩效的不同影响。显性知识和隐性知识具有不同的转移难易程度和价值，他们的知识调整利用难易程度及对绩效和能力的影响也会有所差别，相关因素对两种知识转移的影响也必然存在不同。比如达纳拉杰等（2004）在实证研究中区分了这两种类型知识，并从关系嵌入角度检验了共享系统、联系强度、信任对知识转移的不同影响。结果发现，这些因素对知识转移影响存在差异，信任的确对隐性知识转移至关重要，而对显性知识转移却没有那么强的必要性。另外贝切拉等（2008）也发现由于不同类型知识的价值不同，知识发送方对两种知识的转移意愿存在差别。虽然有零星个别文献有所涉及，但总体而言，绝大部分文献都没有分开检验两种知识的不同影响因素及对绩效的不同影响。一个可能的原因在于这两种类型知识的难以区分性和隐性知识的难以度量性。后续研究如果能在这个问题上取得突破，那么知识转移研究可能会取得更多成果。

根据已有研究成果，本书提出了一个综合理论框架，来反映知识转移的接收方因素，发送方因素和情境因素对隐性知识和显性知识转移构成影响（如图 2 - 3 所示）。既有文献很少对隐性知识和显性知识这两种知识转移的影响因素差异及与绩效之间的不同关系进行探讨。然而由于两种知识转移具有不同的转移难易程度及可模仿性，两种知识转移的影响因素、接受知识后的调整利用过程以及对绩效的影响也会存在不同。因此，本框架突出强调了显性和隐性两种不同类型的知识转移。

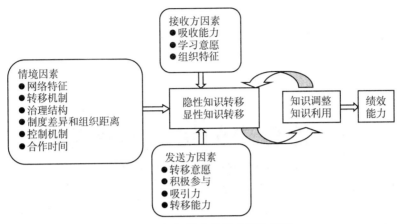

图 2-3 知识转移的综合理论框架

知识转移的结果可能导致认知和知识结构及存量的变化，为了使知识运用到实务中使绩效发生变化，还需要一个知识的调整和利用过程。由于知识具有情境嵌入性，因此有效的知识转移通常需要在新的情境下复制知识所代表的原有情境，否则很难让知识在一个全新的情境下发挥原有作用。为此需要对吸收的新知识进行必要的复制、调整和利用（Jensen & Szulanski，2004；Williams，2007）。因此，在知识转移和业务绩效改变之间增加了两个中介变量，即知识调整和知识利用。值得注意的是，知识的转移、调整和利用过程又是一个循环过程，它们之间存在相互影响关系。以知识存量和结构表现的知识转移结果可能由于知识调整利用过程的不同而受到影响，而知识转移的有效程度也对知识的调整利用效果产生影响。

在知识转移绩效方面，已有文献更多地考虑了业务绩效，而相对忽略了与知识转移更密切相关的能力改变。为此，根据前面对知识转移和绩效之间关系的讨论，本框架把能力改变纳入知识转移绩效的考虑范围。

第三章

IT 外包中的组织惰性与
价值链升级障碍

第一节　离岸 IT 外包业的价值链构成与治理模式

一、价值链构成

外包活动表现为价值链的整合重组，外包的实质是用供应商的价值活动替代客户方原有的价值活动。在 IT 外包中，跨国公司的各价值链环节和 IT 职能被重新分解，分别由全球范围内的众多供应商来提供。

在全球 IT 外包产业价值链中，位于上游的是研发、标准制定、需求分析、整体解决方案等高端的价值链环节。占据这些环节的跨国公司研究、制定并控制了 IT 外包价值链的核心技术、体系结构和标准，操控着整个产业的游戏规则。如美国掌握核心技术，垄断标准制定，长期以来一直在全球 IT 产业价值链中居于领先地位。

在全球 IT 外包产业价值链中，占据中端的是设计、业务项目或者流程解决方案、售后服务、销售等中间环节，这些环节在 IT 外包产业价值链中起着承上启下的作用。在这个环节中，印度、爱尔兰等国充分利用本国信息化的机遇，在国际 IT 外包领域具有全球竞争优势。如印度企业从事系统模块开发和少量部分创新性的核心技术开发，并参与产业规则的制定，能提供流程解决方案。而我国大多数 IT 外包供应商则处在产业价值链的低端，主要从事一些软件模块编码测试、后台支持、呼叫中心、数据处理等结构化的简单服务。在 IT 外包市场竞争中处于被动从属地位，只能服从于上游的游戏规则。

二、全球价值链治理模式

全球价值链的治理是通过公司间非正式的、非市场化的关系安排和制度机制来协调不同经济活动和不同价值链环节的规则与规范来进行的（Humphrey & Schmitz，2004）。在全球外包价值链网络中，交易复杂度、交易中知识的可编码程度、供应商能力等都会影响治理模式的确立，但其中决定价值链治理模式的主要是参与主体之间的相互关系（张辉，2004）。比如杰里菲等（Gereffi et al.，2005）根据价值链中行为主体之间协调能力高低，把治理模式分为市场型、模块型、关系型、俘获型和层级型五种。类似地，汉弗莱和施密茨（Humphrey & Schmitz，2004）根据参与者之间的关系特征不同，将价值链治理模式划分为市场型、均衡型、俘获型与层级型治理模式这四种。市场型和均衡型模式主要出现在发达国家之间，双方处于能力与资源互补型的关系，分配关系较为平等，不存在明显的控制与被控制关系。而在俘获型与层级型治理模式中，由于双方的谈判能力差异，存在明显的控制关系。由于技术与管理水平的差异，发达国家与发展中国家之间价值链治理模式最常见的是俘获型治理模式。还有研究结合过去学者对全球价值链治理模式的研究成果，并且在此基础上引入了更多的宏观要素与变量，将以往学者对全球价值链治理模式的划分进行整合，最终针对全球价值链治理模式提出了"模块化"概念（Ponte & Sturgeon，2014）。这种"模块化"的价值链治理模式主要包括以下 3 个方面：微观层次主要描述决定全球价值链各个节点之间的交换机制及其影响因素；中观层次主要描述价值链各节点之间以何种方式进行协调、联结以及以何种程度在价值链的上下游之间进行扩展；宏观层次主要描述全球价值链的整体运行状况、模式选择及其可能导致的后果。

第二节　IT 外包价值链与供应商升级困境

我国 IT 外包业已走上了全方位、多层次的发展道路。但是发达国家的客户方为了维护自身利益将产业链上标准化程度高、技术创新比较少、附加值比较低的非核心环节转移到发展中国家，这种由发达国家构建的俘获型治理模式使得发达国家的客户方能够对发展中国家的供应商的产业升级进行俘获从而进行控制。所以，尽管近几年来我国 IT 外包业规模不断扩大，不断实现升级和转型，但是仍然处于价值链较为低端的位置。目前看来，IT 外包产业发展和价值链升级面临着诸多挑战。

一、俘获型治理模式与转型升级困境

虽然以承接 IT 外包方式切入全球价值链，借助 IT 外包的技术溢出及干中学的学习效应有助于实现潜在的产业结构调整，但却不可忽视IT外包产业本身潜在的"俘获"效应（徐建伟等，2010；寻舸、叶全胜，2007；王雷，2008；张杰等，2008）。特别是在由低附加值的价值链环节向高附加值价值链环节攀升时，作为发包方的发达国家的跨国公司出于自身利益考虑，会试图控制和阻止发展中国家的供应商实现价值链提升的过程，从而导致供应商长期被限制于低附加值的价值链低端环节。因此，从全球价值链角度出发，分析IT外包中潜在的俘获型治理风险及其突破策略是IT外包产业发展中一个迫切需要解决的现实问题（刘志彪、张杰，2007）。

IT外包中的俘获型治理模式是指在全球IT外包网络价值链分工中，在价值链中处于主导地位的发达国家的大发包商或跨国企业利用自身优势，一方面通过外包利用发展中国家供应商的低廉要素成本以实现其战略目的，另一方面又设法运用自己的技术、品牌和市场等优势，设计各种技术、质量、交付、流程标准、供应商相互竞争等策略来控制发展中国家供应商在其价值链体系的地位，阻碍其技术赶超和价值链攀升进程，把供应商企业锁定在价值链的低端。

二、俘获型治理模式的表现形式和危害

（一）表现形式

俘获型价值链治理模式的本质特征是控制和俘获。俘获型治理对供应商的控制和俘获主要表现在控制供应商的升级进程。具体表现形式包括：第一，限制供应商的服务和升级范围。虽然客户方为了获取供应商的专业服务和低廉劳动力，也通过一定的技术转移和人员培训等途径，适当支持供应商的升级，但这种支持主要表现为对工艺与产品升级的支持。一旦供应商完成了工艺创新、产品创新后，试图继续进行功能升级或链的升级，对国际大发包商或跨国公

司的既得核心利益构成威胁时，客户方就会进一步升级进行阻止与控制。第二，提高交付物质量标准，压缩进度，降低供应商资本积累和能力积累速度。有一些客户方甚至提出更严格的知识产权保护、劳动保障标准等。第三，垄断技术标准，通过品牌强化、战略隔绝等手段提高设计、研发和营销等高附加值环节的自身优势和进入壁垒，控制供应商功能升级和链升级的步伐。第四，通过多供应商制强化竞争，控制价值链各环节活动的参与资格。为了限制供应商的成长，跨国公司的发包商通过同时下单给多家供应商，通过培养竞争对手等手段严格控制供应商参与资格，一旦某个供应商的发展将要威胁到自己的核心竞争力，就可能失去获得订单的资格。第五，构建"金字塔型"多层分包制，降低供应商掌握更多价值链上游技能。客户方采取金字塔型多层分包制，在从国内终端客户处接包后，经过层层分包，把比较标准化的模块或服务交由不同的供应商完成（谭力文、田毕飞，2006），不同供应商之间相互不认识，有的甚至处于不同国家，完成的只是某个模块的工作，如模块编码和测试，不能接触到整个项目，难以掌握上游的业务领域知识和系统分析设计技能，长期限于低附加值的业务环节。第六，通过兼并收购等形式提高垄断势力。一旦出现某个供应商技术能力提升过快、功能升级和链升级明显的迹象，客户方就会通过兼并收购等资本运作手段提高自身垄断势力，保持在价值链中的既得利益。

（二）俘获型治理模式的潜在危害

俘获型治理模式使得大量供应商陷入"低端锁定"境地。在俘获型 IT 外包模式下，作为承接国的 IT 外包存在两个危害。第一，自主创新能力受到损害。长期从事低端的 IT 外包项目，将使 IT 外包供应商缺乏足够的资源和能力进行自主创新。底层 IT 外包项目会对企业造成一种对成本降低型短期服务质量竞争能力的"路径依赖",形成一种价格战的思维定式,最终有损于提升本国企业的长期创新能力。以印度IT外包为例,虽然其规模不断壮大,技术水平有所提升,但技术和市场仍受制于西方,核心技术与创新能力仍然不足,大多仍处于产业价值链的较低端,一旦遇到需求下降、汇率变动等问题,整个产业便受到较大影响。为此,一些印度外包公司已开始有选择性地接包,不断开拓抵押贷款、保险赔付、研发等高端项目,而对代码编写、呼叫中心业务、监控等项目则有选择地加以拒绝。第二,产业高端升级受到限制。

(三)IT外包俘获型治理的成因

IT外包中俘获型治理模式的出现是多方面原因所造成的。既包括供应商自身能力、市场环境等因素,也包括客户方对发展中国家供应商的"结构封锁"行为。具体而言主要包括以下几方面。

1. 供应商自身规模及能力限制

中国IT外包供应商数量虽多但普遍规模较小,项目管理能力较弱,缺乏完善规范的外包服务流程等,仍处在作坊式的经营阶段,交付能力、项目质量等难以保证,抗风险能力弱,难以承接高端项目。同时,由于公司规模小,资源和品牌实力受限,追求短期利益倾向明显,集中在利润率低的低端项目上打价格战,而无力开拓高端项目。目前,在我国IT外包产业领域里,中小企业的数量在IT外包供应商总数的占比高达99%。2016年7月,普华永道发布的"全球软件百强企业"报告数据显示,全球软件重点企业美国占比达75%,排名前20的软件企业有15家是美国企业;然后是欧洲、加拿大和日本企业,占比22%;中国企业仅有东软集团1家入围。上述数据表明,我国IT外包供应商规模较小,参与国际并购的IT外包供应商较少,还无法与发达国家大型服务供应商相竞争(王晓红,2019)。这种困境使得价值链的攀升面临新挑战。因为难以承接高端的外包项目，许多中小规模的供应商往往依赖于几个主要的客户的项目来源和技术支持，利润率难以保证，处于价值链的低端。主导发包方则利用这一点对供应商进行控制来实现俘获型治理。这是我国不少中小 IT 外包供应商成为俘获型供应商的一个重要原因。正如某中小 IT 外包供应商总经理所谈到的，"我们公司做的都是一些技术要求难的项目，难啃的骨头给我们小公司啃，赚钱少，边角料比较多。难度比较大，进度比较紧。没有上升空间，但为了生存也没有办法。"

2. 国内高端需求难以开发

虽然我国本土 IT 外包也在不断发展过程中，但高端的需求一方面被外资的跨国供应商所垄断，另一方面中小 IT 外包商没有一定关系很难获得这些高端项目。即使能获得项目，也面临项目款项拖欠等种种困境，不得不转而求其次，进入跨国客户方的俘获型网络。

3. 客户方的俘获型行为

发达国家既希望利用发展中国家的低成本人力资源禀赋来获取尽可能多的价值链分工利益，但又时刻警惕发展中国家发展出足够自主创新能力以及向价值链高端的攀升过程。当供应商的行为不会对自身利益构成威胁时时，会对客户方的工艺升级及产品升级提供有限支持，如提供一些项目管理工具、进行技术培训、安排人员交流互访等。但一旦供应商的发展潜在地对客户方的垄断利益构成威胁时，发达国家会通过各种行为"封锁"和压制发展中国家供应商自主创新能力的提高，阻止其价值链攀升的进程。为了既刺激供应商通过工艺流程升级获得外包效益提升的好处，又限制其过快地攀登价值链的高端。不少客户方采取多供应商和层层分包的外包体制，有意识地构建发展中国家之间、中国各地区企业之间的多元竞争格局，鼓励众多供应商的横向竞争，提高供应商承揽外包业务的竞争激烈程度，刺激其提高服务质量，压低向其出售的外包项目的价格。客户方可以在与多个供应商的市场势力不均等的讨价还价的格局中，实行纵向压榨和产业控制，并取得纵向溢出的效益。比如目前许多欧美发达国家的客户方正在关照新兴的外包市场，如中国、越南等，适当降低对印度供应商的依赖程度。

4. 核心企业成长缓慢，能力不足

核心企业的成长对产业集群升级起着至关重要的作用。在IT外包产业集群内部，核心企业与上下游的分包商和接包商之间形成一个分工协作的网络，他们通过这种紧密的合作关系，相互依赖，共同发展。而核心企业在其中处于领导地位，它通过对分工网络的控制，来协调处于价值链各环节成员企业的行为。目前产业集群内部的核心企业自身能力不足，研发实力有待提高，更是缺乏有世界影响力的品牌。再加上核心企业与产业集群内部其他企业的合作关系也不是很紧密，导致核心企业对产业内部其他企业的辐射作用微弱，难以凝聚市场势力与客户方抗衡，容易陷入俘获治理中。

三、"金字塔型"的多层分包模式与转型升级困境

由于发包方所在国别的不同，IT外包模式存在较大差异。当前面向日本的IT外包在我国现有IT外包产业中仍然占据了很大比重。对日本IT外包受到日本本土商业文化和公司治理结构的深刻影响，与其国内特有的企业间关系相对应，形成了一种"金字塔型"的多层分包模式。虽然已有一些研究注意到了这种模式的特点及与对欧美外包模式的差异，但却没能对这种模式下我国广大供应商所处困境及其相对应的成长策略进行系统分析。在"金字塔型"分包模式下，我国供应商的升级模式、利益分配格局和外包项目成功都面临一些挑战。系统分析这种模式下我国供应商所处困境及其成长策略

是 IT 外包产业发展的一个迫切现实要求。

（一）多层分包制下的 IT 外包模式特征

日本 IT 外包，尤其是离岸信息系统外包是一种典型的"金字塔"型外包模式（谭力文、田毕飞，2006）。这种模式下，作为总承包商（一级承包商）的大企业凭借与终端客户的长期合作关系从终端客户处承接项目，然后对项目进行总体分析设计和任务切割，将经切割后的各模块工作分包给若干二级承包商。二级承包商再进一步把任务细分成相对独立的小模块后发给三级或四级承包商。只有在任务细分到一定程度后，某些附加值低的、具体的项目模块才被外包给海外承包商。这些离岸外包项目通常技术含量低，仅限于数据录入、交易处理、编码及软件测试等低端项目。这种模式具有以下特点。

1. 分包网络的结构层级性

"金字塔型" IT 外包分包网络具有明显的分层结构，每个垂直行业，如金融、保险等都包含若干家一级承包商、成百上千家二级承包商和三级承包商。一级承包商与终端用户形成直接承包关系，他们和终端用户一起在整个分包网络中处于支配地位。日本的终端用户在发包的时候要求极其苛刻，为降低风险和协调管理成本，通常只考虑直接发包给予本企业有良好信任关系的本土大规模企业。在日本，能够作为总承包商承接大型客户系统开发的企业只有 30 多家，如 NEC、日立和富士通等（周海琴，2010）。日本的 IT 外包业务多数属于三级承包或四级承包。在分包网络中，层次越高，服务内容越高级，任务的附加值越高，企业所处层次越高，拥有的支配权力越大。

2. 分包网络的关系型治理模式

为减少机会主义倾向，分包制外包网络主要通过关系契约型治理模式来治理网络运作。这种治理模式强调基于信任的长期合作关系，并不依赖于签订详尽的正式合约条款。处于网络内部的合作关系通常只制定一个合作的框架协议，有时候甚至价格、交付进度等还没有确定，项目就已经开始。外包项目的实施细节，不少是在合作过程中随着项目进展和环境变化不断加以调整和明确的。在"金字塔式"的承包商信任等级制度下，各方以积极的长期合作态度共同创建分包网络，每一级承包商都意识到，只要做好自己的项目，便能获得长期回报。这种分包关系具有一定稳定和持续性，在促进承包商持续改进上有一定积极意义，也有助于提高合作效率。

3. 分包网络强调信任与竞争评价机制之间的相互配合

在这个分包网络中，除了通过信任机制来治理网络运作外，也强调运用竞争评价机制促进内部竞争。每一层承包商都同时与几家下一级承包商保持关系，形成承包商之间的内部竞争市场，促使承包商不断提高服务质量，降低服务价格。分包网络都有完善的评价机制，根据累积评价结果，承包商与下一级承包商的关系将被分为若干等级或排定次序，从而决定每个承包商的不同待遇，如取消伙伴资格、提高伙伴关系等级等。

（二）多层分包制下IT外包承包商的困境

多层分包模式在一定的经济制度环境下有一定优点，如提高承包商的专业化水平、获得规模经济、有助于构建市场进入壁垒、维持长期合作关系等。但这种主要由一级承包商主导的分包网络更多地体现了一级或者二级承包商的利益，而三级或者四级承包商，特别是海外承包商却面临各种难以克服的困境。这些困境在学术界一直以来没有得到足够关注。其主要体现在以下方面。

1. 关系不对等下的利益分配不均衡

由于存在关系不对等，底层承包商，尤其是海外承包商在整个利益分配过程中处于弱势地位。上层承包方一般以服务水平要求、交付质量、进度等为考核项目，频繁对下层承包商进行评定，不断提出需要改进领域。虽然上层承包商偶尔也提出所谓双边定价机制，但受潜在的同行竞价机制压力，承包商在各方面均处于弱势地位，利益难以保证。另外，上层承包方为获得后续项目来源，经常无条件接收终端客户的不合理要求，以提高其满意度。而上层承包方又将这些压力推给下层承包商，对其进行压榨。这些要求将导致项目需求发生更改，最终影响承包商的成本和利润空间。根据日本三菱综合研究所于 2005 年公布的《关于信息服务业委托交易等的调查分析》报告，在日本《分包法》规定的 11 种分包商被禁止行为中，发生频率最多的是迟延支付货款和分包商的恶意压价。日本的公平贸易委员会于 2008 年对 3 万多家分包商和 10 多万家承包商的调查结果显示，违反 11 种被禁止行为的 1 374 起事件中迟延支付的比例最大，高达 63%，其次是出具兑现困难的支票。这些数据足以表明承包商在分包网络中的确存在各种利益受损害的事实。事实上这些数据可能还是保守的，因为承包商一般并不愿透露自身所受到的不公平待遇。

2. 底层承包商的进一步升级受限制

早期一些学者乐观地认为发展中国家通过切入由跨国企业所主导的全球价值链分工体系，有助于获得发达国家企业的技术、管理等知识，进而自动实现企业的升级进程，并归纳了一种所谓普遍适用的"工艺升级→产品升级→功能升级→链的升级"的升级模式。然而，在多层分包模式下，上述序贯升级模式并不能自动实现。虽然顶层发包商为获取承包商的专业服务和低廉劳动力，也通过一定的技术转移和人员培训等途径，适当支持承包商的升级，但这种支持主要表现为对工艺升级与产品升级的支持。一旦承包商完成了工艺创新、产品创新后，试图继续进行功能升级或链的升级，对顶层发包商的既得核心利益构成威胁时，就会受到发包商的阻止和控制。因此，工艺升级和产品升级有较快速升级空间，但功能和链的升级却困难重重。不少底层承包商被锁定在价值链的底层，被迫采取低层次的价格战，陷入一种"价格战—缺乏升级能力和资源—价值链底层"的恶性循环。

3. 业务需求和知识转移困难导致外包风险增加

日本文化具有超文本文化和含蓄表达的特点，交流时含有很多模糊性，不利于知识的编码和转移。在外包项目中，客户一般不会清楚地将自身的需求用具体的文档方式表达出来，终端客户的需求具有模糊性和多变性。总承包商需要根据客户的业务特点，不断地进行需求分析，常常需要多次的沟通与反馈才能明晰。而项目需求的每一次确定或变更，都要求从金字塔顶层快速转移到项目实施的各底层项目团队。而这些项目需求、业务领域知识等需要通过层层转移才能到达海外承包商项目团队。这些都必然增加了业务需求和知识转移的难度，增加了知识损耗或失真风险，进而增加项目风险。

4. 难以发展承接价值链上游环节所需核心能力

为保护知识产权和维护自身垄断利益，上级承包商对任务进行层层切割后发包给不同底层承包商，这些承包商通常只了解自己承担的部分项目内容，无法获悉其他模块任务的具体内容，无法还原把握整个项目全貌和了解项目业务领域背景，限制了其发展整体IT外包项目接包能力。另外，底层承包商从事的都是经切割后的细小的标准化模块，难以接触需求分析、研发等价值链上游环节，缺乏发展上游的研发、需求分析、系统分析与设计等核心能力的机会，不利于功能升级的实现。最后，由于底层承包商没有和终端客户接触机会，难以熟悉终端客户的业务领域知识，导致专有性人力资源投资不足，难以获得特定关系能力这一IT外包核心竞争力。

5. 组织惰性增大企业转型与升级的难度

IT 外包业规模不断扩大，不断实现升级和转型，但是仍然处于价值链较为低端的位置。企业要想在激烈的市场竞争中立足并取得优势，就必须创建自己独特的核心能力，特别是要提高其组织的适应性、灵活性以及获取新知识的能力。而不少企业承接的外包业务标准化程度高、技术创新比较少，并且在组织惰性的阻碍下难以实现组织变革。过强的组织惰性会加大企业转型与升级的难度从而制约企业的发展。

第三节　IT 外包供应商的能力需要与组织惰性

一、IT 外包供应商的能力需要

IT 外包供应商的能力是 IT 外包文献的焦点之一，一些学者对外包供应商的能力类型及来源开始了探讨（Levina & Ross，2003；Ethiraj et al.，2004；Plugge et al.，2016），还有一些学者提出了各种用于评价供应商能力的模型（Feeny et al.，2005）。林尼雅和罗斯（Levina & Ross，2003）最早从 IT 外包供应商价值建议的来源角度分析了供应商提高外包服务核心能力的基础。她们指出，随着客户方向供应商发包各种不同类型的 IT 项目，供应商能够发展一系列相互补偿的核心能力（人力资源开发、软件开发方法论和特定关系能力），从而获得客户方无法获得的规模经济效益，这种规模效应构成了供应商外包价值建议的基础。这种规模效应的实质是供应商通过项目经验的积累，能力得到提升，从而获得相对于客户方的软件开发效率提升。随后，在对印度 IT 外包供应商的能力来源进行实证研究时也发现，随着印度IT外包供应商的发展，与客户重复交易、完成客户的多个项目有助于理解客户方信息架构和商业环境，从而形成了一种所谓的"特定客户能力"（client-specific capabilities）（Ethiraj et al.，2004）。他们用印度一家大型IT外包供应商在1996~2001年为57个客户完成的138个项目数据为样本，发现这种特定客户能力对提高项目绩效有显著影响。在之前学者大多运用实证检验等方法系统分析影响IT外包成功的供应商能力后，普拉奇（Plugge et al.，2016）采用文献回顾与案例研究相结合的方法，基于客户环境的不确定性特征和IT外包供应商的适应性能力角度，针对IT外包供应商如何迎合不同客户而制定相应的调整战略展开研究。他们发现对IT外包供应商来说，采用主动策略，先重组后外包更容易在不稳定的客户环境中取得成功。因为在该研究案例中，供应商需要调整的能力更少，付出的努力更少。

国内也有学者开始对IT外包供应商所需具备的能力类型展开研究。王建军等（2016）基于IT外包供应商的角度出发，利用社会交换理论和资源基础理论对创新和组织学习能力是如何影响IT外包绩效问题展开分析，构建了创新、组织学习能力、关系质量和IT外包绩效管理关系的理论模型，他们发现组织学习能力对IT外包绩效是有显著影响的。孙洁等（2014）在对已有文献中提出的IT企业外包能力模型进行整合、比较和归纳的基础上，建立起技术能力、运营能力和创新能力的三维评价指标体系。王永贵等（2018）对客户方创新能力与供应商的创新能力之间的影响机制展开研究，建立合作冲突、知识转移、客户方能力与供应商能力之间的理论模型，发现合作冲突在客户方创新能力与供应商知识转移之间起到调节作用；供应商合作意向在客户方创新能力与供应商知识转移之间也起到显著的调节作用。

还有部分学者系统构建了供应商能力的评价模型。芬尼（Feeny

et al.，2005）提出了用于评价 IT 外包供应商的供应商核心能力模型，他们认为供应商的核心能力主要包括交付能力、转型能力和关系能力3个方面，共12种类型（如图3-1所示）。其中交付能力指响应客户日常运营服务需求的能力，转型能力指满足客户服务提升要求的能力，关系能力则是指随着时间推移适应客户需要和目标的意愿和能力。还有研究通过将内部和关系视角整合到一个单一的战略评估模型中，分析关系能力与内部能力相比对外包的影响，以及关系能力作为外包和内部能力之间的调节变量的影响。研究发现内部能力对外包有负向影响，而关系能力对外包有正向影响，并且一项业务的关系能力越强，内部能力和外包之间的关系就越不重要（Espino - Rodríguez et al.，2008）。

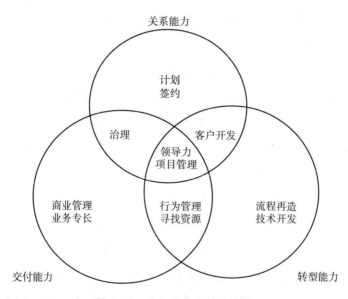

图3-1 外包供应商核心能力

资料来源：Feeny，D.，Lacity，M.，Willcocks，L. Taking the measure of outsourcing providers，*Sloan Management Review*，2005，46（3）：45.

既有研究有助于理解 IT 外包供应商核心能力的类型和来源，但这些文献主要是基于客户方的视角，关注的重点是如何选择一个合格的 IT 外包供应商（Feeny et al.，2005），或者如何从外包中获得更多的价值，而从供应商的角度探讨 IT 外包供应商能力类型及来源还不是很充分。比如，林尼雅和罗斯（2003）利用案例研究，从规模经济和组织设计经济互补性的角度探讨了价值建议的来源，但没有重视供应商是如何通过学习提升核心能力的。而有些学者虽然注意到了供应商能力来源的学习机制，提出了特定关系能力和项目管理能力两种能力（Ethiraj et al.，2004），但遗憾的是，在实证检验中，他们做了过于简化的处理，即把项目的超期和人员投入的超支这些本应该看作项目绩效的指标直接当作项目管理能力的度量指标，用客户类型中的老客户代表拥有特定关系能力，而对两种能力的具体构建机制并没有做深入探讨和实证检验。

二、IT 外包供应商的组织惰性及形成机理

（一）IT 外包中的组织惰性

当面临技术或市场变革的威胁时，在位企业经常由于无法克服组织自身惰性进行积极应对，从而导致企业危机，这也一直是组织理论研究的焦点问题之一（Gilbert，2005）。随着人力成本升高、客户订单萎缩等环境变化影响，中国 IT 外包业面临困境。面对危机，供应商提出要提升自主创新力，产业升级转型，但在升级转型过程中也面临重重困境。由于长期从事中低端外包业务以及受制于外部俘获型治理模式，外包业务存在一些锁定效应，如强化供应商的自主创新惰性，降低高端人才进入外包行业积极性等。由于这种锁定效应，大多数中小供应商很难积累足够的财力资

源、管理能力、研发等实力实现跨越式功能升级，只能依附于跨国发包商，陷入俘获状态，组织不断僵化是很多供应商面临的一个现实问题。

（二）组织惰性的形成机理

所谓组织惰性，就是企业本身所固有的而又难以改变的性质。吉尔伯特（Gilbert，2005）基于案例研究发现，组织惰性的形成历经资源僵化和惯例僵化两个阶段。资源僵化在一定程度上反映出企业受到的外部约束；而组织内部各项工作持续地相互影响、相互依赖，会形成组织的习惯或常规，形成组织重复性的响应模式，即所谓惯例僵化。基于吉尔伯特（2005），本书发现，IT 外包供应商组织惰性的形成经历包括恶性竞争和行为固化两个阶段。在第一阶段，由于感知到潜在的威胁、俘获型治理、在位企业为维护市场地位对现有业务再投资的动机、对客户方的资源依赖导致的资源重新分配阻力等，供应商之间陷入低水平的恶性竞争，供应商的冗余资源受到遏制，陷入资源僵化境地。随着竞争压力增大，尤其是人力和商务成本不断上涨、新贸易保护主义的抬头等，供应商不得不减少试验，收缩权力，以提高对竞争和危机的把控能力，上收权力，提高集权，如几大赴美上市 IT 外包供应商在 2013 年纷纷私有化，提高对企业的把控力。同时，为避免分散资源，进一步聚焦现有客户和垂直行业，如博彦科技提出的大客户化战略。收缩权力、减少实验、注重既有资源等，导致了行为固化，进而导致了组织惰性的出现。组织惰性进一步阻碍了创新能力和价值链升级，但管理者的决策、对外部机会的意义建构有助于影响组织惰性。如图 3 - 2所示。

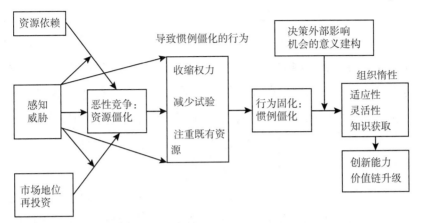

图3-2　IT外包供应商形成机理模型

资料来源：改编自 Gilbert, 2005。

（三）影响组织惰性的因素

IT外包是一个知识密集型的过程，往往涉及较强的技术，技术知识积累带来的优势比较明显。IT外包供应商的组织惰性既同管理系统有关，也同知识、技能、认知和外部环境因素有关。

1. 外部因素

（1）产业环境。产业环境主要从两个方面影响组织并且进而产生组织惰性。一是从组织生态学的角度出发，市场环境对组织的影响；二是从新制度组织理论的视角出发，自上而下的制度环境对组织的影响。组织内各类资源间的联结方式必须按照符合市场环境和制度环境所设定的各类"规制"或"标准"的要求，具体体现为组织结构和组织制度设计，以及资源投资模式需满足环境的预期和要求，从而导致组织更具有正式化和外形化的特征，进而形成组织结构刚性与制度刚性（白景坤，2017）。产业环境比如产业内恶性竞争损害企业的冗余资源，而知识产权保护要求、苛刻的交付要求和进度质量控制这些规制和标准也容易导致组织结构和行为惯例固化。

（2）俘获型治理。在俘获型服务外包模式下，对承接国的服务外包存在两个危害。第一，自主创新能力受到损害。第二，产业高端升级受到限制。因此，处于俘获型治理模式下的供应商容易被发达国家的客户方长期俘获在价值链的低端，难以进行知识转移、自主创新，最终形成难以突破的组织惰性。外包行业本身特性，导致组织惰性在供应商具有一定普遍性。供应商习惯于"贩卖人头"的低成本模式，强调短期利润取向，加之主要从事单一重复价值链低端环节，难以接触高端的价值链环节，由于资源冗余和认知失灵等因素，渐渐陷入组织惰性，丧失创新能力。因此，在面对环境剧变，试图转向国内市场或研发产品，进行转型升级时必然面临不适应。正如某 IT 外包供应商总裁所提到，做产品的商业模式和以服务为核心的业务模式是存在很大差别的。

（3）路径依赖。业务模式中主导逻辑的路径依赖极易形成组织惰性，即阻碍变革的、倾向于保持原状态不变的组织属性，企业开始难以识别和利用潜在的有利机会，对不确定性变化的反应能力也有所下降（陈传明，2004）。外包模式强调的产品内分工和业务流程的专业化，客户方也有意识地在业务流程不断细化后分块外包给不同供应商。单个供应商长期从事某个特别窄的业务流程，比如软件测试、呼叫中心、远程监控等，难以接触到整个产品或服务链条，也未能面对终端需求，缺乏自主创新能力，容易形成一种路径依赖。路径锁定的直接结果便是组织惯性的形成（白景坤，2017）。

2. 内部因素

（1）认知障碍。认知障碍的第一个表现在于未能察觉变化。过分自信、思维定式和偏见，使其不能察觉到外部环境的变化进而失去适应这些变化的能力，容易形成企业的认知惰性。中国 IT 外包供应商大多在 1995 年前后成立。员工平均年龄 27 岁，高管平均年龄40岁左右，没有经历过市场起伏。团队的不成熟表现在对利润下降、公司价值不被看好等情况没有预判，高管们的精力主要放在具体业务的运营和交付上，对经济走势缺乏判断。比如某供应商的离职员工透露，当危机出现时，高管自己都无法稳住，更无法说服员工，经常性人员激烈调整，在极短时间内，可能数千名员工被裁员或离职。这种激烈的调整影响了组织的长期战略规划，不少部门连基本的项目都无法完成，更没人对长期发展负责。

第二个认知障碍体现在缺乏行为动机和创业导向。IT外包产业的迅猛发展，需要供应商快速解决问题与响应环境变化，自主行动、承担风险、加快技术进步、驱使企业扩张。创业导向体现在创新性、风险承担性、先动性、开拓性、积极竞争、自治性等多个维度。缺乏创业导向的企业更强调短期的成本套利，缺乏创新的行为动机。

（2）行为限制。行为限制包括冗余资源和客户网络的创新空间两方面。一方面，外包行业固有的低利润，压缩了供应商可用于创新和转型升级的资源。在最困难时期，中国IT外包供应商人力成本占到营收的75%，加上物业成本、管理成本等费用，导致公司无法盈利，更无冗余资源，无暇创新。另一方面，客户单一或者供应商承担了更多价值链中低端环节的外包项目，导致IT外包业务本身创新空间有限，使得很多供应商在转型升级过程中心有余而力不足。

三、组织惰性对价值链升级影响

组织惰性的存在使得供应商容易对外部新知识产生偏见，忽视潜在学习机会或是抵制新知识的利用，这对摆脱俘获治理状态，实现产业升级是十分不利的。虽然IT外包业规模不断扩大，不断实现升级和转型，但是仍然处于价值链较为低端的位置。企业要想在激烈的市场竞争中立足并取得优势，就必须创建自己独特的核心能力，特别是要提高其组织的适应性、灵活性以及获取新知识的能力，而组织惰性的存在却阻碍了价值链升级的步伐。

　　现有文献主要从组织变革、组织学习角度、动态能力等角度探讨企业如何进行创新，确保持续竞争优势，而对组织创新的反面，即导致组织惰性产生的原因以及对绩效的影响却关注不多，相关实证研究更是少见。既有少量研究也得到各种相互冲突甚至相反的结论，比如有学者认为感知危机会激励变革进而缓解组织惰性，而另一些研究则发现面对危机，企业倾向于缩小备选方案，减少试错，更关注于已经学到的惯例，进而强化组织惯性。同样地，对于组织惰性对绩效的影响也是现有研究争论的一个焦点。有研究认为组织惰性有提高产品服务的稳定性、提高客户信任水平、降低变革成本、充分利用既有优势、增强学习效应等一系列优势，从而减少组织变革风险。而另一些学者认为组织惰性会错失市场机会，为企业长期发展埋下隐患（Gilbert，2005）。现有争论的一个原因在于忽视了组织惰性的多重性，以及组织惰性在不同市场环境下不同变革类型（核心变革、边缘变革）对绩效的不同影响。

　　组织惰性导致企业无法快速成长，企业规模较小，创新资源分散。对于 IT 外包供应商来说，规模和品牌直接影响着企业的接单能力。目前，美国最大的 IT 外包供应商 IBM 拥有超过 20 万名的员工，日本前五大 IT 外包供应商占据了本国市场的 51%，而印度最大的 IT 外包供应商 InfoSys 公司年营业额已逾百亿美元。正是庞大的规模使得他们能够充分利用规模效应，整合行业内部创新资源，形成固定的开发模式实现价值链的升级。我国的 IT 外包供应商数量众多，但大型企业寥寥无几。文思海辉曾经一跃成为中国最大的 IT 外包公司，拥有两万多名员工，但之后被收购成为欧美外资企业。剩下的知名 IT 外包供应商如软通动力和博彦科技等员工数也在几万人左右，且均为中外合资企业。余下大多为中小型企业，绝大部分企业的员工人数不超过一百，集团化程度还比较低，没有较强国际影响力，缺少龙头企业吸引国内外的大订单，难以凝聚资源，阻碍价值链升级。

第四章

IT 外包中的知识转移

第一节　IT 外包中知识转移的构成

一、组织间学习类型

在组织间学习理论中，一些学者认识到组织间学习的多重性。比较有代表性的主要有道茨和哈梅尔（Doz & Hamel，1998），他们区分了两种学习类型：关于伙伴的学习（learning about partner）和向伙伴学习（learning from partner），并强调这两种学习的激励和效应是不同的。两者存在一个根本的区别就是知识是如何被运用的（Inkpen & Currall，2004）。关于伙伴的学习具有关系专有性，但向伙伴学习到的知识却能运用到与联盟无关的领域中去。这种知识反映了合作伙伴单方的利益，而这种学习是合作伙伴讨价还价能力提升的重要途径。但因为这种学习本质上反映了哈梅尔（1991）提出的"学习竞赛"过程，其也是导致联盟不稳定的威胁之一。根据道茨和哈梅尔（1998），在关于伙伴的学习中，一方试图主动学习合作伙伴的知识，是为了更好地合作，双方都进行关系管理和有效合作技能的学习。他们对这种学习做了详细讨论，认为这种学习主要是内生于合作过程中的，即这种知识比较难以在其他协作关系和非相关领域中运用。关于伙伴的学习是在合作的经验积累基础上，通过各种学习机制获得的，因此具有经验学习的特征（Tsang，1999）。这样的文献存在于一些联盟能力（Anand & Khanna，2000；Kale & Singh，1999）和组织间学习文献中（Simonin，1997；Tsang，2002）。

道茨和哈梅尔（1998）进一步把关于伙伴的学习具体区分为 5 个方面的学习：联盟将要运作的环境、将要执行的任务、合作的过程、伙伴的技能以及预定目标和后续目标及目标和期望值。

（1）将要运作的环境。为了使合作伙伴在面对不确定情况下能更好地对环境变化作出响应，合作伙伴必须掌握当前和未来可能的环境，比如现在流行和可能成为未来趋势的技术平台、合作的商业环境等。不能简单地认为通过交往双方对环境的认识会自然统一，事实上合作伙伴最不愿意学习的常常就是它们感兴趣的领域，双方在合作之前都有一个根深蒂固的对环境的先验假设（Doz & Hamel，1998）。对这种假设做出调整，双方共同学习掌握环境需要耐心和时间，但这种对环境的共同掌握对于双方求同存异、建立密切协作关系具有重要意义。

（2）将要执行的任务。合作伙伴之间在双方关系走向成熟过程中，界定合作关系所需要完成的工作任务并逐步作出调整，同时学会如何有效地完成这些任务是任何合作关系的核心。道茨和哈梅尔（1998）认为拓宽伙伴间的沟通渠道、公开透明交流知识技能、简化联合任务等原则对于学习任务大有裨益。

（3）合作的过程。除了掌握要联合完成的任务及条件，学习如何进行有效合作也是至关重要的。理解这个过程能使双方更加富有成效地完成共同任务，并随任务变化做出快速调整。根据道茨和哈梅尔（1998），及时消除误解和争端，跳出合作过程，以旁观者的视角进行流程学习是掌握合作技能的有效途径。

（4）伙伴的技能以及预定目标和后续目标。道茨和哈梅尔（1998）还提出熟悉联盟伙伴的技能也是学习的一个重要纬度。值得注意的是，他们把这里所谓的熟悉对方的技能与掌握对方的技能作了区分。在他们看来，熟悉技能是充分了解合作伙伴的技能，并将这些技能很好地融合在一起，而掌握技能却导致双方谈判能力的转移，进而对联盟构成威胁（Doz & Hamel，1998）。

（5）最后，目标和期望值是他们提出的第 5 个学习纬度，这种学习本质上是要了解双方合作的基础，如果双方的目标和期望值差异太大，合作关系往往充满了冲突。因此，双方必须对合作的目标和期望展开学习，不断加以调整，才能促进合作关系的健康发展。

道茨和哈梅尔（1998）对联盟中学习类型的探讨对后续的组织间学习理论产生了重要影响。后续的一些学者基本上采用了组织间学习的两分法，比如曾（1999）区分了学习的两种类型：第一种是"从战略联盟经验中学习"，即学习管理战略联盟本身和熟悉了解联盟所在的商业环境；第二种是"学习联盟伙伴的技能"。凯尔等（Kale et al.，2000）则把战略联盟中的学习概括为三种形式：第一种是从合作伙伴处获取并内化为关键的信息、能力和技能，这种学习常常是单方利益的。第二种指联盟伙伴在特定的合作情景下学习如何管理合作流程以及随着关系的演变如何更好合作（Doz，1996）。这种学习涉及学习了解伙伴的意图和出现的目标并随着时间的变迁如何重新定义联盟任务，对联盟界面（interface）进行重新评估和调整。这种学习常常是双方的，对于维持成功有效的合作至关重要。第三种学习是联盟能力的学习（Anand & Khanna，2000），即企业通过联盟经验的积累，学习如何更好地管理联盟。这几种学习存在不同的促进因素和学习结果，对合作绩效和关系的发展也存在不同的后果。事实上，凯尔等（2000）提出的第一种学习维度与曾（1999）的第二种学习维度相类似，而凯尔等（2000）的第二、第三种学习维度则可以归为曾（1999）提出的第一种学习维度。

因此，结合道茨和哈梅尔（1998）对学习类型的探讨，概括而言，组织间学习类型可以划分为：学习对方的技能（反映单方利益的学习）和合作知识的学习（反映双方利益的学习）。

二、IT 外包中知识转移的内容界定

供应商承接外包服务的过程中，客户方会通过人力资本流动效应、竞争效应、规模经济效应、关联产业带动效应等对承接国产生技术外溢（江小涓，2008），这种现象普遍存在于 IT 外包业中。在 IT 外包领域，虽然一些学者开始认识到知识转移的重要性（Leonardi & Bailey，2008；Gottschalk & Solli‐Sather，2007；Bandyopadhyay & Pathak，2007），但对 IT 外包中的知识转移研究还非常有限。

目前关于 IT 外包中知识转移具体内涵的探讨还比较零散，系统的归纳梳理还几乎没有。相关研究还极其少见，且主要关注的是与外包项目本身相关知识的转移，如业务领域知识和项目需求知识的转移。而我国 IT 外包情境中的知识转移还担负着学习客户方技能这一"特殊使命"，也存在技能转移这种转移要素。巴拉吉等（2006）把离岸信息系统外包开发中的知识转移定义为业务知识从客户方向供应商的转移，主要关注的是业务知识转移。而徐和姚（2006）则把知识转移定义为客户和供应商交换和共享关于项目知

识的过程，这些知识主要是业务领域知识、客户方的技术平台等知识。蔡和潘（Chua & Pan，2008）指出这些知识领域存在于本岸（onshore）的信息服务人员中（知识源），它们构成了转移到离岸开发团队（知识接收方）的知识基础。他们的研究虽然比较系统地考虑了离岸外包中的各种知识转移要素，但主要是侧重作为一个信息服务专家所必要的知识结构，并没有进行系统的测量和实证研究，也缺乏对合作知识转移和技能转移这两种不同性质知识转移的探讨。

（一）IT 外包中的两种知识转移要素及不同性质

在实践中，一方面，为了推动 IT 外包项目顺利实施，客户必须向供应商交代软件项目背景、所需软件功能以及有关客户业务和技术环境的知识。供应商项目团队也必须了解客户方的作业流程和要求，掌握业务领域知识。这种从客户方到供应商的知识转移可称为合作知识转移。合作知识转移指的是供应商项目团队在项目合作过程中获取可用于与某特定客户更好合作的知识，包括对客户方业务领域、双方合作环境、合作目标和要求的理解等。属于道茨和哈梅尔（1998）提出的学习了解合作伙伴型组织间学习形式，具有合作学习的性质。合作知识转移反映了一种合作性学习，是与伙伴共同学习，共同处理组织间合作本身的知识。具体包括对合作伙伴要求、目标以及双方合作流程的了解等。它具有专有性学习性质，具有特定关系性，在特定关系范围内，一旦通过长期交往获取了足够的合作知识，能够创造出一种关系租。结合对 IT 服务外包实践的了解，本书对 IT 服务外包中合作知识的要素进行了初步梳理，包括 4 个方面：合作环境、合作流程、业务领域知识、合作目标以及任务和要求。这些学习维度和具体内容见表 4 - 1。

表 4 – 1　　　　　　　　　　合作知识转移维度和内容

学习维度	显性知识	缄默知识
合作环境	外部环境技术环境、未来趋势、知识产权保护制度、争端解决法律法规	客户企业文化
合作流程	沟通渠道和方式、Q&A 交流方式	需求理解方式
业务领域知识	业务流程	商业惯例、行业知识
合作目标以及任务和要求	质量标准、交付要求和交付方式	特定需求、合作意愿

　　另一方面，供应商还通过技能转移的方式获得客户方的项目管理技能和信息系统开发方法和经验。在我国 IT 服务外包实践中，相对于客户方而言，供应商通常规模较小，拥有更低的软件开发成熟度和项目管理技能。特别是在对日本 IT 外包项目中，这些客户本身也有可能是大型的 IT 外包总供应商，他们从本土终端客户处接包，再把经层层分解后项目的各个不同模块发包给不同的供应商。因此，他们在技术和项目管理技能等方面更有优势。为此 IT 外包为我国供应商打开了一个技能转移的学习窗口。技能转移指的是客户方所掌握的项目管理技能、方法和软件开发过程从客户方转移到供应商项目团队。技能转移是一种间接学习（vicarious learning）的知识转移结果，主要目的是吸收合作伙伴的嵌入知识和技能。具体包括学习客户方的项目管理方法和工具、软件开发过程等，属于一种向合作伙伴学习的组织间学习形式（Doz & Hamel，1998），具有竞争性学习性质。当一方学习能力强，达到学习目标后，会影响双方的谈判能力，使双方的合作关系发生变化，进而影响合作的稳定性。

（二）两种知识转移界定的理论基础

　　技能转移和合作知识转移这两种转移要素的区分也能从组织间

学习文献中得到支持。

曾（1999）区分两种组织间学习目标：第一种是"从战略联盟经验中学习"，即学习管理战略联盟本身和熟悉了解联盟所在的商业环境；第二种是"学习联盟伙伴的技能"。凯尔等（2000）在战略联盟情境下，也区分了两种学习形式：第一种是从合作伙伴处获取并内化为关键的信息、能力和技能，这种学习常常是单方利益的；第二种指联盟伙伴在特定的合作情景下学习如何管理合作流程以及随着关系的演变如何更好合作，这种学习涉及学习了解伙伴的意图和出现的目标并随着时间的变迁重新定义联盟任务，对联盟界面进行重新评估和调整。这种学习常常是双方的，对于维持成功有效的合作至关重要。道茨和哈梅尔（1998）也区分了两种学习类型：关于伙伴的学习和向伙伴学习。他们强调这两种学习的激励和效应是不同的。在关于伙伴的学习中，一方试图进入合作伙伴的知识，是为了更好地合作，双方都进行关系管理和有效合作技能的学习。这种学习主要是内生于合作过程中的，这种知识比较难以在其他协作关系和非相关领域中运用。关于伙伴的学习具有关系专有性。而向伙伴学习则涉及一种技能的单向转移，向伙伴学习到的知识却能运用到与联盟无关的领域中去，这种知识反映了合作伙伴单方的利益，这种学习是合作伙伴讨价还价能力提升的重要途径，也是导致联盟不稳定的威胁之一，因为这种学习本质上反映了一种"学习竞赛"过程。

因此，技能转移则具有学习联盟伙伴的技能和向伙伴学习的性质，是一种反映单方利益的知识转移。而合作知识转移具有"从战略联盟经验中学习"（Tsang，1999）、合作知识学习（Kale et al.，2000）和关于伙伴的学习（道茨和哈梅尔，1998）的性质，强调通过与一个特定客户的长期合作，更好地掌握与客户交往的经验，学习特定客户的业务环境、技术平台等知识，具有专有性学习的特征。

（三）两种知识转移界定的理论意义

不管是在一般的知识转移文献中，还是在 IT 外包文献中，技能转移和合作知识转移这两种知识转移要素都被忽视了。在一般的知识转移文献中通常侧重于技术转移或者能力转移，缺乏对合作知识转移的系统分析。而 IT 外包文献中所提到的知识转移内容也只是涵盖了合作知识转移的一部分，如业务领域知识和项目需求的转移。而对技能转移却没有得到重视，即使有的话，由于供应商是 IT 专业服务商，他们被理所当然地认为是比客户方拥有更多的技术和技能，因此也是从客户方角度来探讨如何向供应商学习的（Cha et al.，2008）。

这两种知识转移在关系契约合作过程中会受到不同的影响，对关系契约的发展也会起着不同的作用。中国的 IT 外包情境具有一定的特殊性，除了业务领域知识的转移外，通常还会由客户方的项目管理技能转移到供应商。因此，我国 IT 外包供应商为理论发展和实证检验提供了一个有利情境。这两种知识转移在关系契约合作过程中有不同的演进规律，对供应商能力提升、伙伴关系演化也会起着不同的作用。两种知识转移要素的区分和界定为理解伙伴关系演化机理提供了新的视角。

第二节　IT 外包中知识转移的演进
规律与影响因素

一、演变规律

两种知识转移在外包契约关系演进过程中会出现此消彼长的

变化。一般而言，随着外包关系的深入，供应商要较迅速了解客户方的工作流程、业务环境、要求和目标等，通常通过一两个项目就能很快掌握合作知识。而对于客户方的独特技能，比如项目管理技能、管理流程和方法等，则有一个缓慢接触，熟悉了解知识源，验证知识源价值，不断提高自身吸收能力的过程。所以在合作开始，合作知识转移的数量比技能转移更多，能更快达到最高值。

随着合作进入成长期，供应商对客户方的工作流程、业务环境、要求和目标等已基本了解，也就是合作知识转移会达到一个顶峰，而技能转移则开始超越合作知识转移，并也逐渐达到顶峰。到达 t_2 时间点后，又将下降到低于合作知识转移。t_2 时间点后契约关系进入成熟期，该时期客户方技能能吸收的已大部分被供应商吸收，剩下更多的是每个项目所涉及的具体业务环境、目标、要求等合作知识，即合作知识转移进入比较稳定的时期，并且高于技能转移这种知识转移。具体演进过程如图 4-1 所示。

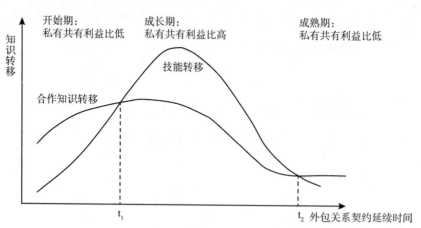

图 4-1　供应商视角的知识转移演进规律

（一）IT 外包中的关系契约与知识转移的影响

在 IT 外包合作过程中，双方重复交易契约的标的内容是复杂多变的，项目类型和风险不断发生变化，双方的权利和义务在事前无法完全界定，正式契约的签订和实施成本非常高，更大程度上依赖于关系契约的可自执行机制来推进外包合作关系的良好持续发展。双方通常通过试验项目探寻建立关系契约可行性，如果项目实施顺利，建立了信任，那么双方开始建立关系契约，并着手通过关系性规范来构建关系契约治理机制。在外包实践中常见的规范包括信任、交流、互惠、争议解决、文化相容、共享愿景等，它们对两种知识转移起了很大促进作用。

关系契约的一个重要特征是可自执行性，这也是关系契约研究的核心。可自执行性意味着合作关系的未来价值必须足够大，保持合作关系的长期利益必须高于离开合作关系的短期利益，任何一方都不愿意违约。已有一些研究关系契约的组织经济学家用博弈论的分析工具，从专用性资产占有、决策权分配、绩效评估的主观性等角度分析了关系契约可自执行性的潜在影响因素。然而已有模型没有考虑契约双方知识转移的潜在影响。

两种知识转移的划分，为理解外包合作关系演化提供了新的视角。当考虑到合作双方存在技能转移和合作知识转移这两种不同性质知识转移时，关系契约的可自执行性便变得更为复杂。技能转移作为反映单方利益的一种知识转移，会减少技能吸收这一契约方离开合作关系的短期利益损失，因为技能转移所获得的技能能服务于别的更有吸引力客户。而合作知识转移则反映了一种双方利益，具有专有性人力资源投资的性质，获取的合作知识在别的合作关系中难以更好地体现价值。因此，合作知识转移的增加，会形成关系嵌入性，提高保持合作关系的长期利益，进而提高关系契约的可自执行性。最终契约演进的方向又反过来影响学习的初始条件，即关系性规范的构建。演进过程如图 4 - 2 所示。

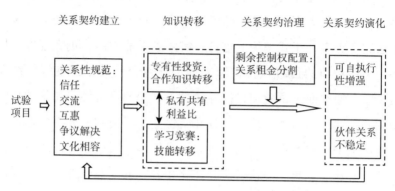

图 4 - 2   知识转移视角下的 IT 外包关系契约演进过程

（二）知识转移影响关系契约演进的边界条件

由前面讨论可知，在考虑两种知识转移后，关系契约演化的方向可能有两种，一是加强关系契约的可自执行性，另一种是使合作关系变得不稳定。一方面，能力提升后客户对供应商的信任程度可能会增加，同时通过学习客户业务领域专业知识，供应商进行了专有投资，会使合作伙伴关系向更紧密的方向发展。但另一方面，在能力提升后，供应商的谈判能力会相对增加，如果供应商对客户缺乏信任，认为客户并不愿与自己发展不断前进的更高层次伙伴关系的话，供应商有可能会去发掘更高端的项目，比如转向欧美或国内市场，甚至创建自主品牌，因此也有使合作伙伴关系向更负面方向发展的推动力。

到底知识转移会导致哪种结果，这是一个争议的焦点。比如，英克潘和比米什（Inkpen & Beamish，1997）指出，合作伙伴成员之间的相互学习会导致成员之间的谈判能力发生转变进而影响合作关系的稳定性。而达斯和腾（Das & Teng，2000）则认为组织间学习导致双方开始追求长期和短期利益的平衡，最终有助于促进合作关系的稳定。而在资源依赖理论看来，一旦合作一方从对方获得了所需资源，易将合作联盟带入一个不稳定的境地，合作关系将有瓦解的可能。因此，要揭示到底哪种力量起主导作用，需要分析影响的几个边界条件。本书基于外包情境，提出如下几个关键的边界条件。

1. 剩余控制权的配置及关系租金分割

知识转移到底导致关系嵌入性提高还是关系不稳定？其中一个关键在于双方在知识转移后，剩余控制权的争夺和配置后的租金分割，这种租金是以合作知识转移为形式的专有性投资所构建的，如果供应商感觉租金分配不公，并且感知到自身谈判能力的提升明显，则有可能导致关系的不稳定。

2. 知识转移的私有共有利益比

两种不同知识转移反映了不同的利益诉求，我们认为可以用私有共有利益比这个参数来描述两种知识转移所反映的利益关系。这个参数越高，双方的知识转移越接近学习竞赛，越容易导致关系不稳定。

3. 外包合作关系类型

在不同外包关系类型中，知识转移及关系契约的类型也存在很大差异，我们可以从"职能域（双方在价值链上各自所处的环节，如高端或低端）"、"结构域（关系契约所处阶段）"、"属性域（双方在管理成熟度、规模、实力等方面的特性差异）"3 个维度（Lavie & Rosenkopf，2006）来分析合作关系类型的影响。

如果双方在职能域、结构域及属性域上存在较大差距，即双方在价值链上各自所处的环节差异大，处于关系契约建立或成长阶段，双方在管理成熟度、规模、实力等方面存在较大差异，那么双方合作空间大，在技能转移方面存在较大空间，供应商通过学习获得的谈判能力提升有限，供应商陷入嵌入关系的可能性大，随着知识转移的深入，双方更愿意采取伙伴关系型的企业关系，关系契约的可自执行性会增强。反之，双方在 3 个域上的差距都小，合作关系更多是以低成本为驱动的市场关系型的合作形式，甚至是处于同一价值链环节的同行竞争者，双方更多意义上是在进行学习竞赛，那么知识转移导致的关系契约不稳定性将增加。

4. 声誉与未来价值

声誉、对合作关系未来价值的评估等也是供应商在决定是否维持好现有关系时重点考虑的因素。由于 IT 外包的特殊性，外包伙伴之间通常采取关系契约的合作形式。关系契约的建立，一方面，有助于通过关系性规范促进双方的知识转移；另一方面，知识转移本身又将对关系契约的履行产生长期影响。作为外包实践企业来说，了解不同类型知识转移在外包合作过程中的演进规律，评估其对伙伴关系的正面和负面影响以及边界条件，是外包项目顺利实施、合作关系健康发展的重要保障。

二、影响因素

在已有 IT 外包中的知识转移研究文献中，知识转移的影响因素是一个相对关注较多的问题。比如徐和姚（2006）从社会资本和智力资本的角度，提出了一个 IT 外包开发中知识转移影响因素的概念框架，但并没有进行系统的实证研究。萨卡尔（Sarker, 2005）提出了一个离岸系统开发团队中知识转移影响因素的 4C 模型（capability, credibility, communication, culture），但只是用美国和泰国的学生样本构建了 11 个分布式虚拟信息系统开发团队进行了

检验。蔡和潘（2008）根据信息服务专家的 5 个知识域，通过两个
案例分别对商业运用和基础设施服务两种离岸外包中的知识转移范
围和过程进行了阐述。王琦等（2014）从 IT 外包供应商的角度出
发，对影响知识转移的关键因素做出系统研究，总结得出 4 个方
面，分别为供应商因素、客户方因素、双方互动因素和控制机制因
素。还有一些学者注意到了知识转移机制的重要性，比如在本岸设
立工程师和客户方在离岸进行培训。总体而言，影响知识转移的因
素包括以下几方面。

（一）知识接受方因素

有效的知识转移离不开知识接收方的有效学习。比如范索林根
和博格特（Van Solingen & Berghout，2000）对软件开发中的学习促
进要素进行了分析。他们认为这些促进要素包括：（1）开放的氛
围。树立一种能有效促进信息流动、公开交流、共享经验和公开讨
论解决问题的氛围。在实践中，构建这种氛围或者"学习文化"存
在很多困难，组织中的很多因素都有可能成为障碍，比如一些官僚
体制。（2）知识扫描。包括从已有的项目、同行、类似项目、各种
论坛和培训、甚至网络等各种渠道获取知识。（3）情景和系统现有
状态的信息。比如对现有软件过程和项目的评价信息。（4）测量。
这是一个促进团队学习的有效机制，在项目团队内部讨论不同的评
估结果，能够促进信息解释进而推进团队学习。（5）受控系统建
模。通过流程建模以及对项目需求和流程关系建模。这个建模过程
作为知识的表述过程，能够有效地促进知识的转移和组织记忆过
程。（6）控制的可能性。即是否能够影响流程朝着预期的项目要求
前进。（7）积极的团队领导。（8）明确的目标设定。清楚的目标
有助于明确为了达到某个目标，必须在哪些方面展开学习。（9）绩
效差距监控。迪贝恩（Dibbern et al.，2008）从知识转移的效率角

度展开研究，认为对于技术水平相对落后的发展中国家，知识转移中的学习效率取决于客户方技术转移意愿和自身的技术吸收能力。刘伟等（2016）基于供应商视角，认为关系质量的 3 个维度，信任、满意和承诺会对接包方的知识接受意愿产生激励作用，进而对供应商的知识吸收能力产生正向的显著影响。

（二）知识转移发生的情境

知识转移的情境包括社会资本、双方的沟通、文化等因素。徐和姚（2006）指出，社会资本中的结构、认知和关系 3 个维度会对知识转移发生显著影响。结构维度主要指有效的电子交流渠道。交流是知识可获取性的一个重要组成部分。有效的知识转移依赖于频繁有效的交流，交流渠道也被认为是影响学习的一个主要要素。离岸软件开发由于开发团队在空间上的间隔，将面临严重的交流问题。通常，面对面交流对于促进知识转移，尤其是隐性知识的转移发挥着更为重要的作用。然而在离岸外包情境下，这种方式往往面临时间和经费的限制。因此在实践中，IT 交流渠道得到广泛运用，如 Q&A 系统、视频会议、即时通信系统等。徐和姚（2006）认为，有效的 IT 交流渠道能促进知识的转移。社会资本的认知纬度强调社会活动中的共享范式和对事物的共同理解，共享范式不仅有助于信息编码，而且还提供了观察和解释社会现象的框架，以及知识接收方和发送方的知识重叠区域，从而起到促进知识组合和创造的作用。因此，徐和姚（2006）强调软件开发方法和能力在知识共享中的重要作用。软件开发方法定义了软件开发所需遵循的规则和标准，包括文档、预期交付物和开发流程。开发方法对于促进软件项目的共同理解是一个关键要素，为促进知识共享、减少冲突和交流实效提供了一个清晰的指导和规则。因此，软件开发能力能促进知识的转移（Xu & Yao，2006）。徐和姚（2006）还指出，从社会资本的关系纬度来看，跨团队的凝聚力和长期伙伴关系意愿也是促进知识转移的重要因素。跨团队的凝聚力指客户与供应商团队的互惠和工作关系密切程度。密切的关系有助于信息交往。在离岸外包开发中，分布式团队的特点使得双方的成员更难以建立团队凝聚力，因而与传统的项目相比，交流的频率和质量大大下降。提高团队成员对团队的认知度和凝聚力能提高知识转移的机会。长期关系倾向为促进知识转移提供了一种激励。客户与供应商之间本质上是一种基于合同的交易关系，但也有可能倾向于建立一种风险和利益共享的长期合作关系。组织间学习和知识创造的机会是双方探寻外包关系的一个重要因素（Shi et al.，2005），长期伙伴关系进一步为双方信息共享提供了一种激励，增加了供应商的知识可获得性。他们虽然从社会资本和智力资本的角度，提出了一个对 IT 外包开发知识转移的概念框架，但并没有进行系统的实证研究。

情境因素还包括信任、文化等因素。萨卡尔（2005）提出了一个离岸系统开发团队的 4C 模型。能力差异指个人与团队成员在技术（比如编程、数据库开发和管理、系统开发等）上的差异以及项目管理能力的差异，而可信度包括可信赖水平和声誉两个方面，交流程度则指成员参与在线聊天、讨论和其他交流的程度；文化差异操作化定义为集体主义和个人主义的区别。萨卡尔（2005）假设在集体主义文化与个人主义文化传统下的知识转移存在差异，并用美国和泰国的学生样本构建了 11 个分布式虚拟信息系统开发团队，结果发现个人主义文化传统下的团队成员（美国）与集体主义文化传统下的团队成员（泰国）之间转移知识的数量的确存在差别。

从上述已有的少量信息系统领域知识转移和软件开发中的学习文献可以看出：

（1）一些学者已经认识到 IT 外包中知识转移的重要性，但已有的一些文献还仅限于理论层面探讨。国外对于 IT 外包情境中的知识转移和学习问题才刚开始引起注意，现有文献还停留在初步的理论探讨阶段，系统地站在供应商角度的实证研究还很少被发现。而在国内文献中，IT 外包中的知识转移文献更是极为罕见。这些文献的不足使得我们对 IT 外包情境中许多重要的知识转移因素缺乏了解，比如客户方支持、项目团队的知识表述机制等。

（2）这些文献主要关注的是 IT 外包中与项目相关知识的转移（主要指需求知识和业务领域知识），而相对忽视了 IT 外包中技能转移的研究。在目前我国的 IT 外包情境中，通过技能转移提升能力对于我国 IT 外包供应商来说也是值得关注的现实问题。

第五章

案 例 研 究

第一节 研究背景

一、研究情境

本章将通过多案例的归纳式理论构建方法，基于访谈的实证数据构建供应商知识转移、组织惰性与价值链升级的理论模型。一方面，不少供应商通过承接外包项目，获得客户方的知识溢出，提升了能力，实现了价值链升级。因此，本章案例研究试图揭示通过知识转移提升能力，促进价值链提升的机理，尤其是促进知识转移的供应商学习机制。另一方面，跨国、跨文化、跨组织的知识转移受认知和行为惰性影响。由于供应商本身向客户方提供专业服务，供应商习惯于把自身当作 IT 领域的权威。但是 IT 外包项目技术含量不高或者客户方在技术水平上存在较大的缺陷，使得许多 IT 工程师容易忽略学习机会。同时这些因素还会导致供应商在吸收外部知识时产生一定的认知惰性。比如许多 IT 工程师往往注重技术，而忽略了对合作技能、沟通技能、团队合作意识、品质意识、软件开发规范等方面的学习，而这些恰恰是目前我国供应商较为欠缺的。另外，由于文化、知识的嵌入以及环境等差异，供应商在推动外部新知识运用时也面临一定行为惰性。比如在吸收日本客户方的严格质量控制和软件开发规范时，需要制定烦琐的文档，遵循严格的开发或者编码规范，在紧迫的项目进度和有限的资源及利润压力下，会给项目开发人员带来巨大的额外负担，从而表现出一定行为惰性。因此，组织惰性对于供应商通过知识转移实现价值链升级形成了挑战。

在知识转移文献中，知识接受方特征被认为是影响知识转移的重要因素，但既有文献更多是基于吸收能力、学习意愿等角度（Szulanski，1996；刁丽琳、朱桂龙，2014），并没有专门针对组织惰性情境，探讨如何促进知识转移的问题。组织惰性下的知识转移需要借助于外部环境压力或刺激，有效化解认知和行为惰性。对于处于组织惰性困境中的知识接受方而言，来自知识发送方的控制是一种重要的外部压力源和信息源。控制作为目标导向的规制行为，其本身是要确保受控方按照协商一致的计划达到预期目的，降低风险，并不以减缓组织惰性、促进知识转移为导向。但由于控制机制蕴含的信息和规制特征，也潜在地影响受控方在实现目标过程中的知识获取、消化、解释和运用过程（Dutton，1992）。因此，通过实施特定的控制机制，借助组织惰性的改变，可能潜在地对知识转移产生影响。但在知识转移文献中，控制的影响尚未引起足够重视，仅有的少量文献也仅在非正式控制对知识转移的促进作用方面取得了一定的共识（Makhija & Ganesh，1997；刘益等，2008；龚毅和谢恩，2005），而对正式控制到底是阻碍还是促进知识转移却存在争议（Makhija & Ganesh，1997；Björkman et al.，2004；刘益等，2008），更主要的是控制对知识转移产生影响的过程还几乎处于"黑箱"状态（李自杰等，2013）。为此本章还试图针对现有文献不足，借助于组织惰性理论、压力的学习效应和组织认同理论，基于离岸 IT 外包中的案例研究，从被动的"压力机制"和主动的"认同机制"双重角度，揭示通过控制机制，促进知识转移与克服组织惰性的过程机理。

二、文献回顾和理论基础

（一）供应商的能力理论和学习机制

供应商转型升级的基础在于核心能力的提升，对于 IT 外包供应商的核心能力，一般文献强调了交付能力、转型能力和关系能力等方面（Feeny et al.，2005）。比如早在 19 世纪有学者从外包供应商价值建议的来源角度分析了供应商提高外包服务核心能力的基础（Levina & Ross，2003）。研究指出，随着客户方向供应商发包各种不同类型的 IT 项目，供应商能够发展一系列相互补偿的核心能力（人力资源开发、软件开发方法论和特定关系能力），从而获得客户方无法获得的规模经济效益，这种规模效应构成了供应商外包价值建议的基础。此外另有学者基于印度 IT 外包企业的研究也发现了特定客户能力的重要性（Ethiraj et al.，2004）。

核心能力提升的根本动因来自自身的学习机制。已有的文献中通常把组织学习当作几个学习过程进行概况分析，而对每个学习过程中的子过程还缺乏应有的关注，其中一篇例外是关于组织学习所做的综述性文献，比较具体地分析了各个学习过程的三大子过程是：知识获取、知识扩散和组织记忆（Huber，1991）。但针对某具体情境下各个学习过程所适用的关键子过程做深入探讨的还很少，因而缺乏实践指导意义。

在外包情境中，由于供应商的冗余资源有限，因此在利用客户资源基础上，如何探索新的成长空间，变成了供应商学习机制的现实选择。早在 19 世纪 70 年代，学者们发现组织在不断变化的环境里寻求生存和发展的过程中，常常会面临一种两难境地，即在实施旨在开发利用现有能力的利用式创新与构建全新能力的探索性创新之间左右为难。为了解决探索式创新与利用式创新之间的矛盾，组织需要同时具备两种能力，成为双元性组织。许多学者的研究也表明双元性组织比非双元性组织有更强的竞争力（Luo & Rui，2009）。从全球价值链的角度考虑，当今产业升级是一个兼顾对现有业务模式的利用式创新和对新业务模式的探索式创新过程。在此过程中供应商需要具备双元性的战略思维和能力，即通过流程、产品升级开发当前产业链环节潜力，通过功能和链条升级探索新的产业链环节两方面的平衡能力，从而保持持续竞争优势（赵付春、焦豪，2011）。

（二）组织惰性理论

根据组织生态学理论，组织为了持续提供可信赖的产品或服务，需要在结构和行为方面保持一定稳定，按照大致一致的方向、速度和状态行动。这种低市场导向的行为在简单稳定的市场环境中可能有助于健康稳定发展，但在激烈变迁、市场竞争激烈的环境中，却可能动摇企业的长期竞争优势。组织惰性是企业本身所固有的而又难以改变的性质，有学者基于案例研究发现资源僵化和惯例僵化是组织惰性形成的两个重要原因。资源惰性在一定程度上反映出企业受到的外部约束（Gilbert，2005）。

组织惰性的一个潜在负面影响在于阻碍外部知识获取，具体体现在认知和行为惰性两方面。认知惰性容易导致对新知识的"阳奉阴违"、扭曲原意、抵制等行为（Hodgkinson，1997；Szulanski，1996）。每个企业随着时间的演变和组织规模的扩大，组织认知惰性越来越大（张磊楠等，2009）。当组织认知惰性水平较高时，组织对既成价值观和信仰、行为规范比较认同和依赖，不愿意改变组织运行的理念和行为规范。在组织学习文献中，认知障碍对学习的影响得到较为广泛的认同。另外，有些组织不能理性地调整和适应外界的变化，是因为它们在认知上倾向于已存在的惯例，而对可选择的其他方案抱有偏见。组织可能沉迷于曾经的成功，导致过分自信、思维定式和偏见，忽略潜在危机及新的知识源，丧失变化的能力和动机（Szulanski，1996）。甚至有些组织还面临"非此处发明的综合征"，可能仅仅因为新知识不是在本部门发明的就加以拒绝。最后，组织也有可能由于行为惰性、习惯于延续既往的行为模式、对新知识产生偏见、诉诸难以辨别的价值、与既有环境不匹配等，抵制新知识的推行（Szulanski，1996；刁丽琳、朱桂龙，2014）。

组织惰性严重的企业，将具有更高的路径依赖性，难以有效集成和利用外部知识应对外部环境冲击。在 IT 外包行业，伴随全球经济结构的调整，整个行业曾历经高速发展时期。但随着贸易保护主义再度抬头下，海外客户订单萎缩等外部环境冲击，以及云计算等新技术新外包模式的兴起，使全行业出现了一个动态调整过程。通过承接外包项目，获得客户方的知识溢出，快速实现转型升级，一直被业内寄予厚望。但由于长期承接软件编码、测试等中低端代工项目导致能力僵化甚至产生组织惰性，不少企业并没能轻易通过知识转移实现价值链升级。组织惰性的存在对有效获取和利用外部知识实现价值链升级构成了巨大挑战。

（三）控制机制与知识转移的关系研究

目前，专门探讨控制与知识转移之间关系的文献还极其有限。

总体而言，有两类文献涉及了控制与知识转移之间的关系：组织学习领域中涉及组织控制系统的文献，以及知识转移影响因素研究中少量涉及控制因素的文献。

第一类文献较早将组织的控制系统与其组织学习（知识管理）联系起来，假设组织的控制系统会对组织学习产生潜在影响（Szulanski，1996）。比如有学者认识到在不同控制情境下，组织所进行的学习程度是不同的（Fiol & Lyles，1985）。也有少量文献关注到特定的组织控制系统有助于促进雇员交流思想，重新定位他们的激励目标，并重新定义组织方向，进而对吸收新知识产生影响（Makhija & Ganesh，1997）。既有研究发现控制的两个特点导致了其对组织学习产生影响：首先是控制机制有内在的信息加工特征，它界定了一种个人或团队之间的特定关系，而这种关系直接影响企业内信息共享或知识的分配；其次，控制机制定义了组织成员按照有利于实现组织目标行动的激励机制，具有不同目的的控制机制直接影响着组织体现出来的知识管理行为，包括知识获取、内部转移等各个过程（Turner & Makhija，2006）。总体来看这类文献关于控制的含义还比较模糊，更多体现的是一种组织管理控制或组织结构特征，如对组织绩效的控制、学习氛围或组织文化，而并非基于组织控制领域较成熟的正式和非正式视角，同时也未对控制与知识转移关系进行专门探讨。这类文献的贡献在于暗示了既然控制能够对受控方的组织学习产生影响，那么通过实施某种特定的控制机制，借助受控方的组织学习，有可能潜在地对知识的转移产生影响。

第二类文献虽然从知识转移双方特征、知识转移机制和工具、双方关系情境等角度对知识转移影响因素进行了广泛探讨。但只有少量文献关注了控制的潜在影响，控制并没有成为一个受到足够重视的关键影响因素。如在离岸 IT 外包情境下，有学者认为可通过有意识地选择和有效利用控制机制，促进复杂和简单两种知识向供应商转移（Balaji et al.，2006）。虽然还有少量实证文献在影响因素中涵盖了控制因素或者类似内涵的变量，但这些文献尚存以下不足。第一个不足是只在非正式控制对知识转移的促进作用方面找到少量较一致经验证据，而对正式控制对知识转移的影响却存在较大分歧。已有的少量文献认为非正式控制有助于树立共同目标、价值观和信念（Björkman et al.，1997），建立相互信任的合作关系（刘益等，2008），提供更为丰富的协调和沟通机制（龚毅、谢恩，2005），进而促进知识转移。类似地，一些学者从非正式控制的社会化过程角度，也同样发现非正式控制对知识转移的积极意义（Björkman et al.，1997），而李自杰等（2013）则通过案例研究发现，目标公司的弱管理控制会通过作用于员工的合作意愿和文化差异促进中国企业知识转移的进程。但在正式控制对知识转移的影响上却存在较大分歧。如关涛等（2008）发现通过产权控制，能形成对接受方的权威控制关系，有助于知识转移。类似地，刘益等（2008）也发现契约控制对知识转移起促进作用。而龚毅和谢恩（2005）则发现严格契约控制将降低知识转移的效率。还有些学者则提出控制机制在促进知识转移中作为一个调节变量发挥作用。如李柏洲和徐广玉（2013）发现行为和结果控制在知识粘滞与知识转移绩效间充当调节变量。高展军等（2012）发现契约控制负向调节市场导向与知识转移间的正相关关系。第二个不足在于对控制概念的操作化定义存在较大差异。一些文献采用产权控制或契约控制（刁丽琳、朱桂龙，2014；刘益等，2008；关涛等，2008），而一些学者则采用了管理控制的概念（李自杰等，2013），只有少部分学者是基于组织控制的角度（李柏洲、徐广玉，2013）。第三个不足，也是最主要的不足在于尚未能揭示不同的控制机制对显性和隐性知识转移产生影响的机理，尤其是在知识接受方面临组织惰性情境时。为此，有必要基于成熟的组织控制角度（正式和非正式控制），借助案例研究，探讨控制在组织惰性情境下促进知识转移的机理，揭示现有争议产生的根源。

（四）压力的学习效应理论与组织认同理论

由于控制机制通常会给受控方产生压力感，受控方也涉及对控制行为的认同问题，因此，本书以压力的学习效应理论和组织认同理论为基础来实现研究目的。

1. 压力的学习效应理论

压力是受控方感知到组织和工作要求超过其自身能力和资源，或因受控方与组织、工作不匹配而产生的心理、生理和行为方面的负面反应。压力源有可能表现出不同形式，如人际关系、工作职责的清晰性、角色模糊与角色冲突、工作任务压力、发展与变革压力、缺乏组织支持、工作介入性等（王瑛华等，2012）。传统工作压力研究认为工作压力是有损组织绩效和员工健康的。而后期的工作压力研究则认为工作压力本身存在学习效应（Karasek & Theo-rell，1990），工作压力可以促进员工学习，学习反过来缓解压力。

根据压力的学习效应理论，压力感与对外界刺激压力源的认知评价密切相关。压力源可以分为信息性压力源和控制性压力源，前者被认为是能体现自我价值或不损害自我评价及自信的压力来源，如言语鼓励、信息告知等，后者则被认为是自我价值被压抑、忽视，或自我评价、自信心被损害的压力来源，如威胁、最终期限、指令、压力性评价和强制性目标等，两者导致的学习效应是不同的（王瑛华等，2012）。信息性的事件促进个体内在的因果知觉与胜任感，提高个体内在动机的水平，有助于提高学习水平，而控制性事件则减少个体外在因果知觉的水平，降低自主感，削弱内部动机（王瑛华等，2012）。由此可见，压力源的不同形式会导致不同的压力感进而对认知和行为惰性产生影响，并最终影响学习效果。

2. 组织认同理论

认同是模仿他人或群体的行为，并使之内化为个人人格一部分的过程。现有认同理论可分为差异论、资源论和信息论三种观点（魏钧等，2009）。前两种观点侧重从影响组织认同的因素，探讨认同影响因素，如组织特征、组织声誉、组织内外部竞争、个体特征等。本书主要采纳信息论角度。组织认同理论的信息论注重从信息发送、信息传播渠道和信息接收过程来分析认同感产生的过程机理（魏钧等，2009），尤其适用于本书的过程模型建立。认同感产生的过程是主体不断理解，接受另一关注对象，并最终视其与自身具有同质性，进而产生归属感和亲密感的过程。从信息论角度来看，这个过程是吸收内化外部信息，并和自身原有价值观、信念相结合构成新的态度体系过程。信息论观点更加强调管理者和沟通在促进组织认同中的重要性，强调管理者作为信息的主要发出者，需要提供统一的自我概念，即"认定宣示"（identity claims）来促进认同感，可以形象地称为是一个"给道理"的过程（魏钧等，2009）。而促进认同感的有效沟通又需要提高外部声誉感知，构建共享的心理氛围，同时构建形象性信息（组织内外部产生的评价）和说服性信息（组织创造出来的宣传内容）帮助劝说者及接收者形成共识，促进认同感（Smidts et al. ，2001）。

认同理论自产生以来，被先后用于分析对社会、组织、角色的认同，产生了社会认同、角色认同等理论，最近也被用于分析对某事件或对象的认同，如对组织变革认同、品牌认同、消费者对企业的认同等。从信息论角度来看，控制作为一种信息导向的行为和态度规制过程，必然导致受控方调整原有价值观、信念，构建新的态度体系，并且不同的控制机制对认同感可能产生不同的影响。因此，组织认同理论的信息论角度有助于分析控制对认同感的影响机理。

第二节　案例选择与数据收集

案例选择基于理论抽样原则，选择不同规模且在知识转移上取得不同成效的供应商，共对 5 家北京的供应商自 2007 年开始进行追踪研究，其中包括 1 家在香港上市的企业。5 家企业分别为：处于创业发展期的 A 公司；在知识转移和能力提升上取得较大成功的中小型供应商 B 公司；迅速成长的中小型供应商 C 公司；比较成熟、实力较强的大中型 IT 外包上市企业 D 和 E 公司（见表 5 - 1）。

表 5 - 1　　　　　　　　公司简介及访谈对象

公司	简介	访谈对象
A 公司	2002 年由 3 个自然人共同设立。访谈时公司处于创业发展期，共 80 人。以人员派遣为主，主要派遣到国内大型 IT 外包企业从事对日本的外包项目。也有欧美的项目，但不到 1/3。后在 2008 年金融危机冲击下倒闭	总经理、项目经理、项目小组组长、开发人员
B 公司	2003 年由日立制作所和北京某高校共同投资设立，共 200 人左右。2005 年开始公司已经从以从事对日本外包项目为主逐步向国内市场自主研发产品过渡	开发部副部长、项目经理、系统集成部项目经理、日语翻译、项目小组长
C 公司	2003 年由日本世纪信息技术株式会社、克拉斯技术株式会社共同出资组建，共 200 多人。以软件出口、生产管理和办公自动化软件产品的开发及系统集成业务为主。日立公司金牌合作伙伴	开发部部长、品保部主管、项目经理、开发人员

公司	简介	访谈对象
D 公司	1995 年成立，业务内容为海外 IT 外包、IT 技术服务。业务领域包括证券、金融、保险、通信、流通、电子商务等。香港主板上市企业，员工数量 3000 人左右	总经理、软件经理、项目小组组长、项目经理和品质主管、开发人员
E 公司	比较成熟实力较强的大型供应商，2001 年成立，3.5 万人左右，主要从事咨询及解决方案、IT 服务及业务流程外包（BPO）服务等	高级副总裁、欧美事业部项目经理、欧美事业部/人力资源管理高级经理

　　为通过三角证据对相关证据进行相互佐证，通过 3 个渠道收集数据。第一是实地访谈。这也是本研究主要数据来源。访谈主要在现场的办公室或会议室进行，采取半结构化深度访谈的方法，每个访谈对象持续 1 小时左右，访谈由三位研究者同时进行，为保证准确性，皆有录音。在每个公司访谈过程中，为保证访谈对象的积极性，访谈对象首先从提前联系好的高层领导（包括总经理、开发部长等）开始，一直到项目经理和底层项目成员。每访谈完一个访谈对象，请其根据我们希望的访谈对象特征直接请下一位访谈对象。通过这样上一层领导直接指定的目的是得到访谈对象的重视和积极参与。访谈结束后研究者立即对访谈录音进行了转录，在转录过程中尽量忠于原意。第二是非参与式直接观察，如观察办公现场的布局、标识口号、人员状态、工作忙碌程度等推断公司组织文化、组织惰性、知识转移氛围等状态。另外还通过观察日常交流（如聚餐）、访谈前名片交换中的礼仪、精神状态等推测公司文化氛围、员工知识技能。第三是文档资料，通过新闻报道、公司网站等渠道

获得公司概况、资质认证、发展历程、行业发展等背景信息。

第三节　数据分析过程

数据分析过程分为两个阶段。

第一阶段采用扎根理论取向和情境操作化定义相结合的主题编码方式。由于知识转移、能力提升、控制机制、组织惰性这几个核心概念已较成熟，为此没有完全采纳扎根理论取向的主题编码方式，而是注重将已有概念框架与访谈数据相印证，寻求概念的情境操作化定义，同时通过计算编码频次，比较归纳概念间关系。具体地以具有相对完整情境意义的句子或段落为分析单元，每个分析单元都用下划线标识并编号，以预先建立的参照类别为依据进行内容分析。首先根据理论基础建立参照类别，然后通过透彻理解访谈材料，归纳识别了各参照类别的关键内容特征、编码类别和内容特征，并构成了编码表。编码表形成后，研究者和一位研究生分别对材料进行编码，对访谈材料中的分析单元进行归类，如果编码者判断分析单元出现了一个或若干个与内容特征相同语义的语句或段落，则归入相应的编码类别。对于重点关注的压力源和认同源，由于更多具有探索性特征，因此采取扎根理论取向的主题编码方式进行数据分析。具体地，以具有相对完整情景意义的句子或段落为最小分析单元，以预先建立的参照类别为依据，对访谈材料进行内容分析。在材料中每个分析单元都用下划线标识，并专门编号。编码过程中既根据理论指导编码，又基于数据对既有理论概念进行了情境化，并根据数据归纳提炼新概念或对概念进行了汇总。编码完成后，两个编码者对编码不一致的结果进行讨论，最终形成一致意见。另外，在编码过程中，还标记知识转移与控制之间可能关系的推断，即分析注记，这些注记反映了在编码过程中思维高度集中于材料，理解最透彻时涌现的灵感，构成了案例所涌现理论的基本素材。这个过程主要用于识别影响机理。

第二阶段采用基于复制逻辑的数据编码策略进行多案例比较。首先根据一个典型案例，归纳一条故事线，展示概念间关系，然后进行跨案例分析，并结合既有文献进行诠释，构建理论模型。

第四节 研究发现与结果讨论

一、供应商的能力提升与价值链升级过程

下面对具有代表性的四家供应商的知识转移及能力提升过程进行说明，以促进对研究情境的了解。这四家分别为：处于创业发展期的 A 公司；迅速成长的中小型 IT 外包企业 B 公司；在能力提升上取得较大成功的中小型 IT 外包企业 C 公司；比较成熟、实力较强的大中型 IT 外包企业 D 公司。对访谈案例的介绍主要基于公司背景、能力的变化、知识从客户方到供应商转移的情况以及知识转移的促进因素这条主线展开。

（一）A 公司

A 公司成立于 2002 年，公司的发起人为 3 个人，现总经理 2002 年前是 D 公司集团的一名员工。由于 A 公司总经理是山西人，因此公司主要人员、骨干都是从山西来的。在日本有一个对外营业的下属小公司。2002 年 7 月公司开始有第一个项目，第一个项目完成比较顺利。但后来公司经营陷入困局，项目来源很难保证。现有

员工大概 150 余人，其中中国公司 70 多人，日本有 80 人。公司主要通过让员工做日本外包项目形式形成一个完整的培养渠道。公司在欧美外包方面还有一定的业务，所以一部分原来做对日本外包的项目成员后来转到做欧美外包项目，主要用 Java 为欧美客户开发小的产品。目前这个项目已经实施 1 年多了，产品也已经销售出去了。现在公司里做欧美外包的人员不到 1/3，而做对日本外包的有 50 人左右，主要做协力，即派遣到大公司帮助别的 IT 外包企业做外包项目。

公司不断往外派遣人员，把团队成员派到日本做完项目以后再回来。现在日本客户把项目发给小公司还不放心，还希望公司能提高团队能力。公司总经理空闲的时候主要抓培训，主要通过做项目来培训。现在公司的经营处在一个维持状态，总经理强调企业成长的内力，要求员工能力成长，管理上也要不断的规范化。他认为现在外包行业主要的市场状况是，许多大型 IT 外包企业人员短缺，项目来了人员不够，而公司现在的项目来源渠道没有打开，因此希望通过协力的方式培养团队能力。

公司成立后在管理、流程上有了一定改进，越来越完善。比如在项目人员分配上有了很大改进。但总体而言具有较明显的小公司管理不规范的特点。比如在收入分配方面，直接由公司总经理和项目经理商量决定，决定过程比较粗放。

公司从客户方学到了规范化的管理技巧方法等。通过项目实践和客户交往，了解和学习了客户方管理的严整性、严谨性、做事的态度及项目管理的方式等。这对项目经理的项目管理实践产生了较大的影响。

公司基本上是招应届毕业生后再对他们进行培训，项目经理主要通过项目中锻炼来培养。对项目经理的培训主要还是以带队伍的意识为主，包括队伍怎么带、怎么凝聚队伍、增强交互性、激励团队和人员选拔等。在项目具体管理培训方面，做得不是那么详细，但是重点是抓住人员管理，比如如何把重要的骨干用好。对于项目管理理念和方法，习惯于采取师傅带徒弟的方式，等于管理模式一拨拨往下传。由于公司规模小，与大公司不太一样，不能做大规模的规范，只能总结出一些项目管理要点往下传。另外，还向员工传授跟客户打交道的技巧，比如不要发生正面冲突、坚持提议案、要解释说明等，但并不仅仅局限于口头传授，还通过实际项目来培养锻炼。

项目经理在管理团队中基本采取开放式的管理，大家有意见或者好的建议可以随时跟项目经理沟通，项目经理会随时召集大家讨论一些想法观点，给团队成员公平民主的感觉，像一个大家庭。项目组内部也经常沟通，促进知识共享，项目组长之间沟通比较频繁。项目组构成一个团队，各个小组做的小模块是时刻关系在一起的，随时共同解决问题，通过交流达到相互协调。当有问题时，项目小组长会向其他小组长请教，也有一定的相互流程和技术讨论或者相互学习过程。项目组也注重项目完成后和项目中间的总结反思，做技术的项目成员一般会留有一定文档，推出新档案在公司范围内共享。

一些项目经理发现对日本外包项目的管理方式分工很细，有做技术框架、做测试、做编码及培训，还有些做设计，项目经理对此比较欣赏，所以沿用了这种管理方式。

（二）B公司

B公司成立于2003年9月。公司队伍2007年年底达到200人。目前公司分两部分：开发部（主要从事对日本外包）和系统集成部（主要客户是国内客户）。由于是日系企业，系统集成部的产品集成性基本上继承了日系母公司的特点。日本客户方的很多开发规范都被借鉴于国内开发。2008 年，公司在日本设立了分公司，分公司的成立意味着公司开发部和系统集成部有更多的机会派遣员工入驻日本，以此与客户方进行比较便捷的信息交互和沟通，也代表着公司外包业务的处理即将达到一个新高度，最终使得公司与客户方之间能够较快捷地进行双方之间的知识转移，并且使得公司的经营业绩大幅度提高。

公司许多员工通过项目了解了客户方的项目管理方法、软件开发过程及规范、工作态度和客户服务意识等。比如与日本客户接触后，通过观察客户方的工作，会潜移默化地接受客户方的工作理念和方法。访谈中，一名项目经理这么谈到，"因为我是从程序员做起，接触日本人工作越多，看他们的工作，比如对产品的检验测试非常严格，方方面面考虑非常多，在今后工作中，我也会把这些点，自己都检查一遍。做项目经理后，负责质量，下面人在测试时我也会提出在该测试的方面必须都测试了。"

外包项目也让团队成员更深刻地认识了日本客户方的要求。比如有些团队成员觉得客户方的某些工作要求很高，而客户方却认为是理所当然的，因为客户方有更强的客户服务理念。客户方经常要求严格遵守各种规章制度，比如文档规范，要求格式对齐、英文字母全半角要注意等。公司的许多员工刚开始觉得要求比较苛刻，不理解为什么会有这些要求，通过项目实践中和客户方接触，员工对这些要求有了更好的理解。

不少团队也从客户方学到了许多业务领域知识，比如日本养老金制度、工资发放的业务流程等。项目组通过客户方提供的业务说明书、程序说明书这些资料来了解业务知识。当出现很多日语书面材料看不懂时，项目组会通过邮件、电视会议等方式请客户进行讲解。这些资料除了书面材料，也有可能是一些面对面的口头说明。在有些项目开始之前，客户方有人专门对项目组介绍项目的业务背景，进行业务说明。项目很大，业务很广，仅仅几张书面材料不够时，日方客户会派人进驻项目组。如果项目很小，就没有必要。

公司还进行了相关知识技能转移。质量出现问题对客户方来说是最麻烦的事情，所以客户方对提高供应商的质量管理水平很关注。日方反复强调，不仅仅在日期上要赶上，质量上也要保证。从中公司学习了质量控制方面的一些方法。比如，以前项目组为按时交付，以最后截止日为中心赶进度，后来发现这样造成加班比较多，也出现很多问题，所以意识到还是必须在质量上加以控制。正因为公司对于质量管理水平愈加重视，使公司形成一种"重质量观"的企业文化。最终，公司于 2015 年 6 月开展了对于 ISO9001 项目的质量管理体系再认证，并且同时接受来自认证中心的认证审核，在极短的审核时间内成功通过审核并且取得质量管理体系认证证书。

通过知识转移，公司与客户方提高了合作的效率，双方互相了解程度更深。一名项目经理告诉我们："我们对他们的性格、作业方式，会存在互相不理解的情况，需要去观察一下甲方的环境、工作的环境和状态，还有工作的思维。公司与公司之间需要了解，文化与文化之间同样需要理解和了解。然后在这个基础上，我们觉得他们的要求是有他们的特殊性。如果不了解的话，凭什么这么做，我很不明白，但与客户在文化上接触后，我了解他们有这种要求，有时甚至可能会过分一些，我们也理解他们，我们也就按他们的要求去做，使得项目能够顺利有序进行。这个方面还是有一些好处的。"

员工中有跟客户方打交道经验的对客户方的整套作业流程能理解更深一些，熟悉这些流程后，交流会变得更为便利，处理问题更为顺畅。项目交流包括组内交流以及项目组长与日本客户的交流。学习的一个很重要内容就是要了解日本交流方式。通过交流，团队成员体会到双方文化上的差距，发现客户方的交流方式比较客套委婉，很多内容客户方虽然不明确说明，但非常希望项目团队也能懂。双方的语言文化存在较大差距，客户方的用语里经常出现话里有话的情况，与汉语的话里有话还不一样。

虽然日本企业各个公司的基本管理模式不会有很大的改变，但客户方的要求多少会有所变化。了解客户的要求对提高客户管理水平起很大促进作用。正如一名项目经理所谈道："在刚开始做项目管理的时候，因为第一次做，有很多不熟悉与不适应，不知道对方的要求是什么，经过不断的项目磨合，渐渐熟悉了以后，就能自主地，可能客户在还没有找到项目组做什么以前，就能先替它想到了，项目组应该替它做什么，从而变得更为主动了。"

客户方有较多的技术支持。一些大项目会派人长驻。还通过进度会议等方式传递一些知识。客户方还主动向公司转移一些项目管理工具，提供管理层培训和学习的机会。对于不同层次，客户方有不同的培训内容。中层有项目管理的培训，高层有财务方面，最下层还有开发技巧的培训。除此之外，公司有大量的国外培训机会。骨干都去日本培养，参加日本海外技术者研修协会（The Association for Overseas Technical Scholarship，AOTS）。培养方式是先到这个国家办的研修中心去学习语言和文化（这个培训不是公司出钱，而是日本政府和客户方各出一半的钱），然后去现场，到客户方学习 3 个月日语，现场待半年，10 个月左右回到公司。还有机会直接去客户企业参观了解情况。项目经理去日本的时间长短不定，每年都去，平均一次大约 3 个月。公司底层开发人员、小组长去日本的机会更多、时间更长。公司里去过日本且参加过培训的职员对日本客户方的做法比较容易理解。而没有去过日本客户方的，或者刚毕业的，对日本客户方的许多做法和作业流程，抵触情绪比较高。因此公司有入社培训，在项目实施中，开发方法和规则等都有人带。

公司高层强调通过项目积累经验是最有效的学习手段。项目总结在项目实施中具有普遍性。项目总结之后还会把有关内容在公司发表，并根据需要反馈给客户。项目内部某项工作完成后，每个人都要进行总结。项目组长会把这些总结进行汇总，然后把碰到的问题，再送到上级部门和日本客户方。开发事业部部长提到，基本上对日本的项目都有这种总结，因为日本客户比较重视这个反思。在公司项目管理调整方面，基本上做完一个项目会有一个总结，从中吸取经验和教训以为下一个项目做准备，同时作业流程、工作制度也会不断完善。每做一两个项目公司就会进行调整。调整结果会在全公司进行公开。公司还有专门的评审，对出现的问题进行分析，也有专门的品质保障部对重点项目进行跟踪、培训。

在客户方项目控制方面，有频繁的质量和进度通报要求，一周一次，大概一次需要一个小时。通过各种数据收集质量情报，数据有定量的值，比如每一千行代码出现的 bug（指代码错误，下同）等。客户方还要求对质量数据进行相应的解释说明。比如原来客户方设定有 10 个问题点，但现在通过测试只查出有 6 个，则需要解释原因。原因可能有很多：比如式样书理解得比较好、编程的人水平高、项目组之前对品质进行过检查、在代码编完后项目组一起做过程序打补丁以及一起做过检查讨论等。可能这些原因使得程序质量比较高，bug 发现的比较少。对这些原因，什么过程为什么导致结果必须进行分析，然后把分析结果汇报给客户方。客户方的控制对学习产生了一定影响，能够让项目团队及早发现问题，找到存在的问题，推动团队改变。团队成员原来有英雄主义风格，工作态度也比较随意，客户方通过严格的控制，对项目组进行过程控制后，潜移默化之间会改变团队成员原来的做事方式，但这个过程需要时间。

双方的关系质量对知识转移发挥了一定影响。当关系很好、相互信任时，客户方比较乐意指导，当希望客户方能提供某方面的资料时，客户方可能会很爽快答应，项目组成员也愿意向他们学习。而有的时候，项目做得不是很顺利，导致关系比较僵持时，客户方就不大愿意提供一些资料让项目组学习。

公司为实现产业的转型升级，还会参加一些诸如中国信息无障碍论坛等类型的大型活动。在论坛上有来自美国、日本、新加坡等国家和中国香港、中国台湾等地区的嘉宾，还有像 IBM、微软、百度等大型成功企业共聚于此探讨经济全球化体系下全球最新的技术、产品和行业发展趋势问题，这些活动能使公司无论是在技术、管理方面，还是在产业转型升级方向方面，都提供了有价值的参考。

（三）C 公司

20 世纪 90 年代中期，日本某 IT 公司和中国某科研院所在武汉成立 KU 公司，后因为管理和成本的原因，该公司解散。公司的原内部成员中一些曾在日本工作过 2～3 年或 6～7 年的，又分别成立了 C1 公司和 C2 公司。其中 C2 公司 1997 年在日本成立，2001 年在北京设分部。由于 C1 公司缺乏市场开创能力，而 C2 在日本又缺乏一定的开发能力，两个公司取长补短在 2003 年合并为一家公司，成立之初有员工 40 多人。2004 年，该公司初次取得 ISO9001；2000 认证资格并且在 2007 年完成 ISO9001；2000 证书期满换证认证，同时通过 CMMI L3 评估。截至 2007 年 7 月，公司人员已增长至 200 多人。目前，C 公司的业务领域已经由单一的高新技术产业扩展到国内国外的生产制造、旅游、金融、电力、工业自动化等领域。

自 2004 年以来公司最大的变化是客户关系管理，在这方面取得了成功。C 公司现在是日立（公司的主要客户）的金牌合作伙伴。同时 C 公司在跟客户打交道，包括需求管理等方面取得了一定的进展，具体包括如何应对需求、如何提议案、做需求的时候应该做到怎么样、需求应该怎么确认等，这些方面的进步都是有的。现在公司在项目提交完了以后会给客户发一个满意度调查表，让客户方担当、参与现场调查的进行填答，包括质量、进度、速度等，调查满意度如何。现在跟客户交往有比较明确的流程，比如在需求理解中，当发现客户需求不明确，达不到某项开发过程的要求时，就会跟客户沟通，提高了互相的反应速度。公司高层在谈到公司核心竞争力时，首先强调的是公司上层领导积累的对日本工作的经验，和对日本人的工作要求的熟悉。

客户关系管理改善以后，双方的合作关系进一步加强。原来公司只能跟打过交道的客户做项目。后来，日立集团的海外推荐部（推荐部能看到各个子公司的信息），开始主动负责到日立的各个部门给公司找订单。日立集团设立专门本部的本部长，作为对各个供应商发包的窗口。日立公司每年有一个发包的计划，客户方现在有人专门运作这件事情，不是原来的能做多少项目就做多少。公司承接的项目逐渐从底层设计往上层走，客户的一些详细设计等上层项目也开始逐渐发包过来。

公司近几年的管理不断规范，能力不断长进，在项目管理、品质管理方面都有提升。公司的管理在逐渐系统化，体现在管理理念、手法上。比如在建立文档、监控的关键点和监控的周期方面，原来不是很系统，现在监控的点，如项目生命周期的控制等不断系统化。管理方式从最开始的10多人的作坊式的工作方式，到后来逐渐的分工（分为管理者、测试者、开发者），再到进度管理等不断进步。开始的项目管理没有方法论支撑，后来随着遇到的挫折增多，积累的经验增加，形成了自己的方法论系统，有效地预期和安排了工期。现在一般日方只给定工程期限，相关人员投入等由公司自己定。

随着合作机会增多，与客户方的流程整合程度也发生些变化，正如一名项目经理所提道："最初跟客户打交道的时候，项目组有一些 Q&A（问与答系统，一种交流工具），通过这个系统，把进度情况等汇报过去。刚开始项目组会有一些问题，可能还不好向客户提出要求。后来随着跟客户的合作机会逐渐变多，在周报中，项目组也会提出一些自己的观点和要求，希望客户来配合。比如在进度上面，在一个项目完了以后，在一段时期，人员配置比较松闲的时候，就可以向日方请求，请求客户提前把式样书给项目组发过来，提前让项目组学习了解。"

客户关系质量的不同使得交流方式存在一些差异。有的客户，关系好的时候，可以通过 MSN 就确认问题。到最后总结时再拿到 Q&A 台账里面去管理。但如果不是很熟悉的客户，这些是不允许的。

有些公司会派人指导项目团队的工作，还会提供一些学习的资料。一方面，在日本的母公司会通过培养高素质、高管理水平人才，以此来建立以日本工程师为核心的包括中国工程师的百名各种技术人员团队体系。通过该团队体系为众多的海外客户派遣高水平员工向项目团队提供从业务咨询、需求分析、设计开发到测试、运行维护的各个工程的优质服务。另一方面，客户有时会提供一些项目管理工具。比如测试的时候，客户方提供一种覆盖工具，用来看检查程序测试覆盖率是否达到 100%。而用公司自己的测试工具，客户方是不认可的。

项目进度控制基本上是用 Excel 工具，每天要报告，还有周报、电视会议等制度。公司的组织架构按客户进行划分，考虑的出发点是每个客户有自己的开发平台、开发工具，希望通过一直做某个特定客户的项目，在人员、生产率方面有显著提高。

开发部部长把项目团队能力概况为 4 个方面：一是技术能力；二是进度把握能力；三是知识共享能力或者团聚力；四是项目质量控制能力。

公司也注重反思总结，对于日本客户的 bug 率，项目组会进行分析，检查是自身的原因还是日方的原因，也有可能项目组认为是客户方的原因，而客户方认为是项目组的原因。当然，可能有摩擦的地方。项目组会拿这个分析表跟客户交涉需要变更的工数。客户也会有一个品质的管理表，像哪些程序有问题、bug 率是多少等，也会画出各种各样的曲线。通过这个品质管理表控制项目质量，做相关评价，客户方也会有详细的评价资料，他们会提出是什么原因导致项目的某种结果。项目组凭借品质管理表和客户方的评价资料进行分析，首先把资料拿到项目组内展开讨论。一般项目结束后每个人要做一个总结，比如哪些地方做得不好、有哪些经验等。因为项目是长期的，所以反思结果会作为下个项目前期的培训资料。

项目组也会学一些业务知识。业务上不理解的点，即使跟现在开发的项目没有什么关系也会主动去问客户方。公司也一直通过利用海外的资金支持、管理方式和市场资源，结合国内丰富的人才和市场资源，与客户进行有效的知识转移，来实现公司价值链由低向高的跨越升级，最终实现增强公司的外包实力和地位的目标。

（四）D 公司

D 公司于 1995 年 8 月成立，2004 年在香港主板上市。自成立以来，D 公司提出了"成为中国最有价值的软件开发公司"的战略目标。D 公司的外包业务涉及证券、金融、保险、通信、流通、电子商务等应用领域。几年来，D 公司承接了以来自日本为主的海外软件开发项目上百个，其中包括银行、证券、电子商务交易等规模庞大、要求严谨的核心业务开发。凭借公司多年承包以日本为主的海外软件开发项目经验和对于海外市场运营规律的摸索，现在已经形成以信息技术为核心，专门从事技术研究、软件开发、技术服务等业务的高科技企业。公司的地位和综合实力都在显著增强。在承接海外软件开发项目方面，D 公司在项目管理与质量控制、安全保密管理等方面独有心得，从而在技术、品质、价格等方面处于竞争的优势。D 公司作为大型集团化企业，在北京、上海、大连、成都、济南、杭州等地设有大型研发中心，在中国其他 21 个大中型城市设有办事处，在日本东京、大阪、中国香港设有分支机构。D公司成为中国首屈一指的独立外包软件开发公司。2005 年入选《福布斯》中文版 2005 年度"中国潜力 100"企业榜；2006 年通过中国首个 ISMS（ISO/IEC27001：2005（E））认证；2007 年入选"中国软件出口工程（COSEP）企业"；2008 年入选"2007 年度亚太地区高科技高成长企业 500 强"；2009 年获得"中国软件行业最具影响力企业奖"和"中国软件行业最佳外包服务奖"。

　　集团公司下属的第二系统事业部有 120 人左右，2 个项目经理。事业部的前身是一个仅有 20 多人的开发团队，后来把公司另一部分员工并到这个团队形成事业部，合并后共有 120 人左右。现在 80人做嵌入式开发，包括汽车导航、手机软件等，40 人做信息系统开发等。公司组织结构主要按若干个客户划分，目前 80%～90% 的人员做日本外包，10% 的员工做欧美外包，不过公司也在开始做国内项目。

　　公司管理目前已得到进一步规范，包括业务流程、信息安全管理等。不管是从流程上还是员工品质意识上都有了改进。并且对工作流程编了相应制度和相关文档。原先对项目风险控制不到位，现在要做得好一些。现在项目风险控制更成熟，能够根据风险点进行控制。在客户关系管理方面，原来客户提供设计，让公司做编码和测试，现在基本上是往上游走，接触到包括基本设计和测试、单体和集成测试的一些项目。基础还是在于对前期业务理解的积累，现在公司已经是和客户一起工作。比如，公司发现客户方本身管理水平低，对怎么做、做到哪儿比较乱，沟通渠道很差，几个团队组长不统一向公司沟通，发来不同的问题等，因此公司建议客户内部统一机制后再向公司统一沟通。

公司能力上的提升也得到总经理的认可："由于对业务比他们清楚，基本上把责任背下来，带着客户走，相对而言客户在开发和管理上都不强。"

公司上市后，拥有较丰富的财务资源，因此有一定的资源促进各种组织学习。公司通过各种机制进行知识创造和共享。一是主管向上层经理报告各种项目资料；二是部门经理组织下层培训和教育，类似工具使用、项目管理、开发技术和业务。更高层面的管理人员也有相应管理培训，如进度、质量、风险控制，也有定期的反思。在事业部级，公司侧重高管培训，侧重人员管理，项目层面主要是实践中的项目管理学习，通过反思讨论积累知识。事业部长级以上培训由公司统一组织，部门以下由公司培训部门专门做，内容有项目管理及开发技术、沟通、交流等。

总公司有专门的企划本部、专门的副总裁做知识管理，收集项目数据。还有专门QA（quality assurance，指品质保证，下同）人员负责过程改进，在公司层面，每个事业部有一个窗口对本部沟通，对过程进行评估监测，而质量和过程改善由客户反馈。公司有高层会监控项目实施的进展并对风险进行评审。质保部每个月要开质量改善会，客户也会提一些改善建议。

合作经验在关系管理能力上起了重要作用。访谈中事业部长谈到了这种变化："如果是新的不同的业务项目，即便是同一个客户，还是处在初级阶段。但如果是长期做一个相同业务的项目，发现能力比客户强，就能拉动客户，推动上游，给客户提出一些建议，这时能力已经明显提升。"

D公司有着独特的企业文化，将人才视为公司最重要的财产，不分国籍、文化背景，取其所长，加以融合，以实现最大程度、最广范围的知识转移，不但有利于D公司产业的转型升级，还将对产业内各个领域的价值链升级创造条件。

二、能力提升的维度与价值链升级表现

（一）能力提升的维度

先前文献研究中，有学者提出了供应商的 3 个相互促进的核心能力，即人力资源开发、软件开发方法和客户关系管理能力（Levina & Ross，2003）；而另有学者则把 IT 外包供应商的能力归纳为项目管理能力和特定关系能力（Ethiraj et al.，2004）。本研究的访谈数据表明，在过去的几年中，通过经验积累、各种学习机制的实施，四家供应商的能力都得到不断长进，管理不断规范和完善，能力的提升主要体现在客户关系管理和项目管理能力上面（见表 5 - 2）。

表 5 - 2　　　　项目管理能力和客户关系管理能力的提升

公司	能力提升	引用
A 公司	能力有所提升但不显著，管理还不规范	项目管理能力：在管理、流程上还是有变化，管理越来越完善。刚开始的时候项目起步不久，项目分配不是很好，现在感觉越来越好（小组长）。
B 公司	能力中等，但在迅速提升中	客户关系管理能力：在刚开始做项目管理的时候，因为第一次做，有很多的不熟悉、不适应，不知道对方的要求是什么，在经过不断地项目磨合，渐渐熟悉以后，我能自主地在客户还没有找我做什么以前，先替他想到我应该替他做什么，在他想到之前去思考些事情（项目经理）。

公司	能力提升	引用
C公司	能力提升迅速，在关系管理能力上获得很大成功	客户关系管理能力：在与客户打交道，包括管理需求这块有进展，包括如何应对需求、做需求的时候应该做到怎么样、需求应该怎么确认，这都是有的。项目完成以后客户反馈及满意度如何，这些都是覆盖的。提交完了以后我们会给客户发一个满意度调查表。让对方担当、参与现场调查的成员给我们填一下，包括质量、进度、速度等（开发部部长）。项目管理能力：提高了组织级的管理能力，包括人员、项目经理的能力，原来是通过项目经理的个人经验，组织级的管理实施少一点。应该说在项目的管理、品质方面都有提升（开发部部长）。
D公司	能力比较强，管理已较规范	项目管理能力：感觉变化很大，原来在给日本客户做的时候，都是小团队，现在是一个大的部门，原先对项目风险控制不到位，两年后要做好一些。现在项目风险控制更成熟，能够根据风险点进行控制，这是很重要的（总经理）。客户关系管理能力：如果是长期做一个同业务的项目，发现能力比客户强，能拉动客户，推动上游，给客户提出一些建议，这时能力已经提升（项目经理）。现在对客户的流程理解是没有问题的，甚至对那边的流程还能提一些改进建议（总经理）。
E公司	能力比较强，管理基础扎实	我们交付团队做了很多工作，比如方案……我们公司有很好的开发流程基础（欧美事业部人力资源管理高级经理）。

第一，客户关系管理能力。C公司开发事业部长在访谈一开始便告诉我们，公司自2004年以来最大的变化是客户关系管理。现在公司已经成为日立的金牌合作伙伴。客户关系管理能力得到极大提升，包括如何应对需求、需求应该怎么确认、项目完成以后客户反馈及满意度如何，这些都是覆盖的。原来公司没有明确的客户关系管理流程，比如式样说明，现在有了比较明确的流程，当需求不

满足，达不到某项开发过程，然后就跟客户沟通，提高了互相的反应速度。

第二，项目管理能力。在项目管理能力上，包括文档写作、质量管理、进度控制等方面都有提升。C 公司项目经理提道："管理在逐渐系统化，体现在管理理念、手法上。我们做项目管理的，要建立文档、监控的点、监控的周期，原来没这么系统化，现在监控的点比较系统化，包括项目生命周期的控制。"A 公司在管理和流程上也发生了较大变动，管理越来越完善，比如项目工作任务分解和人员分配变得越来越科学。对 D 公司的各个层级的人员的访谈也都说明，D 公司在项目风险管理、信息安全管理方面有一定的提高。

（二）价值链升级

能力提升后，客户方对供应商的信任水平也得到提高，开始把一些较高端的项目，比如涉及的详细设计的一些项目或者稍大的项目发包过来。供应商在价值链上的位置得到一定的提高。许多公司也开始自主创新或者注重国内市场。D 公司的一个事业部总经理告诉我们："D 公司已经在项目开发中相对于客户方的作用越来越重要，由于我们对业务比客户方清楚，项目管理和技术能力也比较强，公司已开始派比较强的人去客户那里，基本上把项目责任背下来，带着客户走，许多项目原来都是间接外包，通过中间集成商发包过来，现在有些变化，公司的终端客户规模已经相当大。"E 公司项目经理也提到，"现在我们做项目的话听起来还可以，但不是很高端的东西。不过一直在往好的方向走"。

C 公司目前在国内有长期客户，能做到自己的产品、市场比较好的话，公司也会加大这方面的力度。开发事业部部长在谈到公司战略时提到"保留国内市场意义重大，国内很多公司外包时希望看到你达到了一定的质量管理水平，因为当日本市场萎缩时，我们希望自己在国内市场还有一些份额，站得住脚"。A公司总经理提到，"日方这几年的设计水平文档在退步，上游设计在退步，要靠下游有经验的来弥补他们，尤其是NEC接触比较多，明显在退步，感觉压力比较大，跟NEC共同进步的协力公司还是很难的……产品方面新的产品已经发下来的，差不多就要成功，还会追加投资，我们成本比较低，特点比较好，可能还会有一定的空间"。

我们的分析结果表明，在核心能力提升后，供应商的谈判能力会相对增加，如果供应商对客户缺乏信任，认为客户并不愿与自己发展不断前进的更高层次伙伴关系的话，供应商有可能会去发掘更高端的项目，比如转向国内市场，甚至创建自主品牌，从而实现价值链的升级。

三、外包供应商的组织惰性及知识转移的作用

（一）外包供应商的组织惰性

外包行业本身固有的组织惰性容易导致其陷入俘获型治理中。外包供应商主要接触到某个阶段的业务环节，习惯于"贩卖人头"的低成本模式，强调短期利润取向，加之主要从事单一重复价值链低端环节，难以接触高端的价值链环节，渐渐丧失创新能力。

调研企业的业务主要是承接海外客户发包的软件编码、测试、软件本地化、单元集成、系统集成等项目，并以日本客户为主，很多项目是海外大型IT企业（如日立、NEC）从终端客户处承接的整体项目，经项目分解后转包给案例企业。项目技术含量不高（甚至有些是基于VB语言开发的系统），很多属于利润较低，难度较大的"硬骨头"（A公司总经理），总体处于价值链的中低端。业务模式以软件代工为主，按投入的人—月收费，被有些访谈对象称

为"卖人头模式"。长期从事这种模式，利润水平低、工作压力大，难以获取高端 IT 人力资源，也难以储备资源，探索实行转型升级的路径，构建高端外包能力。组织惰性刚开始表现为认知惰性式，而后表现为缺乏应对环境变化的执行能力，即行为惰性。

访谈中也发现了典型的认知和行为惰性。比如供应商不少一线程序员、项目经理等存在典型的技术"英雄主义""差不多"文化的心智模式，对新技术的学习有较强的偏好，而对客户方所要求的客户服务理念、流程规范性、质量进度控制要求、文档编程的规范性等却存在较强烈的抵触。比如 A 公司项目经理提到"对日本的话技术上很固定……日本人感觉给你这个东西，你就这么做，没有主动性，（所以我们）有惰性"。而有些一线员工干脆选择离开这个行业，"我的很多同事都对对日开发有着这样的感觉，他们觉得自己就像一个螺丝钉，没有太多的主动性……我想如果有一些人才流失到国内或欧美的企业，也很可能是这种原因"（程序员），见表 5 – 3。

表 5 – 3   组织惰性学习编码结果

二阶概念	一阶概念	概念内涵	典型特征或引用
组织僵化	认知僵化	由于过分自信、思维定式和偏见，使其不能察觉到外部环境的变化进而失去适应这些变化的能力	自视为是 IT 领域权威而不愿学习改变 "对于没有去过客户方那里的或者刚毕业的，对这套做法抵触情绪还是比较高的"（C 公司开发部部长）
	行为僵化	意识到了环境的变化，但囿于固有模式而安于现状、行动缓慢、抵制变革	抵制、因不满或不接受客户方苛刻要求而跳槽或离开外包行业 "这种工作方式对我的影响并不大，因为我不欣赏这种工作方式和态度，虽然他们是值得赞赏的，但我更喜欢创造性的工作……我只强调效果，而他们非常强调的是正式，经常出现烦琐的文档"（A 公司开发人员）

（二）知识转移对组织惰性的影响

1. 显性和隐性知识转移

调研企业对这种外包模式的潜在问题都表现了清醒认识，并寄希望于通过承接外包项目，获得客户方的知识溢出效应，"锻炼队伍""提高流程规范性和成熟度"，快速实现转型升级。数据表明，通过承接外包的确能获得客户方一定的知识溢出，"从客户方能学到管理的严整性、严谨性、做事态度，还有项目管理的方式"（A公司项目经理）。知识转移存在两个明显层次：显性和隐性知识转移，结合既有文献提出了其操作化定义及典型特征（见表5-4）。

表5-4 知识转移编码结果

一阶概念	概念内涵	典型特征或引用
显性知识转移	客户方的项目管理方法等从客户方转移到供应商（Chua & Pan, 2008）	项目管理工具； 开发流程； 进度管理方法； 质量管理方法
隐性知识转移	客户方与外包服务相关的理念、规范和价值观等从客户方转移到供应商（Chua & Pan, 2008；陈菲琼, 2001）	客户方的品质意识； 客户服务意识； 工作态度； 软件开发规范

2. 克服组织惰性中知识转移的作用

调研企业表现出不同的组织惰性水平。惰性程度最高的企业A的骨干都是董事长的山西老乡，追随董事长从山西的事业单位一直到北京创业，主要靠人员外派模式盈利，缺乏系统有效的学习机制，员工之间乡土关系复杂。员工对"卖人头"式的人员派遣模式难以认同，缺乏角色和组织的认同感与发展的危机感，没有长期合作关系能持续实施控制的核心客户，难以借助其提升系统能力，最终在金融危机冲击下公司倒闭。

组织惰性低的企业 B、企业 C、企业 D 和企业 E，一直通过有效的双元性学习机制，在长期合作客户的帮助下克服组织惰性，不断成长。虽然在初期组织惰性一定程度上阻碍了企业的知识转移，对于客户方的要求甚至整个外包业务模式存在抵触和不认同心理，但通过学习的方式，逐渐对客户方要求和外包业务产生了认同，获得了知识溢出，逐渐向价值链上游环节攀升。正如企业 D 总经理所言，"我们已经开始带着客户往前走"。

例如知识转移较成功的 B 公司，其实该企业成立初期也存在一定的认知惰性和行为惰性，正如该公司开发部长所言，"对于没有去过客户方那里的，或者刚毕业的，对这套做法抵触情绪还是比较高的"，这很大程度上抑制了企业的知识转移和能力提升。后来企业的核心客户方日本某 IT 企业决定将其列为金牌合作伙伴，也对流程规范性和交付物质量及进度提出了更高要求，"客户专门出钱为我们拉了专线……提供专机之后加强了对我们的培训……（控制）明显加强了许多"（开发部部长），企业感受到了流程规范和能力上与作为金牌合作伙伴要求之间的差距与压力，于是开始注重组织学习，实施双元性学习的方法，一方面通过总结反思强化学习，深化现有能力。另一方面更加注重培训和 CMM 认证等手段，实现新业务的创新。还派遣人员到客户方工作现场体会客户的工作习惯、价值观念和行为准则，促进文化认同。从而有效地减缓了认知和行为惰性，提高了知识转移的效率，实现了价值链的逐步升级。

数据还表明，虽然显性知识转移可以促进行为惰性的缓解，但认知惰性的缓解更多需要借助隐性知识转移来实现。由于许多外包项目进度紧迫，利润空间有限，再加上文化差异等原因，在推动新项目管理方法、工具和流程这些显性知识时面临一定阻力，但这些阻力可借助正式控制的压力机制来进行强制流程植入，缓解行为惰性。但对于认知惰性，则需要更多借助认同感基础上隐性知识转移，如客户方注重客户服务理念、品质意识、软件开发规范的转移。正如 B 公司开发部副部长提到的，"骨干都要去日本培养、研修。先去一个地方学习语言和文化。然后去现场。在日立公司学习日语 3 个月，现场待半年、10 个月左右回来。他们对这些做法还是比较理解的。还有一些我们派去那里出差，对这个（日本企业的规范和理念）也是比较理解，对于没有去过那里的，或者刚毕业的，对这套做法，抵触情绪还是比较高的"。由此，发现显性知识转移有助于促进行为惰性的减缓，而隐性和显性知识转移有助于促进认知惰性的减缓。

四、供应商的组织学习机制及促进因素

（一）学习机制

数据分析表明，案例企业无一例外都强调通过组织学习，提升能力。根据编码结果，我们发现供应商的学习机制可以概况为 3 个过程，而每个过程又是通过若干个子过程实现的。

1. 知识获取

有学者认为当组织中的任何一个单元获取了它认为对组织潜在有用的知识，那么组织学习便发生了（Huber，1991）。而另有研究则把组织学习定义为通过理解和获得更丰富知识来提高行为能力的过程（Fiol & Lyles，1985）。因此，知识获取在组织学习中是处于核心地位的。先前文献中组织获取知识主要分为 5 个过程：试验性学习、赠予、间接学习、先天学习和搜寻与告知（Huber，1991）。而案例数据表明，在供应商中，间接学习、外部知识扫描、总结反思、资质认证和经验学习是最主要的知识获取过程。间接学习指通过知识转移学习客户的软件开发、项目管理、团队开发等技能；总

结反思指通过项目实践中的评估、总结和反思讨论来获取新知识；资质认证则是 CMM 和 ISO 认证等认证过程较快和系统地获取外部专业知识。另外，为了弥补在企业内部学习上的不足，组织中的个人通常还通过网络、教材和参加论坛等形式搜寻外部知识。表 5－5 列举了企业知识获取方式的具体例子以及对企业能力提升的影响结果。

表 5－5　　　　　　　促进能力提升的组织学习过程

知识获取方式	公司	采访实录
经验学习	A 公司	总经理：说了不行，要在实际上锻炼。我觉得经验对学习是很重要的。 项目经理：一个是经验，另一个是人一生的学习方式。
	B 公司	项目经理：作为一个刚踏入社会的时期，学校里课本上用到的东西很少，基本为零，算是从零开始吧。只能是通过实践，包括对系统的理解、语言的理解等。只能是通过团队以及自己工作中的实践，然后我明白了这是什么意思、到底怎么用、怎么实现、怎样才能实现。 小组长：我觉得学习的话通过项目积累经验是最有效的手段。
	C 公司	无。
	D 公司	总经理：项目层面主要是实践中，项目管理学习，反思讨论，然后运用。 项目经理：新人通过经验集是一个很主要的学习途径。 Leader：从项目经验中能学到一些案例。
	E 公司	人力资源经理：大家就是一起讨论，互相学习，看是否有比较好的主意，主要是在工作中学习。
客户方知识转移	A 公司	项目经理：我基本上是沿用对日本的团队管理方式去管理，我个人比较喜欢那种管理方式，分工的话也很细，有做技术框架的，有做测试的，有做编码，做培训的，还有些做设计方面的。管理的严整性、严谨性、做事的态度，还有项目管理的方式，主要是规范化，规范化比国内要好，但是在技术框架整体把握上要比国内项目整体差多了，没有全局感，只有局部感。一旦熟悉了以后，民主了以后我可以采用我的那种理解，多年的经验，所以现在对日本，对欧美还是采用我个人的经验，很多对日本的管理方式在里面。 总经理：从客户方主要是学到规范化的开发理念和方法。

知识获取方式	公司	采访实录
客户方知识转移	B公司	项目经理：在管理和交流上能学到很多东西。学习了一定的业务知识，比如日本养老金制度、工资发放的业务流程……在学习客户方的工作态度及客户服务意识方面，这方面我确实有这个感受。 项目经理：他们的开发规范很多东西会借鉴用于国内开发。中国软件方面，特别是规范方面还是比较低的水平，日本在这方面还是比较先进的。 小组长：从客户方学到的最主要的是工作态度的问题。管理能力学习也是有的。他们把质量放在比较高的地位，如果质量有问题就比较麻烦。所以从他们学习质量控制方面的东西。他们提供项目管理工具，有一些帮助。他们主动提供一些培训，这边叫 elearning，让管理者报名参加培训。对于不同层次，有不同的培训内容。中层有项目管理的培训。在高层，有财务方面的。下层的话有开发技巧的培训。
	C公司	项目经理：做对日外包对大家能力的成长是很关键的，对日项目是大家公认的严格，日本客户可能会更加严格，更加细致，我们原来去客户端做设计，非常感性地感受到……这种规范，我们在对日公司里做开发，对以后的开发，包括生活上的习惯，也是有很大影响的。你学到的能力有很多，比如日语能力、做事能力、思维方式。在我们能力范围内也会学一些业务上的东西。
	D公司	总经理：公司有向客户方的学习，学习管理、架构什么的，可以搬过来。也有品质管理服务意识等方面的学习，因为高层本身都有丰富的日本经验。 项目经理：刚来时，公司比较小，主要是客户要求我们怎么做，向前辈学。外头主要是技能转移，包括技术和业务流程，也有一些学习资料，以及现场体会，然后总结起来。
	E公司	人力资源经理：前期接触技术比较多，因为我们做方案，欧美客户用比较新的技术比较多，这个领域在你客户没要求之前就了解，在要求之后就在相关领域看一些东西啊，然后实际上这些机都可以跟踪一些新的技术。这个我们应该是从客户方学到很多东西，从客户的要求我们就能得到提高。像我们接触的大公司他们都有比较成熟好的流程，他们的流程不光是在开发和项目管理流程上面，他们对供应商管理的思路方面也学到很多东西，还有一种技能转移就是懂得很多行业知识。有些好的客户非常愿意跟我们分享这些知识。

续表

知识获取方式	公司	采访实录
外部知识扫描	A 公司	项目经理：通过网上去找。……然后看看书、资料什么的，在这基础上去实践，去想自己的不足。
	B 公司	无。
	C 公司	项目经理：自己创造的，比如去日本学习对方语言文化。 品质管理部主管：作为质量管理的主管，必须要保持自己知识的更新，其动力来自工作的需要，获得知识的方式主要是自学、网上论坛的交流、参加一些协会及沙龙，或者向别人请教。
	D 公司	小组长：也可在网上、书上学习。培训给不了多少，只能是思想性的，知识性的多少通过网上、书上也能得到。 项目经理：首先看公司有无新的资料，还有就是网上去学习。
	E 公司	项目经理：比如一些是协力，项目组来从来没见过。一般来讲让负责具体业务领域的人开始接触，从那开始，建立一个良好的关系。 人力资源高级经理：项目前期我们会接触到很多东西，还有在招高端人才的时候能从他们学到很多东西。我自己也有某方面的擅长的，经验会去了解。
总结反思	A 公司	项目经理：一般项目完成都会有总结，而且你自己也有总结。
	B 公司	项目经理：总结一般有。总结完了在公司发表，根据需要我们要发给客户。项目内部一个人完成任务后，每个人都有进行总结。Leader 会把这些总结进行汇总，然后把自己碰到的问题，再送到日本和上司。基本上对日本项目都有这种总结。因为日本人比较重视这个反思。 副部长：比如项目成功，反省比较重要，一个项目进行总结确实很重要。Know-how 这个比较重要，这个项目优点是什么、哪些是需要改善、需要解决的。
	C 公司	项目经理：我们这边项目完了之后会做项目总结，针对个人发生问题的 bug，这个到底是一个什么样的 bug，这个东西总结回来，包括发生 bug 走向是怎么样，这些都会跟客户沟通。

知识获取方式	公司	采访实录
总结反思	D 公司	小组长：不是刻意去学，总结吧也是学习。 总经理：公司层面，每个事业部有一个窗口对本部沟通，对过程进行评估监测。上面会监控你做得是否正常，风险怎样。会不定期地进行反思。 项目经理：代码也尽量做一些 review、检测，主要是 team leader、技术比较好的人，以及单独的测试组做，不是我自己做。每个阶段客户也做评审。 软件经理：比较重视项目组内讨论。讨论形式基于问题的。比如日方设计书发来，针对项目中出现技术问题等开展讨论。 小组长：向项目中总结，主要通过这种方式，得到一些能力。
	E 公司	无。
资质认证	A 公司	没资源做，但有 CMM2 的打算。
	B 公司	
	C 公司	2007 年年初通过 CMM3，帮助很大，主要体现在对管理规范化、系统性上。
	D 公司	2000 年过 CMM2，通过 ISO9000。
	E 公司	CMMI5 级认证企业，ISO9001 认证，及 ISO27001（BS7799）信息安全认证。

2. 知识扩散

知识扩散指相关知识在企业内部个体、团队和部门中流动，包括隐性知识与显性知识的流动以及它们之间的转化。只有通过知识扩散才能有效地发挥它们的作用，并获得增值。根据案例数据发现，公司或多或少都存在某种形式的知识扩散过程。例如在 D 公司，把小组内部成员的位置安排在一起以促进相互学习讨论，同时组织定期的团队间和团队内部的例会，这些机制较有效地促进了知识在团队内部和团队之间的扩散。而在 E 公司，公司中层经理已经较深入地认识到了知识扩散的重要性，并且开始探讨更有效的知识扩散的组织促进机制。正如项目经理所谈道："知识转移是一个理想化的事情，其实做到一定程度就行，关键是让一件事情、一个领域，懂它的人不能只有一个、两个，那么这个问题就没有他们严重了，如果没有人知道的话就会差一点，关键是多培养一个领域，多培养一些人去做这种事情，我说不出特别的方法，只能是感觉。"这样的组织机制保证了创造和外部吸收的知识能更好地在组织内部扩散，为利用组织进行组织记忆和能力提升奠定了基础。

3. 组织记忆

组织记忆指那些存储于组织内部、可以用于当前决策的信息，它可以以惯例、运作流程、操作手册等形式存在。创新知识在企业相关个体、团队与部门中扩散、共享与学习后，最终应整合形成企业的共有思维模式，用以指导企业行为，并以组织记忆的方式更新和存储于企业知识库之中（表现在战略、结构、文化和技术等方面）。在组织学习与知识创新过程中，组织记忆扮演了极其重要的角色，学习的有效性取决于组织记忆的效力，即所获得知识的运用水平决定了企业的能力和运作的绩效。对案例资料的分析表明，在离岸供应商中，建立知识资产库和流程改进是最为常见的两种组织记忆形式（见表 5 - 6）。

那些能力提升比较迅速或者已经具有较强能力及管理较为规范的企业，都建立了较完备的组织知识资产库，并花费了较多资源进行更新维护。如 C 公司建立了过程资产库和内部网站，包括用户评价、最佳实践等，通过这个资产库来促进知识的储存和记忆，以用于下一步的培训及项目参考。

表5－6 　　　　　　　　促进能力提升的组织记忆过程

公司	知识资产数据库
A公司	无。
B公司	无。
C公司	过程资产库：过程的定义，模板等存档到一点，收集的项目数据等。 资产库一种是网页的方式，还有一种是类似视频的东西。 网站：过程、使用的指南发布到这个网站上，公司内部人员都可以学习参照的。 在实施CMM时候，做培训，培训完了大家去访问那个网站，相当于复习，培训材料都在上面，还有就是使用模板。以后预评估、正式评估会收集一些最佳实践点，比如测试报告书，针对这个客户，它会用这个测试报告书，就会把模板收集到这个库里去，到下一个项目会继续用。还有库里包括上一个项目的生产性、员工能力、技术能力、项目最终的客户最终评价的一些资料、一些控制的点、项目的规模、项目的数据、模板等，这些对于项目的驾驭是有参照作用的。
D公司	公司内部关于成本管理等资料有一个专门的网页，实现资料共享。网页是公司统一资料，无部门个性化资料。外头主要是技能转移，包括技术和业务流程，也有一些学习资料，以及现场体会，然后总结起来。从结果上看，公司一直在做，每月收集，阶段性项目进行总结。形成经验集，每月的10号，保护项目数据，比如bug率。论坛内容不是纯技术性问题。
E公司	项目经理：我们要提供一些配置工具，需要一些文件服务器，把一些公共东西放上面去。 人力资源高级经理：We have PSA system, project service assistance, all the engineering need to fill the tape sheet daily. We got lots of reports from the data. People can get the information they need.

公司	流程改进
A公司	无。
B公司	无。

公司	流程改进
C公司	品质主管：我们……制定一些规程及流程确认，比如项目确认书。就是客户给我们一个项目式样书，虽然以前有在做，但很不规范，对自己也没有一个约束，在这方面，比以前要强得多。包括客户给我们东西之后，对它进行检查，我们有一个检查单，有一个组织人员，通过评审，通过检查单去检查客户给我们的东西是否有什么问题。能否进行下一步工作。然后把工作再分配到一些骨干、组长，让他们去检查所有的项目书，就在这方面有一个进步。原来有在做，但很不规范，完全是靠个人能力。能力强，发现问题多，差就发现问题少，把问题遗留到后期，会增加很多工作量。再有一个，有其他方面也类似，比如代码评审、测试书评审。 质量经理：对优化和设计的流程设计主要是通过独立设计流程、执行、反馈的方式进行。反馈主要包括在发给客户方前对程序功能和界面的测试，以及客户进行反馈后的测试。目前的质量管理全程参与程序开发，技术成熟后可能只用在关键点跟踪。
D公司	项目经理：现在过程比 2000 年刚过 CMM2 时又有了很大改变。 小组长：公司制定了很多流程、制度，可查阅软件管理的相关文档。
E公司	欧美事业部/人力资源管理高级经理：我们交付团队……在流程、团队培训方面做了一些工作，团队和流程越来越成熟。

组织记忆是知识经过创造扩散后应用的活动。组织学习通过把关联的和正式的知识以解决某一问题最佳实践的方式固定下来，以程序惯例的形式在组织中进行延续和推广。在供应商中的重要形式是流程改进。在案例资料中，通过资质认证，项目实践中的经验总结所形成的缄默知识以流程改进的形式转化为改进后的开发流程，包括项目中的关键点监控，需求确认过程、项目配置管理、项目评估过程等。C公司、D公司这些能力提升迅速的企业都更好地通过流程改进形式促进了组织记忆过程，使得知识经过创造、吸收后得到了更好的扩散应用。

（二）双元性学习机制

案例企业的业务主要是承接海外客户发包的软件编码、测试、软件本地化、系统集成等项目，很多项目是海外大型 IT 企业从终端客户处承接的整体项目，经项目分解后转包给案例企业。项目技术含量低，很多属于利润较低、难度较大的"硬骨头"，总体处于价值链的中低端。业务模式以软件代工为主，被有些访谈对象称为"卖人头模式"。这些业务模式造成供应商的冗余资源极其有限，为此，不少供应商选择了双元性学习的策略。一方面通过承接低端的项目，"养活整个队伍"，另一方面不放弃开发新客户，提升成长空间，也积极尝试培训团队，谋求业务转型，表现出典型的双元性学习特征（见表 5 - 7）。

表 5 - 7　　　　企业双元型学习受认知和行为惰性的影响

双元性学习	利用式学习	包括稳步改善组织运营、提升执行效率、选择和实施等活动，强调对现有知识的整合与利用	我们系统基础部主要用户还是国内。我们毕竟是日系企业，产品集成性可以说都是从日系中继承过来的。他们的开发规范很多东西会借鉴用于国内开发（C 公司项目经理）
	探索式学习	包括开拓新的业务和研发新的技术、提升组织柔性、不断进行实验和创新等活动，强调探索新知识和主动实施变革	部门经理向下层培训和教育，类似工具使用、项目管理、开发相应技术和业务。更高层面的管理人员也有相应管理培训，如进度、质量、风险控制（B 公司总经理）

（三）组织学习的促进因素

数据表明，供应商的人力资源政策、学习文化，专门职能机构和学习资源对组织学习起了积极促进作用。

1. 人力资源政策

组织学习与组织的人力资源管理密切相关。不少学者都探讨了人力资源管理在组织学习中的作用，人力资源之所以重要在于它能创造、使用和共享知识转移。人力资源领域的研究者提出在许多当代跨国公司里应该把人力资源系统转型和识别支持组织学习流程的方法当作人力资源职能的关键战略使命。人力资源政策与知识相关的结果是紧密相关的。

本案例研究发现，由于资源的欠缺，IT 外包公司倾向于招聘应届大学毕业生，通过内部培训和指导的方式开发人力资源，并获得更好的知识性产出。由于人力资源资本是 IT 外包企业的核心资产，因此，通过培训和指导促进组织学习，提高员工技能是 IT 外包企业能力成长的重要基础。在本研究的 5 家企业中，关注培训和项目实践中的指导都是普遍的举措。培训在各个层面之间各有不同。在底层培训方面，由于目前我国 IT 外包业仍处 IT 外包产业价值链的低端。因此，通过对应届毕业生或新手提高基础性培训以促进其能迅速"上手"，培养更多更好的软件"蓝领"人才，培养团队占据了很重要的地位，培训内容以基本的语言、客户服务理念、软件开发过程和规范、业务知识等为主。这个层面的培训无论对于像 A 公司这样的新创小公司还是实力相对雄厚、规模较大的 D 公司，都是人力资源管理的焦点。正如 A 公司总经理提到的，"我认为现在的外包主要是队伍的竞争，然后就是市场，如果没有队伍就没有市场"。相对而言高端的技术性培训和项目管理等领域培训比较少。不管是何种层面的培训，由于公司规模和实力的差异，在投入资源进行培训方面存在较大差异，从而对组织学习效果和能力提升产生了不同的影响。在小公司，由于项目来源有限，财力有限，在底层培训和团队开发方面尽管重视但与其他大公司相比在投入上还是有限，具有小公司的小作坊式的"师傅带徒弟"的典型特征，没有较规范的培训和指导，更多地通过口头传授指导。正如其总经理坦诚地讲，"给底层人员的开发培训，项目经理主要通过项目锻炼来培养，很难进行技术性的培训"，还几乎看不到比较正规的管理层面的培训。而对于D公司和E公司这样财力较为雄厚的大公司，有更多的资源投入，有明确的低、中和高层培训。比如E公司把公司层面的培训分三级，初级、中极和高级。初级纯培训公司流程等，中级跟PMP接触比较紧，中级毕业的优秀毕业生就会送去考PMP。而D公司的培训则更为系统，比如部门经理向下层培训和教育，类似工具使用、项目管理、开发相应技术和业务。更高层面的管理人员也有相应管理培训，如进度、质量、风险控制。另外事业部之间也有相互培训，当某个事业部闲下来时，能够给其他部门进行培训，培训本部门的相关知识。同时也通过人员流动、工作负荷的平衡，比如从闲事业部中抽调人员到忙事业部。这样部门之间相互学习，能够促进知识扩散。第四是部门内部对新人、对担当以外的人进行培训，这样有利于业务分块的情况中对系统理解更全面一些。另外，在能力提升和客户关系管理上取得极大成功迅猛发展的C公司在培训上也倾注了较大精力。比如公司事业部长直接提议，每个员工要求写日语日记，开发部长和项目经理对此做出批注。日语写的语法不对，单词不对都要批注的。还有在做项目过程中，针对式样书中的日语语法、用词都会教给底层开发人员。这种对培训上的细微之处正是其在激烈的竞争中能脱颖而出的其中一个重要原因。

在培训和指导上的投入，对组织学习的知识获取、知识扩散和组织记忆这些过程都产生了积极影响。管理人力资源以获得更好的知识性产出意味着留住员工，通过学习过程把员工的专业技能固定在组织惯例里，并且设立机制以分享从利用专业技能中所获得的利益。因此，在促进组织学习过程中，通过培训来促进知识扩散及应用一直是 IT 外包企业促进组织学习的关键因素。培训被当作组织学习过程的一个显著的人力资源政策。人力资源培训的核心就是能够把外包和内部的信息与知识在员工中进行扩散和分享，同时促进新知识的创造和获取。有关学者认为，培训应该培养一种促进学习的文化。培训有助于向员工和管理人员阐明公司知识管理框架与公司战略之间是如何联系在一起的，通过培训，员工能更好地理解公司的使命和价值进而对学习过程起一个导向作用。先前文献通过实证研究认为战略培训能积极地影响组织学习。

提供员工相关信息和知识能促进员工发挥知识的潜能。根据吸收理论，已有的知识基础（或者员工的能力）与潜在的吸收能力有关，而努力程度（员工的动机）与实现的吸收能力有关。在国际商业研究领域，有关学者指出，培训是一个重要的知识获取机制（Lyles & Salk，1996；Lane et al.，2001）。另有文献研究中发现在跨国公司子公司的培训人力资源管理政策，则有利于提高吸收能力，对于员工学习国外母公司知识（Minbaeva et al.，2003）方面。因此，培训能提高技能转移的吸收能力。

培训对于促进员工之间的交流起基础性作用，能在公司范围内树立起共同语言、共享远景和价值观。培训能激发持续的新知识和技能的获取与创造，提高对新思想的开发性，因此有助于知识获取。另外，通过在员工中灌输公司的最佳实践和新思想，能促进知识扩散与组织记忆过程。

因此，在离岸 IT 外包中，培训指导有助于促进 IT 外包企业的知识获取（包括间接学习、外部知识扫描、资质认证、总结反思）、知识扩散和组织记忆过程（包括流程改进）的组织学习过程，见表5-8。

表 5 - 8　促进组织学习的培训和指导

公司	引用	影响的组织学习过程
A 公司	总经理：给底层人员的开发培训，项目经理主要通过项目锻炼来培养。重点人员，骨干人员，进一步理念吧。这些理念要干啦。项目肯定要通过带项目后有技术和框架的做的，等干一个模式住在下传，跟客户打交道的技巧不太一样，不能做那种带规模的规范，只能总结出一些要点住在下传。另外，跟客户打交道的技巧要告诉他，不要发生正面冲突，要坚持有议案。 小组长：自己在项目管理出现不足的地方在项目经理的时候刻刻提醒，小组管理的时候，项目自身会去观察，发现不对的地方。项目经理会立即提出来让你及时改正，现在小组有 5~6 人，每周都有小组长例会，熟悉这个框架后然后参与这个项目开发。会立即提出来让你及时改正，进入这个项目的培训，进入这个框架然后参与这个项目开发。大公司后有技术和框架的开发……进人这个项目开发。	知识扩散，组织记忆
B 公司	项目经理：在进入公司时已经灌输这种意识。 副部长：项目比较长，碰到一两个新的问题，没接触过，让项目停下来，先大家培训一些，请国内大学老师，或别的公司进行培训，或者公司内部找人，也有可能请日本人过来培训一些。这是新东西的学习。我们招内新人一般都在工大经历较少，对于日立的这套东西，包括日语这方面，都进行培训。 小组长：对于不同层次，有不同的培训内容。中层有项目管理的培训。在高层，有财务方面，下层的话有开发技巧的培训。 副部长：（项目管理中如何学习客户方开发方法理念）在项目实施中，方法、规则等都有人带培训之后到现场。一般有人带，拿实际例子，让你在里面做，做出来的东西，你自己看，别人再给你提意见。不是把你当整个人使，顶多半个人使，或者说什么都不算，就是让你在项目中做。就是培养你。	知识获取，组织记忆

续表

公司	引用	影响的组织学习过程
C公司	总经理：主要还是内部，想培养中层，想培养的东西变成他们的东西。 项目经理：事业部长提议的，每个员工要求写日记，尽量去批注，包括部长也在批注。日语写作的语法不对，单词不对我们都要批注。还有在做项目过程中，针对式样书中的日语语法，用词都会教他们。 品质主管：其实我们公司一直那样做，新员工来了以后，员工除了入职的公司教育之外，还会把他们分到各个部门的项目组，让有经验的项目经理或组长带他，在试用期间同期跟项目经理学习。在技术上指导他，可能在实际项目指导锻炼他。而且对于我们公司来说，事业部长这一级直接领会跟项目经理下的，比如组长以下的人进行直接的沟通，这也是原来公司比较小的时候所传下来的一种习惯。	知识扩散，组织记忆
D公司	总经理：部门经理下层培训和教育，类似工具使用，项目管理，开发相应技术和业务。更高层面的管理人员也有相应管理培训，如进度、质量、风险控制……事业部之间有不同的项目情况，现在事业部闲下来时，能够给其他部门进行培训，培训本部门之间的相关知识。当某个事业部中同时也通过人员流动，平衡工作负荷，比如从闲事业部中抽调人员到忙事业部。这样部门之间相互学习，能够了解其他部门的知识。部门内部也要对新人进行培训。这样有利于在业务分块的情况中对系统理解更全面一些。 项目经理：公司培训，定期培训，包括方法，手段，配置管理等。 软件经理：新员工到项目中让项目经理讲有经验的人带。 项目经理：从前领导多少学到一点东西。现在跟项目经理，其他项目经理学习，在开部门会议时，看他们谈话处理问题方式。	知识扩散，组织记忆

续表

公司	引用	影响的组织学习过程
	项目经理：是有很多培训，主要是针对快毕业的大学生，内部的职工培训是不够的，不管是内部在职的还是社会上有经验的潜在员工，虽然在做，但做得不是特别好……有专门的 HR 培训，比起国外的培训来说，专业性不是很强，各个部门自己在做，就是让学生做一个项目，有时候他们做过的，在管理层的培训上做得也不是很好，可能公司发展太快，各个部门整体要提高员工的业务水平和计算机技术水平。培训课程要提高员工的业务水平和计算机技术水平。	
E 公司	人力资源高级经理：公司也有一些更正规培训，跟大家成长相关的流程培训。然后我们项目启动的时候也会提供一些培训，有时候是客户提供的，主要是领域知识，然后就是怎么一些专业服务，每个项目之前都有这样流程。	知识扩散、组织记忆
	人力资源经理：我们有相关培训，公司层面的培训分三级，初级、终级和高级，初级纯培训公司流程，中级跟 PMP 接触比较紧，中级专业的优秀毕业生就会送去考 PMP。	
	欧美事业部人力资源管理高级经理：各种形式都有。我们感觉比较有效果的不是上大课，而是针对某些人有目标性的指导。	

2. 学习文化

组织文化是成功的知识管理最重要的因素之一，文化不仅仅定义了什么是有价值的知识，而且还明确了为了获得创新优势，必须在组织内部持有什么样的知识，组织应该设立一种合适的文化以鼓励员工在组织范围内创造和共享知识。然而对于什么是有效的学习文化并没有一个明确结论。已有这些文献对领导支持在构建学习文化中的作用并没有给予充分的关注。通过访谈还发现，领导的支持也是促进学习的一个积极因素，领导支持可以体现通过各种非正式的团队活动（比如体育活动）创造一个公平团结的学习环境，还可以体现在激发员工的创造力，鼓励员工学习，正如 B 公司的开发部副部长提到"项目成员出错，作为领头人，不应该进行指责，不能发火，而是应该鼓励。"这些领导支持作为促进组织学习的学习环境因素对于促进知识获取、知识扩散和组织记忆起到了积极意义。

另外，本研究还发现，在离岸 IT 外包中，开放心智、共同愿景也是促进学习的有效的学习文化。不管是作为小公司的 A 公司，还是规模相对较大的 E 公司，都强调营造一种开放心智的学习环境。比如 A 公司的项目经理对员工的发展空间限制不是很大，鼓励员工从各个方面去学习，公司也提供一定支持。而 E 公司的人力资源高级经理则强调，"在我们部门大家都比较开放，没有太多等级，这些区别没有太明显。"这些氛围对于促进员工从各个渠道获取知识（比如在项目总结反思过程中积极踊跃发言），知识在团队内部和团队之间扩散起了很大的作用。另外，公司还通过各种形式构建一个共同愿景以促进知识的扩散。比如 C 公司的质量经理强调共同愿景的重要性，"最好形成一个氛围，大家都把自己想法说出来。或者都提出来，评审交流以后定下来，最后大家根据一致的决定同步实施。"E 公司高级人力资源也谈到了"来自不同公司的人，开始有一个不同的圈子，就会出现这些问题，我是做咨询的，我喜欢跟他做，不喜欢跟你做，我爱他，不爱他，对于公司来说有一个考核的指标、一个数字，你销售的、你咨询的、你售前的要完成多少目标，项目要达到什么目标，就是让大家，来自不同公司的人不要针对一个人，针对个人感情的东西去"。

因此，在离岸 IT 外包企业这种以项目团队为主的项目型组织架构中，通过构建一种开放心智、共同愿景和领导支持的学习氛围，能有效地促进组织学习过程，见表5-9。

表5-9   促进学习的学习文化

公司	学习氛围	引用
A 公司	开放心智	项目经理：比较团结，每个月都会组织一次活动，对发展空间限制不是很大，可以学到技术通过做项目，对什么有兴趣你都可以去研究，公司也提供一定的支持。项目小组随时大家一起来共同解决问题，大家一起来交流，相互协调。给大家很公平的感觉，像一个大家庭，很民主的感觉。
B 公司	开放心智	副部长：大家总结时，如果全体发言，及时参与，积极发言，很可能是一个成功的项目。如果大家都不发言，很可能是一个失败的项目。那这些人去做，是一个失败的项目。 项目组长：项目成员出错，作为负责人，不应该进行指责，不能发火，而是应该鼓励。
C 公司	开放心智，共同愿景	品质主管：这个方面掌握一个原则。按照中国人求同存异，大的方向上抑制，就是在具体改进上。举个例子，我们的高层、决策层、中间管理层，还有项目实施人员都有改进的意愿。但每个人因为角度不同理解不一样。就好比是提高效率，领导这么想，项目经理这么想，PG 这么想，不同的技术方案，相同的意愿。这时就是组织各方面，收集各方意见。最好是组织大家坐在一块，评审交流。最好形成一个氛围，大家都把自己想法说出来。或者都提出来，评审交流以后定下来，最后大家根据一致的决定同步地实施。步调一致地实施……像有的项目经理，他喜欢尝试，喜欢不断的变化，虽然他自己有这套东西，但喜欢尝试。 项目经理：我们也主要提一些方案，我最近也在想，这几天都在想，还没有完成，首先工作的氛围，气氛上开始，因为我也调查了很多的员工，他们也希望公司在日常管理上更人性化一些，更体贴员工一些，有的人就提出，比如我们年轻人比较多，结婚的时候都要给同事喜糖，有

公司	学习氛围	引用
C公司	开放心智，共同愿景	人就提议公司人力部门是否应该组织起来每个人给凑个份子，公司给个红包。这也体现了一种关怀，好比每个月每个季度肯定有员工过生日，是否买个蛋糕，然后让他切，每个人吃一块，就是一个氛围。还有呢，最近还在想，没有实施，类似企业文化，就是我们公司具体的工作当中崇尚一种什么样的理念。我的想法呢就是所有员工提一条，我们公司崇尚的理念是什么，我自己想的一条就是积极、沟通、协调、一致。公司组织起来评审，找其中前 10 个，然后找最佳的，然后贴在比如我们公司一进门的 logo 墙上，每个会议室上，然后解释，这是什么意思，是一种什么理念，然后希望每个员工都这么去做。与前面讲的质量管理意识有一定的关系，因为这是一种基础的东西，从过程管理、质量管理来说呢，他只是制定了一些硬性的过程和制度，还有文档，希望大家按照这个一步一步地去做，但是做的效果呢，在于人，在于本身的意愿，不是为了工作而工作，为了文档而文档，而是出于哪怕是一种个人的发展，对团队，对公司，效果是不一样的。
D公司	开放心智	小组长：到 D 公司，相对而言工作竞争压力大一点，现在 D 公司自由度大。 项目经理：小组间、团队间有例会，每周定期，遇到问题包括业务问题一起讨论。小组内部坐得很近，讨论没有问题。
E公司	开放心智，共同愿景	项目经理：我们能做的就是给他们一个比较理想、比较公平的环境，让员工自发去学习，我们还要告诉他们，你们不仅仅是做一些编码，在编码到一定程度的时候，多多研究一下业务知识，把重要性告诉他们。来自不同公司的人，开始有一个不同的圈子，就会出现这些问题，我是做咨询的，我喜欢跟他做，不喜欢跟你做，我爱他，不爱他，对于公司来说有一个考核的指标，一个数字，你销售的，你咨询的，你售前的要完成多少目标，项目要达到什么目标，就是让大家，来自不同公司的人不要针对一个人，针对个人感情的东西去，这是第一；第二要有一个很强的整合领导，他有很强的执行力，通过执行力，把来自不同公司的统一起来，相对同化一下，然后人员有交互安插，通过时间，最后还是比较容易融合的，感觉跟谁都一样的。 人力资源高级经理：在我们部门大家都比较开放，没有太多等级，这些区别没有太明显。我觉得主要是物以类聚，人以群居，因为大家都是做欧美外包，所以在招人的时候在背景啊，性格啊这方面还都比较像。我们平时也都比较注重沟通，像不正式的知识共享等。一些体育活动，我这边，除了汇报日常工作外，还可以把想法告诉我，我还每次都会给你反馈。我没有觉得这是一个大的问题。

3. 专门职能机构

IT外包企业通常设立专门的职能机构负责过程改进、品质管理、知识管理等。最普遍的组织机构是品质保障部，其在对项目进行质量和过程监控之余，通常还发挥着获取知识、促进知识扩散和组织记忆的功能。例如，D公司在集团公司一级专门有企划本部、专门副总裁和QA做知识管理工作，负责收集项目数据。而质保部每个月质量牵头召开改善会，组织讨论过程改善工作。由于公司规模和资源等方面的差异，IT外包企业在是否设立以及设立何种组织机构以促进组织学习方面存在较大差异。比如A公司，公司还没能成立正式的组织以促进组织学习过程，而D公司和E公司不仅成立了相关组织机构，其形式也要规范正式得多，比如E公司不仅有通常的QA，还特别设立了PMO和isoft技术委员会的机构以促进组织学习过程。这些专门职能机构设置上的差异对组织学习过程也产生了不同影响。由于缺乏专门职能部门的支持，类似A公司这样的小企业还不能系统地推进知识的获取和扩散，正如A公司总经理所提到的，"小公司跟大公司不太一样，不能做那种带规模的规范（的知识扩散），只能通过总结出一些要点往下传。"而像D公司和E公司这样的企业，其设立的有效专门职能对于组织学习过程起了积极作用。比如E公司的技术委员会在促进新技术跟踪、知识管理、新技术推广和公司的主要合作伙伴的技术在公司推广方面发挥了积极作用。

为此，我们认为，在离岸IT外包中，设立专门的职能机构有助于促进IT外包企业的知识获取（包括间接学习、外部知识扫描、资质认证、总结反思）、知识扩散和组织记忆过程（包括流程改进）的组织学习过程，见表5–10。

表 5 - 10 促进组织学习的专门职能机构

公司	组织机构名称	主要职能
A 公司	无	—
B 公司	评审员	对出现的问题进行分析。
	品质保障部	对重点项目进行跟踪。
C 公司	EPC	EPC：工程过程组，负责任工程改进，比如制定这些流程，根据实际情况和 CMM 模型写这些流程。
	CMM/QA	组织一些参与人员，包括项目经理、开发人员，总结目前为止的成果。让他整理一下的成果。参加 CMM 心得，有工作组收集这些心得，去推行。
D 公司	专门企划本部、专门副总裁、QA	知识管理，收集项目数据。公司层面，每个事业部有一个窗口对本部沟通，对过程进行评估监测。QA 过程改进。质保部每月质量要改善会，事业部窗口属于公司质保，不向事业部长汇报。
E 公司	QA	通过 QA，比如说配置管理，检查信息是否都归档了，所有人是否都拿到了信息。一方面做参考工作，另一方面已经知道问题了，纠正错误，只是用它们保证每个项目归档的条件。QA 作为一个单独权力机构来处理这个事情，纠正错误。QA 传递知识不是他们错误，用它们保证创造一个传递知识的机构。
	PMO	PMO 首先负责公司组织级的流程定义。PMO 可能会抽查某个项目细节，总体上的控制要有合同的审批流程，每周要看各个部门的项目的状态报表，项目中间会根据项目灯抽查每个项目是否处在正常情况下。PMO 是公司级的机构。
	技术委员会	技术委员会，是公司各个不同部门的核心的人，组织在一起，认识了好多在我们部门会有帮助的人。它主要是在技术上协调组织各方面资源，达成技术的几个目标：一是新技术推广，新技术推广，和公司的主要合作伙伴的关系，还有怎么样把他们的技术在公司推广，这个事情不是全职的人做的，比如架构组，他们很难真的去开发架构，他们的职责主要是去组织这些知识。各个部门的总监推荐，然后隔一段时间如果业绩有改进，评估。每个业务单元都会送。

4. 学习资源

学习资源主要指可用于支配的财务和人力资源资本。有效的组织学习总是与一定的资源投入分不开的，这一点对于相对弱小的广大中小 IT 外包企业尤其明显。缺乏资源的一些中小企业无法在进度极其紧张的项目实施之前和实施过程中投入一定的资源进行人员培训和项目原始数据收集，从而不能有效地促进组织学习和能力提升。学习资源丰富的公司（通常是规模较大的公司，如 D 公司和 E 公司）在项目实施过程中可以安排一定的人员和管理支持用于项目基础数据的收集，这些原始数据的收集构成了日后用于学习的基本素材。而对于那些资源紧张的公司，忙于赶工期，缺乏必要的人员和物资资源用于对项目实施过程进行数据收集和分析讨论，从而错失了许多从项目经验中获取知识的机会。另外，是否有足够的学习资源也反映在是否投入素质较高的员工，当拥有较多可用于支配的高素质人员时，能激发学习的积极性，能更广泛地扫描外部知识，更敏锐和深刻地抓住行为与绩效含义之间的因果链，从而获得更多的外部知识和合作经验诀窍。

对于处于生存阶段的新创型小公司，比如 A 公司，公司还没有资源成立正式的组织以促进组织学习过程，也没有资源进行资质认证以系统地提升能力，同时由于没能够为高素质的员工提供更多的职业发展空间，很难招聘到经验丰富的高端人才，只能更多的是通过利用同乡情的方式招聘一些缺乏经验的应届大学毕业生，从而给组织学习成效带来一定负面影响。而对于大型的财力丰厚的公司，如 E 公司，由于能够获得较多的类似风险投资基金的支持，在财务资源上要宽裕很多，因此能够通过设立各种更为规范的专门职能机构，吸引和留住高端人才，进行资质认证，派遣员工到客户方学习客户方知识等更好地进行学习。

5. 项目数量与类型

对于 IT 外包企业来说，订单是其能力成长的关键，其最根本的原因在于通过多个项目和多种项目经验的积累，能促进企业的组织学习过程，进而提升项目管理能力和客户关系管理能力。A 公司一直在寻求一种获得项目来源的渠道，比如试图通过与国内大的 IT 外包公司或者在日本找一个在中国没有公司的，只有市场没有队伍的，进行合作。目的正是要通过项目的实践促进知识的获取。在五家企业中，能力提升较快地基本上是在提高客户满意度上面取得了较大成功，获得了较多的项目来源，为知识获取过程中的经验学习打下了基础。因此，在离岸 IT 外包中，项目数量与类型有助于促进 IT 外包企业的经验学习的知识获取过程。

五、控制机制在促进知识转移克服组织惰性中的作用①

调研企业揭示在不同程度知识转移和组织惰性缓解背后有不同的核心客户资源，这些核心客户资源的价值在于能有意无意之间通过控制机制向供应商转移知识，帮助其成长。为确保项目成功，客户方一方面通过行为控制、目标设定等强制性压力机制，以及解释说明、引导性目标、反馈等信息性压力机制，另一方面也通过文化融合、交流、观摩视察等机制，影响供应商的压力感和认同感，进而促进知识吸收，影响其认知和行为惰性，见表 5 – 11。

---

① 本节部分内容发表于：邓春平、李晓燕、潘绵臻. 组织惰性下控制影响知识转移的压力与认同机制离岸——IT 服务外包中的案例研究 [J]. 科学学与科学技术管理，2015（7）。

表 5-11　　　　　　　　　　　　　主要的控制机制

正式控制	供应商感知的客户方结果控制和行为控制的控制水平（Choudhury & Sabherwa, 2003）	结果控制：质量要求、进度要求、定期交付成果。 行为控制：项目进度控制、客户方人员进驻、巡视和现场检查、定期汇报、提交文档或交付物、例会和视频会议。
非正式控制	供应商感知的客户方氏族控制和自我控制的控制水平（Choudhury & Sabherwa, 2003）	氏族控制：人员交流、参观访问、培训和提供学习资料、确立战略合作伙伴关系、聚餐、视频会议。 自我控制：客户培训流程、客户方对供应商流程和专业知识的指导和建议。

（一）客户方控制下的压力源和认同源

案例中 4 家企业表现出不同的组织惰性水平。惰性程度最高的 A 企业主要人员，骨干都是董事长的山西老乡，基于乡土关系追随董事长从山西的事业单位一直到北京开始创业，主要靠人员外派到国内一些大型供应商盈利，缺乏系统有效的学习机制，员工之间乡土关系复杂。而且由于外派为主，缺乏角色和组织的认同感与发展的危机感，员工对"卖人头"式的人员派遣模式难以认同，没有长期合作关系能持续实施控制的核心客户，难以借助其提升系统提升能力，最终在 2008 年的金融危机冲击下公司关闭。而组织惰性低的 B、C、D 企业，一直有几个较强的客户方在帮助其成长，也对其施加了较强的组织控制，保持较高的压力感。同时虽然在初期对于客户方的要求、文化甚至离岸 IT 外包业务模式存在抵触和不认同心理，但通过派遣人员到日本客户方交流培训，逐渐对客户方要求、持续学习和外包业务产生了认同，最终在应对 2008 年的危机中顺利转型升级，逐渐向价值链上游环节攀升，在外包项目中承担越来越重要的角色。按照 D 公司总经理的话，"我们已经开始带着客户往前走"。因此，案例企业揭示了压力感和认同感在促进组织惰性下知识转移中发挥的重要作用。压力感指为满足施控方所提出的新要求或适应控制环境下的新工作模式而产生的一种改进现状的迫切愿望。认同感指在对改变现状和知识转移必要性，及对新知识价值、运用可行性、文化相融性的赞同基础上，产生的一种对新知识的亲近感及可归属的愿望。压力感和认同感主要来自客户方的控制机制。

根据前述理论指导和数据编码相结合的数据分析过程，归纳了客户方控制构成的压力源和认同源以及来源的控制机制（见表 5 – 12）。编码概念既基于理论基础，也忠实于数据，同时也充分映射到了已有文献中的相关概念，如组织学习文献中影响学习的目标设定因素（Turner & Makhija，2006；高展军等，2012）。在数据分析得到一阶概念基础上，归纳出二阶概念，并用汇总性概念进行逻辑分组。

表 5 – 12   客户方控制下的压力源与认同源

汇总性概念	二阶概念	一阶概念	典型引用	来源的控制机制
压力源	控制性压力源	行为指令	技术上很死，客户已经做得很细了，有些东西只能按着去做，创新啊，开拓性的东西没有，只是照着怎么去做（A 公司项目经理）	行为控制、结果控制
		强制性目标	我不是去学什么，而是去适应客户，客户提出的需求，我尽量去满足（D 公司项目组长）	
	信息性压力源	目标导向	（控制）能够让我们及早发现问题，找到存在的问题，推动我们去改变（B 公司项目组长）	结果/非正式控制
		价值领悟	通过反省，回顾一下做了哪些点，比较一下，发现确实不一样，然后大家就认识这个重要性了。能够感受到他们积极地参与到这个学习过程中来，意识的确转变很大（C 公司品质部经理）	行为/非正式控制

续表

汇总性 概念	二阶 概念	一阶 概念	典型引用	来源的 控制机制
认同源	认定 宣示		成为金牌合作伙伴，强调信任、共享愿景的长期合作关系合作关系（C公司事业部长）	非正式控制
	知识理解	声誉 感知	在日本的这半个月的主要收获是开了眼界，对日本人一丝不苟的工作方式有了进一步的认识（B公司程序员）	
		价值 认同	双方的性格、作业方式，存在互相不理解的情况，去观察一下对方的环境、工作的环境和状态、工作的思维……然后在这个基础上，我们觉得他们的要求是有他们的特殊性……他们有这种要求，可能会过分一些，我们也理解他们，也就按他们的要求去做（B公司项目经理）	
		形象和 说服性 信息	在原来公司和现在公司都去过日本。时间长短都有，反正每年都去……对方会给我们一个比较粗略的构想，系统的介绍……（B公司项目经理）	

1. 压力源

数据揭示压力源可分为两种：控制性压力源和信息性压力源。前者指自我价值被压抑、忽视或自信心被损害的压力来源，如威胁、指令、压力性评价等，而后者指体现自我价值或不损害自我评价及自信的压力来源，如言语鼓励、信息告知、解释说明、引导性目标等。

控制性压力源包括行为指令和强制性目标两个一阶概念。前者如频繁现场检查巡视、不分工作负荷和项目情形要求定期提交汇报和检查清单等，甚至有些客户方还提供软件的测试工具，建立网络专线，强制要求在线评测汇报；后者如严格的进度和交付物要求、苛刻质量指标等。行为指令和强制性目标两个控制性压力源分别来自正式控制行为控制和结果控制。

与控制性压力源相比，信息性压力源更多是以提供信息为导向的，包括目标导向和价值领悟两个一阶概念。目标导向指通过控制目标设定的信息导向作用，影响受控方关注知识缺陷，扫描完成控制目标所需知识。价值领悟指通过比较实施控制前后绩效改变差异领悟新知识的价值，促进态度改变，提高学习意愿。

既有研究忽视了正式控制带来的信息导向作用，而本研究数据揭示，正式控制的结果控制和行为控制分别具有目标导向和价值领悟这两个信息导向作用。一方面，结果控制能通过新目标设定，激励组织寻找和吸收完成新目标所需技能，提高扫描外部知识的针对性和积极性，影响流程朝着预期要求前进。比如 B 公司项目组长提到，"（控制）能够让我们及早发现问题，找到存在的问题，推动我们去改变"。另一方面，通过行为控制，能确立一种结构化流程，进行强制性的流程植入和渗透，促使受控方更直接地体会知识的应用价值，对知识吸收必要性产生压力感，进而减缓其认知惰性。比如，客户方通过周报、月报、现场走访、提交测试差错率报告、项目总结报告等控制手段，能促使其更早发现问题，领悟到控制的必要性，激励其总结反思现存问题，产生压力感，克服偏见和过分自信。因此，在行为控制下，通过比较实施控制前后的绩效差异，能领悟控制机制所隐含知识的价值，从而提高吸收知识的压力感。

另外，非正式控制通过人员交流、参观访问、确立战略合作伙伴关系等也构成了信息性压力源。比如在知识转移和能力提升上取得较大成功的 C 公司，公司的核心客户方日立公司决定提升其合作伙伴等级，将其列为日立的金牌合作伙伴，也对流程规范性和交付物质量及进度提出了更高要求，"客户专门出钱为我们拉了专线，提供电话号码和备用的交换机。提供专机之后加强了对我们的培训教育，包括网上有整体的日立的库里的培训手册。明显加强了许多（控制）。我们可以拿着数据测试环境、设计资料等，可以在一个大的局域网内部做事"（开发部部长）。这种环境下，C公司感受到了流程规范和能力上与作为金牌合作伙伴要求之间的差距与压力，促使其通过总结反思、人员培训、CMM认证等手段，不断提升能力，提高过程成熟度。

2. 认同源

认同源包括认定宣示和知识理解。认定宣示指客户方和供应商管理者形成共识的关于关系、合作愿景及目标、合作中将受到赞许行为的统一概念。知识理解指通过文化融合、观摩视察、体验、评价说服等手段推动受控方对新知识的价值、蕴含理念和价值观、嵌入环境的理解，从而产生对新知识的信任、归属感和亲密感。知识理解具体包括3个一阶概念。

声誉感知：通过观摩、总结反思、体验等感知到知识发送方的权威性及其发送知识的价值。

共享心理氛围：通过参观交流等方式理解知识发送方的文化及知识蕴含的理念和价值观，最终建立相互信任、相互理解、文化相容的心理氛围。

形象性和说服性信息：通过评价、宣传、组织文化建设、交流指导、环境观摩和体验促使理解知识所嵌入的应用环境和业务流程，鼓励新知识获取。

案例企业无一例外强调通过人员交流、参观访问、客户方指导、文化融合等非正式控制机制，促使员工对改变现状和知识获取必要性，及对新知识价值、运用可行性、文化相融性产生认同，进而获得对新知识的亲近感及可归属的愿望。因此，认同源主要来自非正式控制机制。

（二）压力源和认同源对知识转移与组织惰性的影响

1. 压力源的影响

数据显示，控制性压力源对行为和认知惰性产生不同影响。一方面，强制性的控制性事件促进了显性知识的强制植入，迫使供应商改变传统的"差不多"文化，促进粗放式、随意性的软件开发和项目管理方法，懒散不愿改进的行为惰性得到明显好转。这在4家企业具有普遍性。如B公司项目日语翻译提到，我们原来有英雄主义风格，工作态度也比较随意，客户方通过对我们行为严格的控制，潜移默化之间会改变我们原来的做事方式。访谈中也多次听到类似"迁就""潜移默化""适应"等关键词，揭示了在控制机制下，供应商产生压力，不断改进流程和被动规范化过程。正如D公司的项目组长所提到的，"我不是去学什么，而是去适应客户，客户提出的需求，我尽量去满足"。因此，控制性压力机制有助于缓解行为惰性。

但另一方面，过于苛刻的控制性压力源，尤其是来自日本客户方的强制性目标和压力性评价，给供应商带来了极大压力，降低了自主感，导致供应商进一步强化集权以实现控制意图，减少了试验的空间。很多项目经理和员工抱怨工作量很大，要求死板，存在不合理性，自我价值被忽视。正如某程序员总结的，"这种工作方式（日本企业的软件开发和项目管理）对自己的影响并不大，因为我不欣赏这种工作方式和态度，虽然他们是值得赞赏的，但我更喜欢创造性的工作，可以把一个人潜力更充分发掘出来，也就是软件开发中的创意……在我的开发中，我只强调效果，而他们非常强调的是正式，经常出现烦琐的文档"。C公司系统集成部项目经理也对此进行了负面评价，"中国软件开发，特别是规范方面还是比较低的水平，日本在这方面还是比较先进的。但本身有一个特点就是故步自封，严格按照规程来做，把一些工业上的严格控制用在软件生产上"。在严格控制性压力源下，为推动项目顺利实施，很多项目经理和 IT 人员反而诉求于熟悉的惯例而对客户方要求在内心里进行抵制，或者采取"阳奉阴违"的态度。压力的学习效应理论也揭示，以威胁、苛刻强制性目标、指令为代表的控制性压力源，会提高受控方的工作倦怠感，降低其自主感和学习动机。而来自组织惰性文献的经验证据也发现，为应对难以胜任的外部压力，企业有减少试错，缩小新知识寻找的认知倾向（Dutton，1992）。因此，过于苛刻的控制性压力源降低了供应商的自主感，削弱了其内部动机，反而进一步强化了认知惰性。由此提出如下命题。

命题 1：控制性压力源对促进显性知识转移，缓解行为惰性有积极影响，但却会进一步强化认知惰性。

根据压力的学习效应理论，信息性控制源促进知识接受方的胜任感，提高内在的学习动机（王瑛华，2012），促进对行为与结果之间的因果关系的理解，从而主动减缓组织惰性水平。案例中发现，供应商面对合理的信息性控制源，能感到"客户方是在帮助我们成长"，有助于体会到自身的技能缺陷，领悟到新知识的价值，对外在因果知觉的水平和内部动机提高是有益的。客户方也通过培训、人员交流等非正式控制机制帮助供应商，要求供应商和客户方"一起成长"，对于取得的进步也进行积极评价反馈，如提升合作伙伴等级等。因此，可得：

命题 2：信息性控制源对促进显性和隐性知识，缓解认知和行为惰性有积极影响。

2. 认同源的影响

案例中除了上市公司 D 外，其余 3 家企业都处于 IT 外包价值链的中下游，客户方要求高，工作压力大，利润率较低。IT 外包本身技术要求并不高，但对于服务质量、流程规范性等要求却很高，尤其是对日外包，被一些员工形象地称为"卖人头模式"并受到抵触。为此，各供应商的管理者，尤其是 B、C、D 企业，强调对流程、理念、规范、企业文化的培训，尤其是对新入职员工，目的是提高员工对 IT 外包从业人员的角色认同。一名项目经理描述了 C 公司的做法，"我们事业部长提议的，每个员工要求写日记，我们包括开发部长和项目经理要批注的。没有时间没办法，有时间尽量去批注，包括部长也在批注。日语写的语法不对，单词不对我们都要批注的。还有在做项目过程中，针对式样书中的日语语法，用词都会教他们"。这些行为帮助下属学习了日语和作业规范，增强角色认同。另外，客户方也倾向于和供应商建立战略联盟关系，建立共享愿景、互惠共存的长期合作关系这一共同概念，从而提高对外包合作关系和要求的认同感，减缓认知惰性。

认同感的另一重要来源是知识理解机制，具体包括声誉感知、形象性和说服性信息、价值认同。数据揭示来自客户方的工程化软件开发、项目管理流程和理念并没有受到普遍欢迎，而是存在缺乏认同的问题。为此，这些企业强调借助于双方密切交流基础上对知识的理解。

（1）声誉感知。知识理解首先要对知识价值、发送方声誉产生感知，提高对吸收知识的信任。正如一名程序员谈到的，"在日本这半个月的主要收获是开了眼界，对日本人一丝不苟的工作方式有了进一步的认识"。

（2）形象性和说服性信息。访谈中发现，双方通过人员交流、参观访问、培训和提供学习资料、聚餐等宗派控制形式，供应商直观地理解了知识所隐含的情境、知识的价值。B 公司某项目经理也提到"在原来公司和现在公司都去过日本。时间长短都有，反正每年都去。平均去一次得 3 个月……对方会给我们一个比较粗略的构想、系统的介绍……"

（3）价值认同。在知识转移上获得较大收益的 B 公司和 C 公司都非常强调派遣人员到客户方工作现场体会客户的工作习惯、价值观念和行为准则，促进文化认同和对知识的意义建构，促进潜移默化地理解、吸收和利用隐性知识。比如，B 公司项目经理提到文化认同的重要意义，"双方的性格、作业方式，存在互相不理解的情况，去观察一下对方的环境、工作的环境和状态、工作的思维……然后在这个基础上，我们觉得他们的要求是有他们的特殊性，如果不了解的话，凭什么这么做？我很不明白，然后与客户在文化上接触后，我了解，他们有这种要求，可能会过分一些，我们也理解他们，也就按他们的要求去做"。以上认同源有效减缓了认知和行为惰性。由此可得：

命题 3：来自知识发送方的认同源有助于促进显性和隐性知识，缓解知识接受方的认知和行为惰性。

（三）结果讨论

1. 知识转移影响组织惰性的过程模型

根据上述讨论最终构建如下模型（如图 5-1 所示），用于阐释控制机制为什么能以及如何通过知识转移影响组织惰性。模型显示，不同的控制机制对知识接受方构成了不同的压力源和认同源，对显性和隐性知识转移产生了不同的影响，进而克服其行为和认知惰性。

和少量既有非正式控制与知识转移之间关系的文献类似（Björkman et al.，2004；刘益等，2008；龚毅、谢恩，2005），本书发现，非正式控制无论是对显性还是隐性知识转移，行为或者认知惰性都存在促进作用，而本书的贡献在于进一步基于揭示了产生影响的压力和认同机制。但在正式控制方面，本研究发现并不能简单判断正式控制的影响。首先，正式控制能通过流程移植等控制

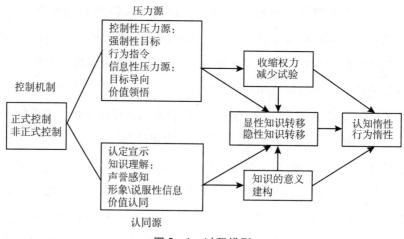

图 5 – 1　过程模型

性压力源促进显性知识转移，减缓行为惰性。其次，正式控制对知识转移进而对认知惰性还存在正反两方面的影响。一方面正式控制能通过信息性控制源促进知识转移，缓解认知惰性。但另一方面，由于控制性压力源下的强制性目标和压力性评价，以及自我价值被压抑、忽视，或自我评价、自信心被损害，导致收缩权力减少试验，其反而阻碍知识转移，尤其是隐性知识转移，进一步强化认知惰性。因此，正式控制的影响取决于压力机制中控制性和信息性源的比例，以及控制性压力源阻碍隐性知识作用大小。如果不区分控制机制的影响差异，简单对控制的影响进行总体实证检验可能会得到有偏差的结论，这也是既有研究结论存在不一致之处的潜在原因之一（刘益等，2008；龚毅、谢恩，2005）。

2. 控制机制与知识转移的匹配性

为进一步探寻和佐证不同控制机制与不同知识转移、组织惰性之间匹配关系，对三者的关系进行了编码关联性分析。首先依据定性的等序数据和编码的频次对三者之间的关系进行了推断。具体地用"＋"符号将三角数据映射成定性的等序数据，以揭示变量间潜在逻辑关系（见表 5 - 13）。在映射过程中，并不完全依赖于编码变量出现的频次，因为频次的多少还受到访谈时间、受访者健谈程度等一系列因素影响，而是结合访谈中的观察、访谈结束后的评价、访谈者报告的一些关键信息（如频率、控制程度、多少等关键字眼）等综合评定。如 B 公司在组织惰性方面，除编码变量吸收能力出现的频次（39 次）很高外，访谈中还发现其能有效应对技术和客户需求变革，推动 CMMI 认证。在组织层面，项目团队和个体层面保持活力，有明确的学习机制，如培训、项目指导、总结反思等推动学习创新，所以组织惰性编码为"＋"。

表 5 - 13 　　　　　　　　　　变量间关系编码结果

公司	A 公司	B 公司	C 公司	D 公司
显性知识转移	＋（7）	＋＋（14）	＋＋（14）	＋（9）
隐性知识转移	＋（4）	＋＋（12）	＋＋＋（23）	＋（5）
组织惰性	＋＋＋（14*）	＋（39）	＋（20）	＋＋（19）
正式控制	＋＋（7）	＋＋＋（13）	＋＋＋（15）	＋＋（5）
非正式控制	＋（1）	＋＋（6）	＋＋（6）	＋（1）

注：＊以编码变量吸收能力出现的频次来测量。

　　表中展示了组织惰性与显性和隐性知识转移大体存在一个负相关关系（如极端例子 A 与 C 公司存在典型组织惰性与知识转移之间反向变动情形），佐证了组织惰性对知识转移的负面影响。数据还说明正式控制与显性知识转移大致保持一定正相关性，说明相比于非正式控制强调的通过文化认同等形式寄希望于受控方在理解基础上潜移默化地主动吸收，通过正式控制进行控制性压力机制（如流程植入），能使其更直接减缓行为惰性，接纳显性知识，因此正式控制与显性知识转移具有匹配性。另外，表中也大致可以看出非正式控制与两种知识转移之间都保持一定正相关性（如将 A 与 C、B 与 D 公司进行比较看出知识转移随非正式控制水平提高而提高），说明非正式控制对两种知识转移都有积极促进作用，也进一步佐证了机理模型。

最后，表 5 – 13 中也显示，与 D 公司相比，C 公司随着非正式控制水平提高，隐性知识转移提高的程度要大于显性知识转移提高的程度。机理模型也揭示认知惰性的缓解是隐性知识转移的重要因素，而认知惰性缓解则主要依赖于非正式控制通过认同源和信息性压力源，由此可以推断相比显性知识转移，隐性知识转移更依赖于非正式控制。表 5 – 14 总结了控制与知识转移的匹配性和影响机理。

表 5 – 14　　控制与知识转移及组织惰性的匹配性及影响机理

控制		显性知识转移	隐性知识转移
正式控制	匹配性	匹配	不确定
	影响机理	控制性压力源减缓行为惰性	正向：信息性压力源减缓认知惰性 负向：控制性压力源强化认知惰性
非正式控制	匹配性	促进	匹配
	影响机理	信息性压力源和认同源缓解行为惰性	信息性压力源和认同源缓解认知惰性

3. 理论贡献和管理启示

本书基于压力的学习效应和组织认同理论，透过 4 家企业的案例研究，揭示了控制影响知识转移的过程机理。研究的一个主要理论贡献在于揭示了控制影响知识转移的复杂机理，为既有文献中正式控制促进还是阻碍知识转移的争议提供了一个解释的角度。既有研究忽视了正式控制带来的信息导向作用，本书揭示了正式控制在促进知识转移中的信息性功能（价值领悟和目标导向），也发现控制性压力源的潜在负面影响，提出正式控制促进还是阻碍知识转移要取决于压力机制中控制性和信息性事件的比例，以及控制性压力机制强化认知惰性作用的大小。研究还发现隐性知识转移更依赖于非正式控制，而且非正式控制对知识转移只存在促进路径，这也解释了为什么既有文献中比较一致地认为非正式控制能促进知识转移，而对正式控制的影响却存在较大争议，是对控制与知识转移关系文献的拓展。研究的另一个理论贡献在于揭示了外在环境刺激导致不同组织惰性结果的内部机理。虽然现有文献注意到组织惰性通过内部自发演变难于化解，必须借助于外部环境压力，但对外部环境压力到底是减缓还是强化组织惰性这一问题却存在较大争议（Huff & Thomas，1992；Dutton，1992）。研究以合作伙伴实施的控制这种外部刺激为例，创新性地揭示了控制导致的压力和认同源对组织惰性的影响，认为同样的外部环境刺激导致不同组织惰性结果与压力源的控制性与信息性属性存在差异有关，从而为解释现有研究争议提供了一个新的角度。

研究的实践启示在于当知识接受方面临组织惰性时，可更多通过文化融合、人员交流、参观访问、培训和学习指导等非正式控制手段，改变知识接受方的认同感，促进其隐性知识吸收。但在实施正式控制时，需要权衡斟酌对知识转移的不同影响，一方面，相比非正式控制在知识转移作用过程中强调的通过文化认同等形式寄希望于受控方理解基础上潜移默化地主动吸收，通过正式控制进行流程植入和目标设定，使其通过实际经历直接体会到新知识的价值和重要性，或者正确定位需要弥补的知识扫描方向，促使其更直接提高压力感和认同感，进而吸收和应用知识。但另一方面，过于苛刻，压制自我价值、损害自信心的指令或强制性目标这些控制性压力源，也可能对认知惰性和知识转移造成负面影响。

研究是基于 IT 外包行业这一变革迅速的知识密集型行业得出

的结论，后续研究可在面临组织惰性问题更严重的传统行业中进行分析比较，以提高理论普适性。还可关注压力源与认同源在促进知识转移过程中的作用到底是互为替代的还是互补的？或从转移知识属性、任务特征等角度探讨认同和压力源的平衡及配置模式，分析压力源对知识转移的非线性影响，挑战性压力源与阻断性压力源对显性和隐性知识转移（高阶或低阶学习）的不同影响等。

六、知识转移实现价值链升级的过程模型

根据以上案例数据的访谈发现及现有文献的支持，本书构建了一个如下的概念框架（见图 5-2）。在我国 IT 外包行业，许多企业通过积极有效的双元性学习机制克服了组织惰性，提高了知识转移的效率，较快地积累了客户关系管理和项目管理能力，管理不断规范化、系统化，与客户方建立了更加密切的伙伴关系质量，从而逐渐摆脱客户方的俘获型治理，在 IT 外包价值链中的地位也得到不少提升，在 IT 外包服务市场竞争中的优势越来越大。这个过程

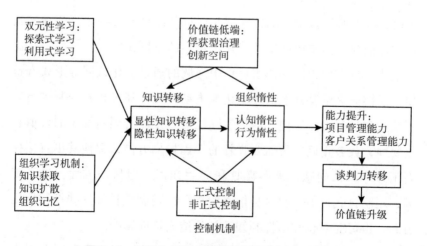

图 5-2　基于知识转移的价值链升级的过程模型

模型框架与既有的资源依赖理论是相一致的。资源依赖理论认为组织最重要的存活目标，就是要通过利用和影响外部关键资源供应组织，以想办法降低对这些供应组织的依赖程度，提高供应稳定性。我国外包供应商重要目的是进入国外市场，通过获得更多的订单，提高自身核心能力，获得新的技术和软件开发的规模经济，最终实现价值链升级。

第六章

IT 外包中知识转移的实证研究

第一节 IT 外包中知识转移的前因
变量及对绩效的影响[①]

一、引言

目前文献从多方面探讨了组织间知识转移的前因变量，如关系背景、知识特征、接受者和来源（Simonin, 2004; Szulanski, 1996）。然而，接受者学习机制的影响在很大程度上被忽视，尽管它可能是知识转移的重要因素（Blumenberg et al., 2009; Chua & Pan, 2008）。这种机制既包括被动经验积累，也包括主动的认知过程，如知识表述（Zollo & Winter, 2002）。特别是，知识清晰度需要对

[①] 本节部分内容发表于：Deng, C. P. & Mao, J. Y. (2012). Knowledge transfer to vendors in offshore information systems outsourcing: antecedents and effects on performance. Journal of Global Information Management, 20 (3): 1 – 22。

正式讨论、设计审查、中期结果分析和项目评估等活动进行有目的的投入。尽管各种学习机制的作用可能有所不同（Zollo & Winter，2002），但鲜有文献研究探讨对知识表述学习的投入是否有效。故本节比较了知识表述和经验积累在知识转移中的不同作用。

此外，没有知识来源的支持，有效的知识转移是不可能发生的。因此，本研究还调查了客户支持对知识转移的影响。由于目前的离岸业务模式分为两种，直接离岸模式和中介离岸模式（Holmstrom et al.，2008；Jarvenpaa & Mao，2008）。从离岸供应商的角度来看，直接模式中的客户是直接与供应商合作的最终组织；而中介模型中的最终组织不是终端客户，而是一家 IT 公司，该公司可能在本土做一部分工作，并将其余部分分包给离岸供应商（Holmstrom et al.，2008；Jarvenpaa & Mao，2008）。在这两种模式中，离岸供应商和客户所处的关系不同，涉及的交互模式也不相同。

因此，本书探讨了组织间知识转移的 3 个重要因素，即知识接受者和发送者的特征，以及他们在 IT 外包背景下的关系特质。研究问题是：（1）供应商的学习机制、客户支持和离岸外包模式对知识转移有何影响？（2）知识转移对离岸外包项目成功的贡献是什么？这项研究通过实证检验知识转移的前因及其绩效影响，有助于知识转移文献和 IT 外包研究。它从供应商的角度扩展了对 IT 外包中知识转移的理解。此外，尽管以前的研究经常涉及印度供应商，但这项研究是基于对中国供应商的调查，这提供了一个独特的研究背景。

二、理论框架和假设

（一）知识转移的前因

由于沟通和关系建立的困难（Xu & Yao，2006）、面对面会议的局限性，以及文化差异大背景下的知识嵌入等因素的影响，跨文化和跨国家的知识转移在离岸 IT 外包中尤其具有挑战性（Leonardi & Bailey，2008）。前期的研究调查了传统外包和离岸外包中促进知识转移的因素。这些因素通常可以分为四类。第一类涉及知识转移发生的背景以及知识转移机制。因素包括信任（Du et al.，2011；Park et al.，2011；Xu & Yao，2006）、交流（Xu & Yao，2006）、文化距离（Du et al.，2011）、社会资本（Xu & Yao，2006）、关系嵌入（Bakker et al.，2011；Williams，2011）、交互结构（Blumenberg et al.，2009，2011）。知识转移机制包括培训（Blumenberg et al.，2009；Williams，2011）、使用技术和创造新工作的实践（Leonardi & Bailey，2008；Wu & Yeh，2011），以及桥接工程师的安置。第二类与所转移的知识性质有关。第三类关注接受者的特征，如学习动机（Wu & Yeh，2011）。第四个也是最后一个问题与知识来源的特性有关，如可信度、发送能力、IT 人员能力（Park et al.，2011）、合作意愿和动机。

先前文献少有研究客户对其供应商的支持以及学习机制如何促进知识转移。尽管客户支持反映了知识来源的一个关键特征，但供应商的学习机制，特别是知识表述，可以通过提高供应商的学习动机和减少要传递的知识的因果模糊性和隐性来促进知识传递。此外，以上这些在两种不同的离岸模式之间可能会存在不同的表现形式。

（二）供应商的学习机制

除了经验积累之外，还发现了两种形式的主动学习，知识表述和知识整合（Zollo & Winter，2002）。然而，知识整合往往会伴随着高技术产业动荡的环境和动态操作程序带来的高机会成本（Zollo & Winter，2002）。与知识表述相比，知识整合在离岸外包行业中不那么普遍。因此，本研究侧重于经验积累，并关注主动学习中知识表述形式。他们相应的学习机制被标记为经验积累和知识表述（Zollo &

Winter，2002）。经验积累是指供应商通过为客户完成项目积累与特定客户的经验（Tsang，2002；Zollo & Winter，2002），它受交互频率、协作深度和类型以及交互历史的影响。

技能转移需要合作伙伴之间积累必要的经验积累。这种体验能够通过提高供应商的吸收能力（Lane et al.，2001；Zahra & George，2002）和减少知识转移的模糊性（Simonin，1999）来促进技能转移。在离岸外包环境中，长期合作的供应商有更好的学习基础，因为要转移的知识将以更熟悉的形式呈现。由于学习者倾向于在熟悉的领域寻找新的知识，供应商以往的经验决定了他们能够识别的知识范围，这反过来又会影响未来的知识转移能力。因此，那些拥有丰富互动经验的供应商更能充分利用现有项目的学习机会。

经验积累在了解客户方面也起着至关重要的作用。有人认为，拥有大量互动经验有助于公司获得合作知识（Simonin，1997），并更好地了解他们的合作伙伴关系环境（Tsang，2002）。具有更多互动经验的合作伙伴更有可能在未来的合作中取得成功（Anand & Khanna，2000），因为他们理解彼此的目标、要求和运营环境。因此，在广泛了解对方之后，他们擅长与对方打交道。此外，了解客户需要积累必要的经验来提升理解能力（Lane et al.，2001）并减少要获取的协作知识的模糊性（Simonin，1999）。因此，经验积累有可能促进对客户的了解并加快技能转移。

知识表述是指以数据收集和评估、讨论、审查和反映项目进展和临时结果的形式进行的有意认知学习过程（Zollo & Winter，2002）。它促进知识转移有以下 3 个原因。首先，知识表述减少了要转移知识的主要障碍因果模糊性（Simonin，1999）。通过知识表述，团队成员可以分享和比较他们的经验和观点，从而增强对行动和绩效结果之间因果关系的认知理解（Zollo & Winter，2002）。其次，通过各种数据收集和分析，知识表述能够提供需要学习的基本信息，这使得供应商可以清楚认识到他们目前存在的缺陷，并明确知道他们应该在什么地方弥补。最后，知识表述在知识转移中起到刺激作用。学习动机的缺失被广泛认为是知识转移的一个重要障碍（Björkman et al. ，2004；Gupta & Govindarajan，2000；Jensen & Szulanski，2004）。然而，知识表述有助于供应商理解学习的需要，因此鼓励主动技能转移并了解客户。

此外，我们认为知识表述对知识转移的影响比经验积累更为明显，主要是由于：首先，知识表述有助于记录和外化个人持有的来自给定经验的知识，否则这些知识可能会随着时间的推移而被忽略或丢失（Kale & Singh，2007）。因此，能够证明那些致力于知识表述的团队更能够比那些仅依赖被动经验积累的团队从给定的项目中获得更多知识。其次，知识表述可以提供一个主动的学习环境，这超出了被动积累经验的能力。通过知识表述过程，如集体分析、反思和讨论，团队成员可以变得更加注重学习，并愿意积极获取知识。最后，虽然有人认为隐性知识可以转化为显性知识（Nonaka & Takeuchi，1995），但有关学者认为，由于隐性知识的本质具有不可言表性，将隐性知识转化为显性知识是不可持续的。这项研究假设知识隐性可以通过知识表述在某种程度上减少。虽然隐性知识不能完全转化为显性知识，但它可以通过使用隐喻、指南或模型来表现和展示（Baumard，2002；Hedlund，1994；Kale & Singh，2007）。因此，虽然通过经验积累进行知识转移从长远来看可能是可以实现的，但是通过知识表述可以大大加快和放大这种转移。总之，如以下假设所述：

H1a：供应商的知识表述对技能转移的影响比经验积累的影响更大。

H1b：供应商的知识表述对合作知识转移的影响将比经验积累的影响更大。

（三）客户支持

来自知识发送者的支持可以吸引接受者对潜在有用知识来源的注意（Lyles & Salk，1996），并有助于接受者的吸收。相反，发送者的知识保护增加了要转移知识的模糊性，从而阻碍了知识转移（Simonin，2004）。在离岸外包中，知识转移可能很困难，因为并非所有的知识来源都愿意与其他人分享。因此，来自客户的支持程度会影响供应商可以访问和获取的知识。客户的支持可以以多种形式表现出来，例如提供技术材料、项目管理工具、培训和参观机会、技术支持和人员交流。客户支持作为一种态度和实际活动，反映了对知识转移的帮助和参与程度，对合作知识转移和技能转移都很重要。然而，技能转移特别容易受到知识保护，因为这可能会影响讨价还价能力的转移以及技能向其他外包关系的溢出（Inkpen & Currall，2004）。因此，客户支持对于技能转移是必不可少的。

H2a：客户支持将对技能转移产生积极影响。

来自期望长期合作和绩效改进的客户的积极支持是促进供应商学习的重要条件（Doz & Hamel，1998）。然而，并非所有的客户，尤其是经验较少的客户，都意识到知识转移的重要性（Rottman，2008），或者愿意帮助他们的供应商学习了解客户。同时，与从客户那里学习相比，供应商感知了解特定客户的动机可能更少，因为这种学习具有专有投资性。强大的客户支持可以通过发出可信度和合作意愿的信号，在促进供应商的学习动机方面发挥重要作用。因此，可以合理地预期，客户支持越多，对客户的了解程度越高。

H2b：客户支持将对合作知识转移产生积极影响。

（四）离岸外包模式的影响

在两种不同类型的离岸外包模式下，知识转移和客户支持通过不同的机制进行。伙伴关系中学习的利益可以分为共同利益和个人利益（Khanna et al.，1998）。个人利益是一个特定伙伴通过从其伙伴那里获得技能并应用于伙伴关系之外的领域而拥有的收益，而共同利益是合作双方通过集体学习在伙伴关系中获得的收益（Khanna et al.，1998）。

在直接离岸外包模式中，最终用户客户不太关心供应商技能转移，因此，与中介模式相比，共同利益与个人利益之比更大。双方都倾向于采取纯粹合作的策略，并在给定的外包关系中投入更多的资源（Khanna et al.，1998）。此外，这种模式下，客户方通常是最终用户，是领域知识的原始来源和技术平台知识的拥有者，他们非常清楚供应商需要什么以及如何提供支持。这可能会导致供应商能够获得更多的客户支持。相比之下，在中介模型中，知识转移会更加困难，因为中介涉及更高的转移成本，以及潜在的知识损失和扭曲。因此，在中介模型中对客户的了解将低于直接模型。

H3a：直接模式下的客户支持和合作知识转移水平将高于中介模式。

在中介模型中，客户通常是大型 IT 公司和外包供应商，他们积累了更强的 IT 技能。因此，有更多的机会进行技能转移。供应商较高的个人与共同利益比为供应商分配资源提供了激励，促进其通过知识表述以最大限度地提高技能转移获得预期个人利益（Khanna et al.，1998）。因此，我们期望在中介模型中从客户那里获得更高水平的学习和知识表述。

H3b：中介模型下的知识表述和技能转移的水平将高于直接模型。

（五）知识转移对绩效的影响

现有文献使用了不同的 IT 外包绩效衡量标准，例如预期实现（Lacity & Hirschheim，1993）、经济、技术和战略效益（Grover et al. , 1996；Lee & Kim, 1999），以及满意度（Koh & Straub, 2004；Lee & Kim, 1999；Saunders et al. , 1997），这些都是从客户的角度来看的。本研究从供应商的角度采用项目质量和成本控制来反映外包的成功。项目质量是项目成功的最重要指标之一，也与维护供应商和客户之间的良好关系密切相关。成本控制对外包项目的成功有重大影响（Rai et al. , 2009）。此外，供应商非常关注成本控制，因为它直接影响利润。这两种度量反映了客户和供应商的利益，非常适合于在项目级别衡量绩效。

知识转移可以极大地促进接受者的业务绩效（Dhanaraj et al. , 2004；Lyles & Salk, 1996；Tsai, 2001）。更具体地说，有效地合作知识转移可以提高信息共享水平，这通常被认为是外包绩效的重要前因（Blumenber et al. , 2009；Lee, 2001；Rai et al. , 2009）。此外，合作知识转移有助于供应商理解合作环境，克服由于误解客户要求或领域知识而导致的质量偏差和不必要的成本超支（Dibbern et al. , 2008）。此外，随着对特定客户的感知不断积累，供应商可能会产生一种特定关系的能力，这对于与客户合作并更有效地处理与特定客户的项目至关重要（Levina & Ross, 2003）。因此，我们提出如下假设。

H4：合作知识转移将对离岸项目的质量（H4a）、成本控制（H4b）产生积极影响。

技能转移提高了供应商在项目管理方面的能力，并提高了与特定客户的项目生产率、效率和产品质量（Dyer & Hatch, 2006）。供应商掌握了成熟的软件开发流程以及工作量管理和质量控制技能，可以帮助供应商在预算范围内通过明确定义的流程提供高质量的交付。因此，我们提议：

H5：技能转移将对离岸项目的质量（H5a）、成本控制（H5b）产生积极影响。

研究模型如图 6 - 1 所示。

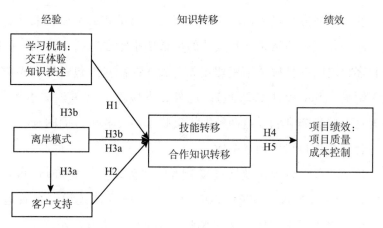

图 6 - 1　研究模型

三、研究方法

（一）测量发展

首先，绝大部分量表基于对先前相关的经过验证的量表修订而得，部分基于对行业专家的访谈而得。IT 外包专家对问卷的内容效度进行了评价，并根据他们的反馈对量表进行了改进。其次，根据卡片分类法进行了两轮定性评估，根据结果对其进行了进一步改进（Moore & Benbasat, 1991）。最后，通过预测试验证量表的有效性和可行性。

（二）初始测量

知识转移和项目绩效在以前的研究中，受访者通常被要求报告从某个来源学到的知识的感知水平（Dhanaraj et al., 2004；Kale et al.,

2000；Lane et al.，2001；Lyles & Salk，1996；Simonin，1999；Tsang，2002；Williams，2007）。我们根据对6名从业者的访谈，设计了题项，以评价从客户那里学到的技能和软件开发过程的程度（Minbaeva et al.，2003；Dhanaraj et al.，2004）。该量表由8个题项组成，用于衡量供应商对知识转移的感知水平，包括项目管理技能、软件开发流程、符合软件编码和测试标准的程度、质量规范和客户导向，以及对工作的一丝不苟的态度。

然而，尽管领域知识转移的重要性得到了认可（Chua & Pan，2008；Faraj & Sproull，2000），却很少有关于合作知识转移的研究。在IT外包中，要维持成功的外包合作，至少需要了解客户的四个方面，即合作环境、合作目标、领域知识和合作流程（Doz & Hamel，1998）。基于对从业者的访谈，开发了一个由7个项目组成的量表来衡量供应商对合作知识转移4个维度的认知水平。

关于项目绩效，采用两个先前验证过的量表（Mao et al.，2008）并加以修订。与从客户的角度衡量外包成功的传统方法不同，这两个量表从供应商的角度关注项目成功的指标，涵盖了项目质量和成本超支。项目质量的衡量标准是供应商对客户对项目结果的满意度、达到客户标准的程度以及供应商对项目结果的总体评估（Mao et al.，2008）。成本超支是用单个项目按照人员投入超计划的百分比来评估的，该百分比计算为（实际人员投入 – 共同计划的人员投入）/共同计划的人员投入 × 100%。较低值表示成本控制绩效高。

知识转移的前因。当评估经验积累对知识转移的贡献时，先前的研究通常使用伙伴关系合作的期限长短来衡量经验积累（Tsang，2002）。然而，经验积累也取决于合作的程度和类型。因此，本书开发了一个由6个题项来衡量经验积累的量表，包括互动的频率、合作的深度和类型，以及互动历史的长度。此外，根据对从业者的访谈和现有量表，设计了 5 个题项来测量知识表述（Kale & Singh，2007），包括几个典型的知识表述实践，如审查会议、讨论、评估和项目结果分析。此外，客户支持操作化为供应商对客户提供援助和积极参与知识转移程度的感知。本书生成了 6 个题项来测量，这些题项部分是根据先前学者对从业者的访谈改编的（Lyles & Salk，1996）。最后，离岸模式是一个虚拟变量，1 代表直接模式，0 代表中介模式。

控制变量包括客户需求变化的程度、项目规模、项目类型、客户所在国以及客户在供应商中的持股。随着需求变化的数量增加，项目变得更具挑战性，也是对供应商能力的真正考验。因此，供应商必须分配额外的人员来应对需求变化，这直接影响成本控制。一般来说，随着项目规模的增加，项目管理变得更加复杂，这可能会影响项目质量。客户的需求变化是自我报告的合作知识转移方需求变化程度，通过单个题项来测量，而项目实际持续时间被视为项目规模的测量标准。

项目类型被认为是影响组织间学习的条件之一（Doz & Hamel，1998）。项目类型也可能影响供应商知识转移的性质。项目类型是一个虚拟变量，1 代表高端项目，涉及一种或多种上游工作，如系统分析、概念设计、系统集成和集成测试，0 代表相反。客户在供应商的持股和客户所在国也是虚拟变量。如果客户持有供应商的股份，客户的股份被编码为 1，反之为 0。如果客户方所在国是日本，其东道国被编码为 1；否则为 0。客户的持股控制了治理结构对知识转移的潜在影响（Lyles & Salk，1996），客户方所在国控制了知识来源和接受者之间的制度和文化距离影响（Du et al.，2011）。

研究者与一名 IT 外包专家和两名熟悉知识转移的博士生共同检查了量表的效度。在讨论过程中，一个相反用语的客户支持题项被删除，改进了部分题项的措辞。最后，编制了一份由 34 个题项组成的问卷来测量6个构念，大部分是7点李克特量表。

（三）量表评价

通过两轮卡片分类法对量表效度进行了定性评估（Moore & Benbasat，1991）。每个题项制成一张卡片，并将卡片分成两类进行分类。第一类包括16个测量知识转移前因的题项，第二类包括18个与知识转移和项目质量相关的题项。

在第一轮中，随机混合卡片后，四名判别者（专门从事知识管理或外包的研究生）被要求根据他们自己的理解将卡片分成不同的类别，然后独立标记相应的类别。四名判别者划分的类别数量与结构数量一致，每个判别者的标签反映了所测量构念的含义。三个前因变量的条目放置准确率高达91%（58次总点击量除以64次总放置量）。只有四个测量客户支持的题项和两个测量经验积累的题项被放错了地方。同样，知识转移和项目质量的项目放置准确率更高，达到96%。其中一名判别者将合作知识转移的三个题项放置进了其他类别，为此后续研究删除了其中两个题项。

IT外包领域的一名从业者和一名具有相关行业经验的博士生进行了更具验证性的第二轮卡片分类。向他们提供了卡片以及每个结构的定义，根据他们的独立理解将卡片放置进目标结构。除了经验积累中的一个题项外，没有明显的错误放置。然而，根据判别者的反馈，有3个技能转移的题项存在表述问题，随后被删除。通过评估和提炼，内容效度和区别效度被认为是可以接受的。

（四）预测试

根据33名项目经理或团队领导的便利样本对量表进行了预测试。结果显示Cronbach'α值是可接受的（均高于0.7）。因为题项的单项总项的相关度较低，合作知识转移和经验积累量表中各有一个题项被删除。探索性因子分析的结果表明没有严重的交叉负荷问题。最终构念的操作化定义和测量题项见表 6 – 1。

表 6 – 1 操作化定义和测量

构念	来源	概念	题项
合作知识转移	Doz & Hamel, 1998；Inkpen & Currall, 2004；Tsang, 1999	通过学习了解某特定客户方获得利于合作的关于该客户方的知识	通过与该客户的反复交往，我们团队了解了他们的： 企业文化； 业务领域知识； 作业流程； 开发环境（如技术平台和业务环境）
技能转移	Dhanaraj et al.，2004；Doz & Hamel, 1998；Inkpen & Currall, 2004	供应商技能转移技能和软件开发过程等	通过为该客户完成项目，我们团队从客户方学到了： 质量控制方法； 工作量估算与管理方法； 进度估算与管理方法； 软件开发过程； 软件开发和测试规范
知识表述	Kale & Singh, 2007；Zollo & Winter, 2002	通过对项目进展和结果的数据收集和分析、集体讨论、反思和绩效评估等方式，将经验中所体会的关于行为与绩效之间因果链的隐性知识表述出来的过程	我们团队定期（比如每周）对每阶段的工作成果进行评价； 在项目期间，我们团队有专门的评审会，对出现的问题进行集中讨论分析； 在项目完成后，我们团队会对项目成果做一个评价和分析； 我们团队会对在项目实施过程中所收集的各种项目数据（如周报、修正履历和检查票等）进行分析总结； 在项目终结后，我们团队会与客户方以各种形式（如项目总结会）对项目进行评价和分析

续表

构念	来源	概念	题项
经验积累	Tsang，2002；Zollo & Winter，2002	供应商团队为某特定客户实施项目所积累的经验，包括交往的频率	我们团队有与该客户打交道的丰富经验； 我们团队与该客户交往比较深入； 我们团队开始与该客户合作已经有很长时间了； 我们团队为该客户完成的项目有很多； 我们团队与该客户有多种类型项目的合作经验
客户支持	Lyles & Salk，1996	客户提供协助和积极参与知识转移的程度	我们的客户会在项目实施前或实施过程中派人指导我们的工作； 我们的客户会主动给我们提供一些学习资料； 我们的客户会为我们提供一些培训的课程或机会； 当我们希望客户提供某方面的资料或向他们询问某个问题时： 他们总能及时回复； 他们很爽快就答应了，并把他们认为我们应该了解的信息一同给我们
供应商绩效	Mao et al.，2008	项目质量	据您所知，客户对项目质量的满意程度如何：（1很不满意~7很满意）； 与客户对项目质量的具体要求相比，本项目的质量：（1相差较远~7超过很多）； 您对项目质量的总体自我感觉怎样？（1很不满意~7很满意）
		成本超支	项目初始我们与客户双方协商的计划人员投入是____人/月，最终实际耗用的人力是____人/月？

（五）数据收集

研究基于问卷调查进行检验假设，分析单位为 IT 外包项目。理想情况下，受访者应该是项目经理或团队领导，具有与客户打交道的经验，并负责团队中至少一个项目模块。在问卷的说明部分，受访者被要求根据他们最近完成的项目回答问题。本书使用了一个便利样本，样本来自北京和重庆市的八家 IT 外包供应商。我们通过研究人员的个人网络联系了每家公司的一名高管，并请求他们的帮助和发放问卷许可。这种自上而下的方法被认为是确保忙碌的项目经理做出反应的有效方法。它还确保了数据质量，并且被调查者是我们的目标信息提供者。通过这种方式总共获得了 98 份问卷。问卷还通过个人网络直接分发给项目经理或团队领导，并收到了另外 21 份回复。独立样本 t 检验的结果表明，2 个子样本之间没有显著差异，因此将它们结合起来进行数据分析。总共从 17 家供应商收集了 119 份问卷，88％的受访者的职位高于团队领导水平（见表 6 - 2）。

表 6 - 2 受访者及其职位

职位	数量	占比（％）	累计百分比（％）
高层管理者（部门主任、副主任、处长）	14	11.97	11.97
项目经理（软件经理、技术经理、产品经理）	58	49.57	61.54
项目小组长	31	26.49	88.03
软件工程师（测试）	14	11.97	100.0

注：N = 117。

四、数据分析与发现

（一）描述性统计和预处理

项目背景和客户背景描述性统计显示在表 6-3 和表 6-4 中。这些外包项目的结果总体上并不令人满意，因为 24% 遇到了的轻微进度延误和平均 27% 成本超支。这些数字凸显了管理离岸 IT 外包的挑战和供应商能力提高的需要。几乎一半的项目（47%）涉及一种或多种上游工作，例如系统分析、概念设计、系统集成和集成测试。绝大多数客户是日本企业（81%）。此外，65% 的客户是为另一家公司工作的 IT 公司，这意味着中介业务模式占比更大。与客户合作的平均持续时间是 4 年，为客户先前完成项目的平均数量大约是 7 个。研究结果还表明，这些供应商与其海外客户有着长期的关系。长期外包关系的存在支持了双方之间知识转移的可取性。

表 6-3　　　　　　　　　　项目规划与执行情况

项目	均值	S. D.	中值	题项	人数
共同规划项目工期（月）	7.463	21.128	3.000	N. A.	100
实际时间（月）	8.759	23.020	4.000	N. A.	99
共同计划人员投入（人—月）	41.555	61.851	20.000	N. A.	100
实际人员投入（人—月）	48.768	67.384	18.000	N. A.	100
项目进度情况（实际工期－合作计划工期)/合作计划工期	0.235	0.621	0.000	N. A.	99
成本超支（实际人员投入－共同计划人员投入)/共同计划人员投入	0.266	0.650	0.074	N. A.	100

续表

项目	均值	S. D.	中值	题项	人数
项目实施过程中客户需求的调整程度	4.974	1.386	5.000	1 极低~7 极高	114
全面评估项目质量	5.148	1.306	6.000	1 非常不满意~7 非常满意	115
满足客户项目特定质量标准的程度	4.765	1.172	5.000	1 远低于预期~7 超过预期	115
客户对项目质量满意度的感知	5.398	1.074	6.000	1 非常不满意~7 非常满意	113
是否高端项目				除了编码或单元测试，您的团队是否还参与了项目中的一种或多种上游工作，包括概念设计、系统集成、集成测试和系统分析。 是：47%，否：53%	115

表 6 – 4 项目客户基本信息

项目	均值	S. D.	中值	数量
已完成或正在为客户完成的项目数量	7.076	15.417	3.000	66
项目客户作为合作对象的期限（年）	3.912	3.376	3.000	95
客户是否持有本企业股份	是：19.7%； 否：80.3%			117
客户方所在国	日本客户：80.5%； 美国或者欧洲客户：19.5%			113
客户方类型	系统直接用户：32.2%； 一个 IT 企业为另一个客户方开发系统：65.2%； 其他：2.6%			115

　　除了成本控制绩效的量化指标之外，我们将所有题项汇集在一

起进行验证性因素分析。单因素模型与数据不匹配，而多因素模型与数据匹配得更好。因此，同源误差在可接受的范围内（Podsakoff & Organ，1986）。除了项目背景信息和项目绩效的量化指标之外，样本数据中几乎不存在缺失值。为了充分利用数据，少数缺失值被它们相应的平均值代替。

（二）测量效度

用因子分析来验证量表效度。如表6-5所示，按预期提取了6个因子，其载荷均高于0.631。

表6-5　　　　　　　　　　因子分析结果

因子	1	2	3	4	5	6
LEARNABCL1	0.274	0.174	0.168	0.317	0.631	-0.066
LEARNABCL2	0.095	0.157	0.002	0.209	0.752	-0.190
LEARNABCL3	0.072	0.257	0.337	0.177	0.753	0.023
LEARNABCL4	0.112	0.310	0.194	0.117	0.713	0.156
LEARNFRCL1	0.060	0.274	0.818	0.185	0.071	0.044
LEARNFRCL2	0.148	-0.030	0.814	0.047	0.117	-0.020
LEARNFRCL3	0.127	0.101	0.830	0.240	0.153	0.039
LEARNFRCL4	0.150	0.140	0.676	0.197	0.134	0.171
LEARNFRCL5	0.199	0.261	0.719	0.230	0.106	0.088
QUALITY1	0.181	0.065	0.076	0.048	-0.040	0.828
QUALITY2	0.037	0.040	0.121	0.132	-0.109	0.760
QUALITY3	0.221	0.048	-0.003	0.175	0.097	0.790
SUPPORT1	0.048	0.139	0.206	0.728	0.163	0.127
SUPPORT2	0.279	-0.052	0.300	0.702	0.170	0.109
SUPPORT3	0.254	0.000	0.129	0.731	0.101	0.039
SUPPORT4	0.109	0.230	0.165	0.750	0.163	0.109
SUPPORT5	0.090	0.179	0.110	0.808	0.137	0.115

因子	1	2	3	4	5	6
KNOWAR1	0.182	0.803	0.132	0.074	0.210	0.078
KNOWAR2	0.233	0.758	0.037	0.256	-0.107	0.034
KNOWAR3	0.137	0.796	0.138	0.039	0.236	0.066
KNOWAR4	0.121	0.790	0.132	0.072	0.233	0.018
KNOWAR5	0.092	0.734	0.198	0.089	0.248	0.021
EXPEAC1	0.712	0.253	0.239	0.051	0.246	0.197
EXPEAC2	0.792	0.169	0.148	0.180	0.265	0.110
EXPEAC3	0.881	0.095	0.064	0.177	-0.015	0.159
EXPEAC4	0.796	0.119	0.094	0.151	0.133	0.078
EXPEAC5	0.780	0.219	0.215	0.173	-0.023	0.086

表 6 - 6 显示了构念之间的相关系数。值得注意的是，合作知识转移和技能转移之间的相关性只有中等程度的高（0.447），这表明这 2 个构念是相关的，但是是不同的。每个构念的 Cronbach'α 在 0.669 ~ 0.910 的范围内，这表明构念的信度总体上是可以接受的。

（三）前因变量对知识转移的影响

层级回归用于检验知识转移的影响因素。

如表 6 - 7 和表 6 - 8 所示，客户支持对技能转移和合作知识转移都有积极影响。关于学习机制，知识表述是技能转移和合作知识转移的一个重要促成因素，而经验积累对两种知识转移都没有显著的帮助。进行 Wald 测试是为了测试知识表述系数和经验积累系数之间的差异。结果显示，这种差异对于技能转移来说不显著（$\chi^2 = 0.324$，$p = 0.569$），但是对于合作知识转移来说却显著（$\chi^2 = 4.907$，$p = 0.027$）。因此，H1a 得到部分支持，H1b 得到支持。这表明知识表述在知识转移中比经验积累更重要，尤其是在合作知识转移方面。

表 6-6　构念的相关性

序号	构念	1	2	3	4	5	6	7	8
1	项目质量	0.669							
2	成本超支	0.170	N. A.						
3	技能转移	0.214*	-0.015	0.886					
4	合作知识转移	0.057	-0.182*	0.447**	0.827				
5	客户支持	0.288**	-0.034	0.483**	0.489**	0.866			
6	知识表述	0.172	-0.139	0.393**	0.519**	0.342**	0.883		
7	经验积累	0.344**	0.100	0.413**	0.402**	0.447**	0.432**	0.910	
8	离岸模式	0.126	-0.200*	0.122	0.265**	0.229*	0.121	0.086	N. A.

注：* $p < 0.05$，** $p < 0.01$（双尾）。n=119。对角线上是结构的 Cronbach'α。

表 6 – 7   合作知识转移前因的回归结果

变量	M1	M2	M3	M4
控制变量				
股权	0.308 (0.283)	0.406 (0.274)	0.314 (0.244)	0.270 (0.220)
客户所在国	-0.017 (0.282)	-0.122 (0.273)	-0.017 (0.244)	-0.155 (0.223)
项目类型	0.071 (0.223)	0.036 (0.215)	0.231 (0.194)	0.234 (0.177)
离岸模式		0.703 *** (0.219)	0.411 ** (0.202)	0.390 ** (0.182)
支持			0.424 *** (0.076)	0.276 *** (0.078)
学习机制				
经验积累				0.067 (0.077)
知识表述				0.342 *** (0.075)
常量	5.185 *** (0.357)	5.075 *** (0.346)	2.901 *** (0.495)	1.614 *** (0.516)
$F(p)$	0.594 (0.620)	3.046 (0.020)	9.356 (<0.001)	12.184 (<0.001)
R^2	0.015	0.097	0.293	0.435
ΔR^2		0.082	0.196	0.142
Adj. R^2	-0.010	0.065	0.261	0.399

注：a（标准误），*** $p<0.01$，** $p<0.05$，* $p<0.1$。

表 6 – 8　　　　　　　　　技能转移前因的回归结果

变量	M1	M2	M3	M4
控制变量				
股权	– 0.078 (0.321)	– 0.022 (0.321)	– 0.132 (0.284)	– 0.180 (0.270)
客户所在国	– 0.464 (0.320)	– 0.524 (0.321)	– 0.398 (0.284)	– 0.482 * (0.274)
项目类型	0.161 (0.254)	0.141 (0.252)	0.376 * (0.226)	0.349 (0.217)
离岸模式		0.401 (0.257)	0.049 (0.235)	0.038 (0.224)
客户支持			0.511 *** (0.088)	0.358 *** (0.095)
学习机制				
经验积累				0.152 (0.094)
知识表述				0.238 ** (0.092)
常量	5.509 *** (0.406)	5.446 *** (0.406)	2.829 *** (0.577)	1.646 ** (0.634)
F(p)	0.754 (0.522)	1.178 (0.324)	7.905 (< 0.001)	8.220 (< 0.001)
R^2	0.019	0.040	0.259	0.341
ΔR^2		0.021	0.219	0.082
Adj. R^2	– 0.006	0.006	0.226	0.300

注：a（标准误），*** $p < 0.01$，** $p < 0.05$，* $p < 0.1$。

　　虽然表 6 – 7 显示离岸模式对合作知识转移有显著的积极影响，表明在直接离岸模式中合作知识转移的程度更高，但表 6 – 9 显示在直接离岸模式中客户支持的程度更高。因此，支持 H3a。然而，根据表 6 – 8 和表 6 – 9，中介模式对技能转移和知识表述没有显著影响。不支持 H3b。

表 6 - 9　　　　离岸外包模式对客户支持和知识表述的影响

变量	客户支持		知识表述	
	M1	M2	M1	M2
控制变量				
股权	0.184	0.303		
	(0.294)	(0.289)		
项目类型	- 0.462 *	- 0.514 **	- 0.120	- 0.133
	(0.235)	(0.229)	(0.228)	(0.227)
项目规模	0.003	0.003	- 0.004	- 0.004
	(0.005)	(0.005)	(0.005)	(0.005)
离岸模式		0.658 **		0.338
		(0.240)		(0.244)
常量	5.032 ***	4.821 ***	5.503 ***	5.402 ***
	(0.163)	(0.176)	(0.161)	(0.176)
F(p)	1.393	2.988	0.379	0.891
	(0.248)	(0.022)	(0.685)	(0.448)
R^2	0.035	0.095	0.006	0.023
ΔR^2		0.060		0.017
Adj. R^2	0.010	0.063	- 0.011	- 0.003

注：a（标准误），*** $p < 0.01$，** $p < 0.05$，* $p < 0.1$。

最后，除了项目类型对客户支持的影响，其他控制变量的影响并不显著。

（四）知识转移对项目绩效的影响

为了评估知识转移对项目绩效的影响和知识转移的中介作用，表 6 - 10 中的 M1 和 M5 测试了学习机制和客户支持对绩效的直接影响，而 M2 和 M6 则测试了知识转移对绩效的直接影响。然而，在 M3 的完整模型中，由于知识转移的所有 3 个前因，在知识转移对项目质量的影响方面出现了意想不到的结果。经验积累的加入使得技能转移的重要影响消失了。当客户支持也进入模型中时，原本不显著的合作知识转移的影响就会变得显著。一个可能的原因可能是潜在的抑制效应（Friedman & Wall，2005）。由于客户支持对绩效的直接影响没有强有力的理论依据，并且调整后 R^2 的增加可以忽略不计（0.024），因此 M3 和 M7 的完整模型中不包括客户支持。

技能转移的显著效果以及经验积累的重要性不显著，可能有两个原因。一种可能是，如果没有足够的经验积累来理解或吸收，从客户那里学习的贡献可能不会有用。另一种可能是，当有高水平的经验积累时，供应商可能不太需要技能转移。为了探索上述两种解释，本书使用了先前学者的方法（Lane et al.，2001），根据经验积累的中值水平分割样本并创建高经验积累的虚拟变量（1 = 高经验积累水平，0 = 低）的方法。然后，我们获得了一个高经验积累 × 技能转移的交互项，并将其替换为 M4 中的经验积累。交互项对项目质量有显著影响，但是技能转移却没有。这些结果表明，只有在高经验积累的情况下，技能转移才能提高供应商控制项目质量的能力。因此，H5a 得到部分支持。

此外，项目质量 M3 显示经验积累对项目质量有显著的积极影响，这表明通过边做边学来提高项目质量是可行的。

关于成本控制，M6 和 M7 显示合作知识转移对成本超支有显著的负面影响。然而，技能转移对成本超支的影响并不显著。总的来说，知识转移对项目绩效的影响不如假设的那么显著。

进一步进行 Sobel 测试以测试中介效应。这表明，只有一种中介效应，即在知识表述和成本超支之间技能转移发挥的中介效应，具有较小的显著性（Z = - 2.021，p = 0.043）。然而，表 6 - 6 中的 M5 表明，知识表述对成本超支的显著直接影响的基本条件不能得到支持，因为总体模型显著性水平高于 0.05（0.065），并且它们之间的相关性不显著（见表 6 – 10）。因此，结合 Sobel 检验和回归分析的结果，本书没有发现显著的中介效应。

表 6 – 10　　　　　　　知识转移及其前因对项目绩效的影响

变量	项目质量				成本超支		
	M1	M2	M3	M4	M5	M6	M7
控制变量							
项目规模	-0.006 (0.004)	-0.008* (0.004)	-0.006 (0.004)	-0.004 (0.004)			
需求变化					0.064 (0.040)	0.074* (0.040)	0.078** (0.039)
技能转移		0.206*** (0.078)	0.122 (0.080)	0.072 (0.084)		0.041 (0.048)	0.019 (0.049)
合作知识转移		-0.054 (0.087)	-0.145 (0.093)	-0.148 (0.093)		-0.127** (0.054)	-0.135** (0.060)
客户支持	0.144* (0.078)				-0.019 (0.051)		
知识表述	-0.008 (0.077)		0.040 (0.085)	0.065 (0.083)	-0.105** (0.050)		-0.061 (0.054)
经验积累	0.203** (0.079)		0.246*** (0.079)		0.104** (0.051)		0.119** (0.050)
高经验积累 ×技能转移				0.121*** (0.036)			
常量	3.469*** (0.459)	4.417*** (0.456)	3.843*** (0.484)	4.861*** (0.504)	0.073 (0.371)	0.352 (0.333)	0.215 (0.360)
F(p)	5.263 (0.001)	3.152 (0.028)	4.265 (0.001)	4.571 (0.001)	2.282 (0.065)	2.738 (0.047)	2.889 (0.017)
R^2	0.156	0.076	0.159	0.168	0.074	0.067	0.113
Adj. R^2	0.126	0.052	0.122	0.131	0.042	0.042	0.074

注：a（标准误），***$p < 0.01$，**$p < 0.05$，*$p < 0.1$。

五、结论与讨论

（一）主要研究结果和讨论

这项研究揭示了客户支持对合作知识转移和技能转移的重要影响。它还表明了主动学习机制知识表述在技能转移和合作知识转移方面的重要性。相反，经验积累作为一种相对被动的学习机制，对这两种类型的知识转移都没有显著贡献。知识表述比知识转移中的经验积累更重要，尤其是对于合作知识转移。

此外，我们发现，直接离岸外包模式比中介模式对客户和客户支持的了解程度更高。这些结果支持了本书的假设，即合作伙伴在合作环境下将以更合作的方式行事。然而，在两种离岸外包模式之间，技能转移的水平和知识表述并没有什么不同。关于知识表述，供应商似乎愿意投资进行知识表述，即使是在直接离岸模式下。

最后，我们还发现知识转移对离岸项目成功的调节作用。更具体地说，在高水平经验积累的情况下，技能转移对项目质量有积极影响，合作知识转移对成本控制绩效有很大贡献。由于供应商主要从事利润率低的低端任务，更注意成本控制，因此通过有效合作知识转移来加强成本控制可能很重要。结果表明，技能转移本身可能不足以立即产生回报，需要一个足够长的互动关系过程（Bakker et al.，2011）。换句话说，从客户那里学习的好处只能从长远才能看到（Cha et al.，2008），因为这种学习需要被完全吸收内化（Dibbern et al.，2008）。最后，本研究揭示了经验积累对于提高项目质量的重要性。

（二）理论贡献和管理启示

这项研究从几个方面对离岸 IT 外包文献和知识转移理论做出了贡献。首先，在离岸 IT 外包的情境下，对供应商知识转移的研究非常有限，尤其是基于大样本的实证研究。我们的结果证实了客户支持和供应商的主动学习机制在有效知识转移中的重要性。我们还提供证据表明了不同离岸外包模式中知识转移和客户支持的差异，以及知识转移对项目绩效的贡献。其次，已有文献忽略了合作关系中两种知识转移的区别，即技能转移和合作知识转移，这两种知识转移在离岸外包中都很重要。两个维度的区别和我们对他们前因的探索性研究不仅有助于知识转移文献，也为研究外包伙伴关系的演变提供了一种新的角度。再次，通过探讨接受者的学习机制对知识转移的影响，本书为一般知识转移文献做出了贡献。本书表明，知识表述作为一种有意的认知学习机制，在知识转移中，尤其是合作知识转移的学习中，比经验积累的相对被动经验积累学习机制更为重要。最后，针对先前研究中缺乏供应商的缺口（Koh et al.，2004；Levina & Ross，2003），这项研究有助于理解影响外包成功的因素。特别是，这项研究表明客户和供应商都能通过知识转移对外包服务做出贡献。

这些发现对管理有以下几点影响。对于供应商来说，关键的含义在于学习机制在有效知识转移中的重要性。除了通过项目边做边学之外，投资于知识表述过程是很值得的，例如审查和评估中期成果，通过讨论、收集和分析项目数据进行总结和反思。关键是建立制度化的措施，包括过程、指导和例行程序，以促进知识的表达。从客户的角度来看，提供支持和积极参与供应商开发过程对于有效的知识转移是不可或缺的，这有助于供应商提高项目质量和控制项目成本，这对供应商和客户的长期关系都有好处。

（三）局限性和未来的研究

这项研究有一些局限性，需要在解释结果时加以考虑。第一，便利的样本和相对较小的样本量可能限制了这项研究的统计能力。第二，没有充分调查技能转移和合作知识转移的不同前因的影响。第三，本研究仅关注新兴市场中国供应商的背景，这可能会影响研究结果的普适性。第四，所解释的项目绩效差异量很小，尤其是对于成本控制而言，知识转移的整体解释力不强。一个潜在的原因可能是，只有充分利用所获得的知识，才能提高项目绩效。一个更合理的原因是，知识转移提高了供应商团队的开发能力，但是延迟了项目绩效的影响。因为知识转移是一个长期的迭代过程，它会逐渐影响接受者的能力发展和项目绩效。在相对短期的项目中，知识转移的长期影响可能不容易观察到。因此，尽管本书建议，技能转移对项目质量的影响可能取决于供应商的互动经验积累，以充分吸收和利用它，但在未来的研究中，应该解决知识接受者的能力增强和实际项目中知识利用程度的问题。这些限制以及知识转移和绩效之间的中介变量需要在未来的研究中得到解决。此外，另一个有价值的研究方向是探索技能转移和合作知识转移的前因及其对外包关系的影响。

第二节　显性和隐性知识转移及控制的影响[①]

为推动外包项目顺利开展，降低风险，客户方通常对供应商施

---

① 本节部分内容发表于：邓春平，毛基业．控制，吸收能力与知识转移——基于离岸IT服务外包业的实证研究［J］．管理评论，2012（2）。

加各种控制。控制作为一种目标导向的规制行为，其目的是确保受控方按照协商一致的战略达到预期目的，降低风险（Choudhury & Sabherwa，2003；Kirsch，1997），并不以知识转移为导向。但在控制过程中，控制是否间接地促进知识从施控方（客户方）向受控方（供应商）转移？正式控制和非正式控制模式对显性和隐性知识转移的影响有什么区别？显性和隐性知识转移对绩效的贡献有没有差异？既有文献并没有很好回答上述问题，相关的理论分析和实证研究都极其有限（Turner & Makhija，2006）。另外，通常认为知识接受方的吸收能力在促进知识转移过程中起着基础性作用，是知识转移的重要先决条件（Minbaeva et al.，2003）。

为此，本节试图在离岸 IT 外包情境下检验吸收能力，证实非控制模式对显性和隐性知识转移的不同影响，以及显性和隐性知识转移对提升绩效的不同作用。研究有助于推进离岸 IT 外包中的知识转移研究，揭示控制与知识转移之间的关系。

一、理论基础和假设

（一）控制对知识转移的影响

由于知识特性的不同，显性和隐性知识转移的难易程度存在差异。显性知识可编码成文档或语言等形式存在，便于转移；而隐性知识则具有隐喻性和情景依存性，体现为各种理念、规范、价值观、思维模式和经验等，只可意会，难以言传和转移（Dhanaraj et al.，2004）。由于转移难易程度和知识属性的差异，需要不同类型的控制模式与之相适应（Balaji et al.，2006）。

组织学习理论认为，组织受到的控制机制会对组织学习产生潜在影响（Fiol & Lyles，1985）。比如在不同控制情境下，组织所进

行的学习程度是不同的（Fiol & Lyles，1985）。控制作为一种目标
导向的行为，会通过影响知识的获取、消化、解释和运用以实现组
织目标，并对组织的学习过程产生影响（Turner & Makhija，2006）。
控制还有助于促进雇员交流思想，重新定位他们的激励和目标，并
重新定义组织方向，进而对吸收新知识产生影响（Makhija &
Ganesh，1997）。组织学习受到控制的影响是由两个特点决定的：
首先是控制机制有内在的信息加工特征，它界定了一种个人或团队
之间的特定关系，而这种关系直接影响企业内信息共享或知识的分
配；其次，控制机制定义了组织成员按照有利于实现组织目标行动
的激励机制，具有不同目的的控制机制直接影响着组织体现出来的
知识管理行为，包括知识转移、内部转移等各个过程（Turner &
Makhija，2006）。由此可见，既然控制能够对受控方的组织学习产
生影响，那么通过实施某种特定的控制机制，借助受控方的组织学
习，有可能潜在地对知识的转移产生影响（Inkpen & Currall，2004）。

　　控制通常可以采用正式和非正式控制模式。已有的少量实证文
献在非正式控制对知识转移的促进作用方面取得了一定的共识，认为
非正式控制有助于树立共同目标、价值观和信念（Björkman et al.，
2004），建立相互信任的合作关系（刘益等，2008），提供更为丰富
的协调和沟通机制（龚毅、谢恩，2005），进而促进知识转移。类
似地，一些学者从非正式控制的社会化（socialization）过程角度，
也同样发现非正式控制对知识转移的积极意义（Persson，2006）。

　　但对于正式控制模式对知识转移的影响，实证结论却存在较大
分歧。一些文献发现正式控制对知识转移的积极影响（关涛等，
2008；Lui，2009）。如王婷和杨建君（2018）认为，组织控制可同
时促进合作伙伴显性和隐性知识转移，进而提升新产品创造力。关
涛等（2008）认为知识发送更愿意通过产权控制形式，形成对接
收方的权威控制关系，促进工作沟通的制度化，进而推动知识转

移。还有一些学者则认为只有在双方合作关系持续时间较短的情况下，契约控制能对知识转移起促进作用（刘益等，2008）。而另一些文献则发现正式契约控制将降低知识转移的效率（龚毅、谢恩，2005）。既有结论存在分歧的一个可能原因在于对正式控制的定义存在差异，在论及正式控制时，既有从经济学角度出发的契约治理（产权控制），也有从行为学视角出发的正式组织控制机制。另一个原因在于既有文献并没有区分控制模式对显性和隐性知识转移的不同影响，进而导致结论上存在较大差异。本研究从行为学角度探讨正式和非正式控制对显性和隐性知识转移的不同影响。

从行为学意义上来看，控制是确保受控方按照协商一致的战略达到预期目的的各种行为（Choudhury & Sabherwa，2003；Kirsch，1997）。IT 外包中的控制机制主要包括结果控制、行为控制、宗派控制和自我控制（Choudhury & Sabherwa，2003；Kirsch，1997），前两种可归为正式控制模式，后两种可归为非正式控制模式。为此，本书把正式控制界定为供应商感知的客户方结果控制和行为控制的控制水平，常见的结果控制机制如项目的质量标准、进度和定期交付成果的要求等，而行为控制机制则包括客户方人员进驻、巡视、现场检查、要求定期汇报和提交文档或交付物、例会和视频会议等。非正式控制则界定为供应商感知的客户方宗派控制和自我控制的控制水平。典型的宗派控制机制包括人员交流、参观访问、培训和提供学习资料、确立战略合作伙伴关系、聚餐等合作双方人员的社交互动，而自我控制机制则包括客户流程培训、客户方对供应商流程和专业知识的指导和建议。在离岸 IT 外包中，客户方可以通过有意识地选择和有效利用不同控制模式，以促进不同类型的知识向供应商转移（Balaji et al.，2006）。

（二）吸收能力

吸收能力在知识转移中具有不可或缺的地位。在知识转移文献中，吸收能力被广泛用于分析知识接收方自身能力对知识转移的影响，既有实证研究结论也基本认同吸收能力对知识转移的积极意义（Minbaeva et al.，2003；Simonin，2004）。本研究把吸收能力界定为供应商识别客户方的新知识、消化新知识并将其应用于外包项目实践的能力（Cohen & Levinthal，1990）。主要包括知识基础（如员工学历、员工在客户方所在国的工作学习背景、对项目管理实践的跟踪把握等），对吸收的新项目管理方法和规范进行适应调整的能力，通过轮训、指导、总结反思、设立专门组织学习促进机构、建立项目资产库等机制推行项目管理方法和规范的能力，项目团队的弹性和创新性等。

综上所述，本研究试图在区分显性和隐性知识转移基础上，进一步探讨吸收能力、正式和非正式控制机制对两种知识转移的不同影响，以及两种知识转移对绩效的作用。

（三）研究假设

1. 吸收能力对知识转移的影响

知识嵌入于复杂的组织流程、惯例和环境中，具有模糊性，难以转移和吸收（Kogut & Zander，1992），需要借助于接收方的吸收能力（Simonin，2004）。由此，我们得到：

H1a：吸收能力对显性知识转移有积极的促进作用。

H1b：吸收能力对隐性知识转移有积极的促进作用。

2. 控制模式对知识转移的影响

不同特性的知识转移应该有不同的控制模式相适应（Balaji et al.，

2006）。对于显性知识，通过正式控制模式确立一种结构化流程，进行流程的强制性植入和渗透，能促使其更直接地体会显性知识的应用价值，进而主动对移植后的显性知识进行适应调整和应用。从信息加工的角度来说，正式控制传递了哪些具体目标是所期望的，以及为完成目标所应该采取哪些行动和过程的结构化信息，这些信息所反映的显性知识在正式控制的实施过程能被更直接和明确地加以移植和应用。因此，当所转移的知识具有显性特征时，采取正式控制比非正式控制更能发挥直接和有效的作用（Turner & Makhija，2006；Makhija & Ganesh，1997）。

H2：正式控制对显性知识转移的促进作用要强于非正式控制的影响。

隐性知识转移需要一个复杂社会化过程（Persson，2006），需要知识接收方全身心介入于隐性知识所嵌入的特定环境和背景，有赖于双方密切交流互动和相互理解。相对正式控制而言，非正式控制在提高学习意愿、促进高阶学习方面发挥了更重要作用（Turner & Makhija，2006）。非正式控制有助于产生一种文化认同，进而潜移默化地主动理解，吸收和利用隐性知识（Björkman et al.，2004）。另外，非正式控制有助于供应商通过交流、互动和现场观察等形式体验隐性知识所嵌入的环境，更有利于理解和吸收具有情境依赖性的隐性知识。而相对而言，正式控制在促进隐性知识的理解、提供的信息沟通渠道等方面都有限，过多的正式控制不利于信任关系发展，对涉及高阶学习的隐性知识转移帮助不大（Makhija & Ganesh，1997），甚至可能会产生负面影响（龚毅、谢恩，2005）。由此我们认为：

H3：非正式控制对隐性知识转移的促进作用要强于正式控制的影响。

3. 显性知识转移对隐性知识转移的影响

另外，现有文献还很少对隐性知识和显性知识转移之间的直接联系进行检验，我们认为显性知识的吸收和应用，能让接收方更深刻理解显性知识背后所体现出来的价值观、行为准则和理念。同时，来自知识发送方的显性知识一旦完成开发利用产生价值以后，能让接收方对发送方的知识产生一种信任，降低知识验证成本，提高学习意愿（Simonin，2004），进而促进隐性知识转移。因此：

H4：显性知识转移能显著促进隐性知识转移。

4. 知识转移对外包绩效的影响

文献对知识转移和组织绩效之间的关系存在较大分歧，一些研究没有把绩效当作一个独立的因变量来探讨知识转移对绩效的影响，而是把绩效的提高当作知识转移发生的标志（Simonin，2004）。另一些文献则把知识转移当作转移促进因素和绩效的中介变量（Dhanaraj et al.，2004），它们之间的分歧与知识转移的定义和度量方式有关。前一种研究思路通过直接观察绩效的变化来推测知识转移是否发生，后者用接收单元的知识结构和存量变化来度量知识转移程度。前者一个比较大的问题在于绩效的改变在很大程度上并不能代表知识转移的程度。为此本文采纳后者，进一步检验对绩效的影响。通过借鉴吸收客户方的各种项目管理规范和方法，有助于提高项目管理能力，提高流程的系统化和规范化，最终对提升离岸IT外包绩效产生显著影响。

H5a：显性知识转移能显著提高IT外包绩效。

H5b：隐性知识转移能显著提高IT外包绩效。

5. 控制对离岸IT外包绩效的影响

离岸IT外包涉及复杂的跨文化和跨国界的交流与协助问题，同时国内不少供应商在项目管理能力、过程成熟度等方面存在不足，因此客户方对供应商的控制对于有效成本控制（Mao et al.，2008）、提高项目质量和客户满意度、降低项目风险等多方面都有积极意义（Choudhury et al.，2003）。由此我们认为：

H6a：正式控制能显著提高 IT 外包绩效。

H6b：非正式控制能显著提高 IT 外包绩效。

二、研究方法

（一）变量测量

量表开发基于以下 4 个过程。第一，对北京若干家供应商进行实地访谈，根据访谈材料的内容分析结果识别构念的关键特征，结合已有量表，建立初始测量题项。第二，请两位组织学习和知识管理研究方向的博士研究生进行量表试填，同时还提请专家和离岸 IT 外包实践者检查。根据试填和专家反馈意见，检验了内容效度，在措辞等方面改进了一些题项。第三，量表的定性评估。第四，量表预测验。以下我们对这 4 个过程逐个说明。

初始测量。知识转移通过供应商（接收方）主观评价的从客户方学到的知识来度量，部分参考了先前学者的量表（Dhanaraj et al.，2004）。具体题项内容则根据内容分析结果而得，同时也借鉴了一些既有量表（陈菲琼，2001；Dhanaraj et al.，2004；龚毅、谢恩，2005）。显性知识转移主要从质量控制方法、工作量估算与管理方法、进度估算与管理方法等角度来度量，这些方法通常可以通过项目管理工具、文档、学习资料和软件过程等形式进行编码和传递，属于典型的显性知识范畴。隐性知识转移则通过 3 个分别测量客户服务意识、品质意识、工作态度转移的题项来测量。这些内容反映了一种理念和价值观，是我国广大供应商在离岸 IT 外包实践中所普遍欠缺的。由于难以文档化，只可意会，属于典型的隐性知识范畴，与项目管理技能和方法转移属于两个层次知识转移。吸收能力的测量基于之前成熟量表构建了 6 个初始测量题项（Szulanski，1996），反映了既有知识基础、组织弹性和创造力、对吸收知识的适应性调整和应用推广等维度。正式控制与非正式控制各有 5 个测量题项。所测量的控制机制主要来自访谈数据中归纳的控制机制关键特征及先前学者对外包项目中控制机制的探讨（Choudhury & Sabherwa，2003）。

已有外包文献从多个角度评价外包绩效，包括预期的实现、避免负面结果的出现或降低风险、达到经济、技术和战略的利益、满意度等。但这些绩效测量主要关注的是客户方的角度，很少从供应商的角度进行评价。本书把离岸 IT 外包绩效操作化定义为供应商感知的项目质量达到客户方要求的程度以及对项目质量满意程度。用 3 个题项进行度量，该量表在已有研究中已通过了信度和效度的检验（Mao et al.，2008）。

量表定性评估。参照以往的方法（Moore & Benbasat，1991），本研究通过两轮的判别者间信度检验，检验了量表的信度、内容效度和区别效度，结合检验结果和专家意见，修改删减了一些题项。

预测验。为了进一步检验经改进后的量表质量，问卷调查了 33 个有离岸 IT 外包从业经验的项目经理、项目组组长，以及有跟客户交往经验的软件工程师（测试工程师），进行预测验。采用主成分法和最大方差旋转法对测量题项进行探索性因子分析，结果表明区分效度在可接受范围之内。Cronbach'α 都在 0.7 以上，信度能接受。

（二）数据收集

样本收集在充分考虑外包公司的各种背景（如规模和客户方所

在国别）基础上，采用了一个方便样本。最终获得 119 份问卷，包括北京、重庆、大连、上海、青岛等地的 17 家离岸供应商参与了问卷回答，样本 88% 的问卷填答者是项目团队小组长以上级别。研究通过检查同源误差、验证性因子分析检验了测量量表，运用结构方程模型进行了假设检验，通过嵌套模型进行了模型比较。

三、数据分析及结果

（一）数据预处理

为充分利用样本信息，对少量几个缺失值以平均值替代处理。为检查同源误差是否在可接受的范围，我们作了 Harman's 单因子检验，把所有项目放在一起进行验证性因子分析。结果表明，单因子分析模型不能很好地与样本数据相匹配（RMSEA = 0.19，TLI = 0.78，CFI = 0.80，GFI = 0.56，p < 0.001），而多因子模型在对样本数据的匹配上则有显著的改善。说明没有一个共同因子存在，同源误差在一个可接受的范围内。

（二）数据分析与结果

1. 测量模型

对经预测试后的量表用 Lisrel 8.7 软件进行验证性因子分析。测量模型的 χ^2 值为 216.66，自由度为 155，模型拟合指标为：RMSEA = 0.058，CFI = 0.98，TLI = 0.97，IFI = 0.98。后 3 个指标都大于 0.9，而 RMSEA 小于 0.08。因此，模型总体上是可以接受的。表 6 - 11 列出了构念的标准因子负荷，以及每个因子的组合效度。这些标准因子负荷除两个略小外（分别为 0.56 和 0.64），其余都在 0.73 以上。复合信度在 0.77 ~ 0.91 之间，说明信度可以接受。平均萃取变异量（AVE）在0.53～0.72之间，大于建议的0.5的最小值。

表6-11　　　　　　　　测量模型的验证性因子分析

构念	测量项目	因子负荷	复合信度
外包绩效 0.77*	与客户对项目质量的具体要求相比，本项目的质量（1 相差较远～7 超过许多）	0.81	0.77
	你对项目质量的总体自我感觉怎样（1 很不满意～7 很满意）	0.64	
	据你所知，客户对项目质量的满意程度如何（1 很不满意～7 很满意）	0.73	
显性知识转移 0.88	通过为该客户完成项目，我们团队从客户方学到了质量控制方法	0.78	0.88
	通过为该客户完成项目，我们团队从客户方学到了工作量估算与管理方法	0.80	
	通过为该客户完成项目，我们团队从客户方学到了进度估算与管理方法	0.94	
隐性知识转移 0.83	通过为该客户完成项目，我们团队从客户方学到了品质意识	0.82	0.84
	通过为该客户完成项目，我们团队从客户方学到了客户服务意识	0.82	
	通过为该客户完成项目，我们团队从客户方学到了严谨的工作态度	0.74	
吸收能力 0.90	我们团队了解项目管理实践的发展现状	0.79	0.91
	我们团队对来自客户方的新项目管理方法和规范有能力做出适应性调整	0.94	
	我们团队有足够的能力去推行来自客户方的新项目管理方法和规范	0.86	
	我们团队富有弹性和创造力，能对环境变化积极做出响应	0.79	

续表

构念	测量项目	因子负荷	复合信度
非正式控制 0.89	我们的客户与我们创造机会（如我方团队成员访问客户方）学习对方的文化（如商业文化）	0.81	0.89
	我们的客户与我们组织活动使双方员工之间相互交往或一起培训	0.87	
	我们的客户与我们努力去理解各自的价值观和行为准则（如客户服务和质量管理理念）	0.79	
	我们的客户与我们召开各种论坛会议以相互讨论和学习	0.80	
正式控制 0.78	客户方为我们设定了明确的交付目标和要求	0.84	0.80
	客户方明确要求严格的软件开发过程及规范	0.83	
	客户方要求我们定期报告项目进度（含上期工作内容与评价、下期工作计划等）	0.56	

注：＊，Cronbachs' α 值。

为评价区分效度，对平均萃取变异量平方根与构念间的相关系数进行了比较。表 6 – 12 显示了构念的相关系数和平均萃取变异量的平方根，对角线上元素为平均萃取变异量的平方根，非对角线上的元素为构念的相关系数。为了有足够的区分效度，对角线上的元素必须大于不在对角线上的同行和同列元素。从该表中可以看出，这个条件能够得到满足。以上分析表明，构念的测量是有效的。

表 6 – 12　　　　　　　构念相关系数与平均萃取变异量

构念	1	2	3	4	5	6
1. 外包绩效	0.73					
2. 显性知识转移	0.18	0.84				
3. 隐性知识转移	0.23＊	0.61＊＊	0.79			

续表

构念	1	2	3	4	5	6
4. 吸收能力	0.41**	0.37**	0.55**	0.85		
5. 非正式控制	0.25**	0.32**	0.34**	0.42**	0.82	
6. 正式控制	0.37**	0.42**	0.52**	0.54**	0.44**	0.75

注：对角线为 AVE 平方根。* p < 0.05，** p < 0.01。下同。

2. 结构模型

研究假设认为，自变量控制和吸收能力影响知识转移，而知识转移影响外包绩效，已有一些实证研究还发现控制对外包绩效有直接的影响。因此，本书通过嵌入模型比较方式判定知识转移是否充当了中介变量，并选择最终简约模型。设定三种模型：直接模型MD，控制直接作用于外包绩效，同时自变量影响知识转移；完全中介模型MM，自变量通过知识转移间接作用于外包绩效；部分中介模型MP，自变量通过知识转移间接作用于外包绩效，同时控制直接作用于外包绩效。模型检验结果见表6-13和表6-14。

表6-13　　　　　　嵌套模型拟合度指标比较

模型	χ^2	df	RMSEA	CFI	TLI	IFI
MD	225.25	158	0.060	0.97	0.98	0.98
MM	238.20	158	0.066	0.97	0.97	0.97
MP	224.40	156	0.061	0.97	0.97	0.98

表6-14　　　　　　嵌套模型标准路径系数比较

路径	MD	MM	MP
显性知识转移到外包绩效		-0.13	-0.13
隐性知识转移到外包绩效		0.46*	0.04
显性知识转移到隐性知识转移	0.49**	0.47**	0.49**

续表

路径	MD	MM	MP
正式控制到显性知识转移	0.35 *	0.35 **	0.36 **
非正式控制到显性知识转移	0.13	0.13	0.13
正式控制到隐性知识转移	0.20	0.25 *	0.20
非正式控制到隐性知识转移	-0.06	-0.06	-0.06
吸收能力到显性知识转移	0.15	0.15	0.14
吸收能力到隐性知识转移	0.34 **	0.35 **	0.34 **
正式控制到外包绩效	0.48 **		0.42 **
非正式控制到外包绩效	0.06		0.07

部分中介模型 MP 和完全中介模型 MM 相比，自由度下降 2，$\Delta\chi^2$ 为 13.80，在 0.01 的显著性水平下显著，说明部分中介模型 MP 优于完全中介模型 MM，应该考虑控制对外包绩效的直接影响。直接模型 MD 与部分中介模型 MP 相比，自由度增加 2，$\Delta\chi^2$ 为 0.85，p 值不显著。为了模型简约，选择直接模型 MD。直接模型的拟合度指标 RMSEA（0.06）小于 0.08，$\chi^2/df < 2$，CFI、TLI 和 IFI 这 3 个指标都大于 0.9，说明模型拟合良好（路径系数见图 6 - 2）。

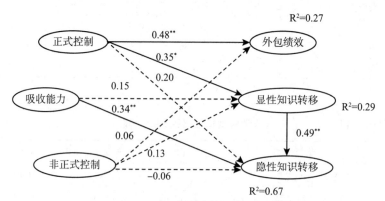

图 6 - 2　结构模型的标准路径系数

3. 分析结果

检验结果表明，吸收能力对隐性知识而不是显性知识转移有积极的促进作用，假设 1b 得到支持，而假设 1a 没有得到支持。假设 2 认为正式控制比非正式控制更能促进显性知识转移，该假设也得到支持，正式控制对显性知识转移有显著影响，而非正式控制对显性知识转移的影响并不显著。假设 3 认为非正式控制比正式控制更能促进隐性知识转移，但在本书并没有得到支持。结论还支持了假设 4，即显性知识转移对隐性知识转移有积极促进作用。

另外，结果还显示，正式控制的确对外包绩效有显著影响，但并没有发现知识转移对吸收能力及控制与绩效之间关系有中介效应。虽然中介模型中的结论显示隐性知识转移能显著促进外包绩效，但当加入控制对外包绩效的直接影响时，这一影响变得不显著，说明当客户方开始进行严格控制时，隐性知识转移的影响体现不出来。最后，在其他模型中并没有发现知识转移对提高外包绩效有显著影响，说明知识转移对绩效的影响并不显著，假设 5 没有得到支持。

四、结果讨论

（一）讨论

假设检验结果说明正式控制比非正式控制在显性知识转移中发挥了更主要的作用。正式控制作为一种目标导向的规制过程，能够通过强制性的流程植入和渗透等方式，改进供应商的知识扫描和学习意愿，进而促进显性知识转移。而非正式控制对知识转移的作用在本研究却没有得到支持。一个可能的原因在于非正式控制的局限性和长期性。以学习日本客户方苛刻的服务和质量意识为例，虽然通过走访、交流等非正式控制模式从长期来看能通过环境体验、文化认同等途径让供应商认识到这些行为准则的重要性，并在促成其心智模式改变、吸收隐性知识上有一定意义，但实际效果有一定局限性。这些要求和准则会与所熟悉的既有流程和思维范式相冲突，在进度紧张前提下，满足这些要求需要投入额外资源，将压缩本已有限的利润空间，再加上学习惰性，最终会导致一种认为重要但在实践中并不认可局面，限制了隐性知识的实质转移。另一个可能原因在于当前外包实践仍然是以正式控制模式占主导的，控制对知识转移的影响主要是通过正式控制来施加的。

首先，本研究表明隐性知识转移面临的困难更加显著，相对显性知识转移，更加有赖于知识吸收方跟踪项目管理实践，强化知识基础，提升组织弹性和创造力，同时通过培训、总结反思、激励等一系列机制来提升吸收能力，并在借鉴客户方的开发理念和行为准则时，注重根据项目实际情况加以适应调整，避免生搬硬套，以更好地促进隐性知识转移。虽然既有文献认识到吸收能力对知识转移的积极意义，但对吸收能力对隐性和显性知识转移的不同影响却关注不多，本书为吸收能力与两种知识转移之间的关系提供了新的实证证据。

其次，结果还显示显性知识转移可作为隐性知识转移的基础和手段，当隐性知识转移面临难以逾越的困难时，通过显性知识转移的积累，最终将有助于隐性知识转移。

最后，结果还表明，正式控制对外包项目绩效有显著影响，但知识转移对项目绩效的影响却不显著，结果并不能支持控制通过知识转移这一中介变量影响绩效这一假设。一个可能原因在于本书主要关注的是技能转移而非与某特定项目相关的知识，如业务领域知识。技能转移是个存量渐进过程，而外包项目绩效更多意义上反映当期业务绩效。控制对当前外包项目绩效的影响是直接的，当前项目的控制有效性直接导致当前项目成败，但当前项目的控制对技能转移的影响却是渐进的、缓慢的，通过技能转移促进绩效需要一个累积过程，只有在后续外包项目绩效中才能逐渐显现出来。另一个潜在原因在于知识转移可能与能力而不是业务绩效更紧密地联系在一起。知识转移行为可能仅仅导致认知（知识结构及存量）的变化，而不是行为上的变化，把知识运用到实务中使绩效发生变化可能缺乏动机、资源，甚至根本没有运用知识的机会。相反，绩效的差异有可能仅仅是由于竞争环境的变化，而不是学习的结果（Lyles & Salk，1996）。因此，本研究的一个启示是，知识转移和绩效之间的关系并不是那么直截了当的，中间可能存在知识利用程度、能力积累等中介变量，从能力积累的角度可能比业务绩效的变化更能准确地评估知识转移的成果。

（二）管理启示与理论贡献

本研究发现正式控制比非正式控制在显性知识转移中发挥了更主要作用，一个启示在于，相比非正式控制在知识转移作用过程中强调的通过文化认同等形式寄希望于受控方理解基础上潜移默化地主动吸收，通过正式控制进行流程植入，使其通过实际经历体会到新知识的价值和重要性，能使其更直接转变态度，真正吸收和应用知识。另外，研究还发现隐性知识转移比显性知识转移更依赖于接收方的吸收能力。结果也表明知识转移与当期 IT 外包业务绩效之间的关系并不显著。

研究有助于促进离岸 IT 外包中的知识转移研究，推动知识转移理论中关于控制与知识转移关系的探讨，也为吸收能力对显性和隐性知识转移的不同影响以及知识转移与绩效之间关系提供了实证经验。后续研究可以从能力积累角度探讨知识转移成效，或对知识转移与绩效的中介变量进行探讨和检验（如知识利用等），也可以

在对日和对欧美 IT 外包情境下比较控制模式、知识转移及绩效的
差异。

第三节　知识获取和能力在关系
租金构建中的作用[①]

一、引言

IT 外包的成功在很大程度上取决于供应商的价值主张（Levin &
Ross，2003）。随着越来越多的外包关系强调战略合作伙伴关系的建
立（Lee & Kim，1999；Quinn，1999；Simeon，2010），供应商很
可能为特定客户提供超额的价值主张，这种收益具有专属性和持续
性（Dyer & Hatch，2006）。这种供应商与特定客户合作产生的超过
与普通客户合作产生的超额绩效（Mesquita et al.，2008），被称为
关系租金（Dyer & Singh，1998）。

已有研究探讨了供应商关系对客户竞争优势的影响（Kotabe &
Domoto，2003），并提出有效的客户与供应商关系管理对于外包成功
的重要性（Berger & Lewis，2011；Levina & Ross，2003；Rai et al.，
2009）。然而，到底在何种企业间关系的条件下，供应商才会为特
定客户提供相对于其他客户群的超价值主张，即关系租金？虽然有
关外包绩效影响因素的研究已相对成熟（Berger & Lewis，2011；
Blumenberg et al.，2009；Dibbern et al.，2004；Ethiraj et al.，2004；

---

① 本节部分内容发表于：Deng，Chun‑Ping，Mao，J. Y. & Wang，Guo‑Shun.
(2013). An empirical study on the source of vendors' relational performance in offshore information
systems outsourcing. International Journal of Information Management，33（1）：10‑19。

Lacity et al.，2010），但关系租金及其影响因素在现有文献中却鲜有研究。

　　本研究采用关系视角（Dyer & Singh，1998），从供应商的角度探究离岸外包的关系租金来源。根据关系理论的观点，交互关系中的组织可以通过特定关系的能力投入、组织间知识共享以及制定有效的可自我实施治理机制（Dyer & Singh，1998）来构建关系租金。离岸外包的关系视角可以丰富我们对关系租金来源的理解，并且有助于客户在长期合作中从供应商那里获得更多利益。因此，本书尝试探究供应商的特定关系能力、合作知识转移以及信任对关系租金的作用机理。

　　此外，外包绩效的另一个重要影响因素是供应商的能力。离岸外包主要取决于供应商的能力。其中，项目管理能力和特定关系能力这两种主要能力，被认为是外包成功的关键（Ethiraj et al.，2004；Feeny et al.，2005；Levina & Ross，2003）。然而，我们对于不同类型能力对外包绩效边际贡献的理解仍然有限（Ethiraj et al.，2004）。特定关系能力和项目管理能力对外包关系租金有相同的边际贡献吗？它们在提高关系租金方面起替代或补充作用吗？现有研究并未对这些问题作出明确的解释。了解各种能力的边际贡献有助于供应商在有限的学习、财务和管理资源下对于开发哪种能力做出正确判断。故本书试图比较能力对关系租金的边际贡献。

　　本研究是在中国离岸外包业务的背景下进行的，并且具有一定的理论和实际意义，具体原因如下：首先，中国作为一个典型的新兴经济体，其中大多数供应商都经历了快速的能力发展（Zheng et al.，2010），为本书对供应商能力和关系租金的研究创造了良好的条件基础。现有的大多数文献主要以客户的视角出发，从而不利于对关系租金以及其前因后果的研究作出更为直观的结论。其次，聚焦的商业实践是对知识层面要求较高的业务，需要高水平的专业技术人才共同完成（Williamson，1985）。大多数具有关系导向商业文化的供应商与客户建立战略合作伙伴关系，这有助于合作知识转移、信任和特定关系能力开发，从而产生关系租金。最后，现有文献关注的主要是印度供应商的离岸外包，尤其是美国与印度之间的外包合作。而中国供应商所面向的大多是中小型企业，相较于前者资源有限。因此，这项研究可以拓展我们对不同离岸环境的理解。

二、理论框架

（一）关系视角与关系租金

关系视角的提出是为了解释跨区域伙伴关系的组织间绩效差异，为了解释组织间绩效差异，自从 20 世纪关系租金（relational rent）提出以来引发了学术界的热议（Dyer & Singh，1998），他们把关系租金界定为特定合作伙伴资源交换关系中双方共同产生的一种任何单个企业无法实现的超额利润。关系租金可以通过投入特定关系的资源和能力、知识共享和建立有效的关系管理机制来维护和提高（Dyer & Singh，1998）。战略联盟文献也证明了它们在关系租金中的重要性（Dyer & Chu，2003；Dyer & Hatch，2006；Dyer & Nobeoka，2000；Kale et al.，2002）。

总体而言，国内外关于关系租金的系统研究并不多见，已有文献主要集中在探讨关系租金的来源或形成条件。20 世纪有关学者最早对关系租金的获取进行了较为系统的论述，提出关系租金的获得必须通过合作伙伴密切的资产和资源交换，保持信息共享，同时借助有效的治理机制来促进专有资产投资和信息共享，减少冲突和机会主义行为，从而保证为了共同利益而行动进而获取关系租金

（Dyer & Singh，1998）。至今为止的文献发现关系租金来源主要包括企业独特资源或资产的共享、组合和交换（Mursitama，2006），企业内部的低成本要素投入和联合竞争（张庆武、郭东强，2001），专有资产投入和信息共享（宋华，2000）、网络嵌入性（易法敏，2009）、价值界面（罗珉、徐宏玲，2007）等。

现有文献基本停留在理论分析阶段，相关实证研究还极其有限。仅有的几篇实证研究文献包括梅斯基塔等（Mesquita et al.，2008）的研究，他们比较了资源基础观和关系型视角观对垂直型学习联盟中竞争优势来源的解释，结果发现关系视角观的确有利于解释合作关系间的特定超额绩效来源。另外，先前文献有对印度尼西亚企业集群中的价值创造进行了研究，发现管理和技术能力有助于促进关系租金获取（Mursitama，2006）。比较有影响力的实证研究主要是对丰田公司的美国汽车零部件供应商的绩效研究（Dyer & Hatch，2006），研究发现丰田与这些供应商相对于美国其他汽车制造商和这些供应商能获得更多的关系租金（包括产品质量和库存成本）。他们把关系租金归因为有效的知识共享机制，但此研究并未考虑到技能转移和合作知识转移这两种不同性质知识转移，即特定关系能力及项目管理能力对关系租金的不同影响。

（二）关系视角下的 IT 外包

离岸 IT 外包成功的研究涉及多方面因素，例如客户特性、供应商特性以及供应商—客户关系（Levina & Ross，2003）。整体来看，大量的研究致力于探究供应商的潜在价值主张和影响外包成功的因素，如供应商提供价值主张的能力（Levina & Ross，2003）、关系质量（Lee & Kim，1999）、关系治理（Gopal & Koka，2009；Poppo & Zenger，2002）、文化差异性（Berger & Lewis，2011）、社会嵌入性（Rai et al.，2009）以及关系投入（Fink，2010）。然而，尽管对这些关系因素和供应商价值主张的研究已经较为广泛和成熟，但目前尚不清楚到底在何种组织间关系条件下，供应商能够为特定客户提供超价值主张，构建关系租金。只有少量文献注意到外包关系中基于密切合作关系带来的潜在超额收益。比如贺勇等（2016）基于资源基础和外包合作关系理论的案例研究发现，伙伴型外包合作关系的服务质量更多体现在增值服务和个性化服务上，其受服务态度和关系质量中的相互沟通的影响，包括互补能力在内的互补资源是合作基础。随着外包管理不断向战略化方向推进（Willcocks & Kern，1998），这方面的研究缺陷限制了我们对客户如何通过外包计划获得竞争优势的深入分析。通过关注哪些因素会促进供应商的超价值主张提供，从而使得供应商与客户可以更好地建立战略合作关系，以获得竞争优势实现共同目标。

本书对特定关系的前因变量如何导致同一供应商的不同客户之间产生不同程度关系租金进行了论证。基于关系视角从供应商的角度探讨了关系租金差异的来源（Dye & Hatch，1998；Lavie，2006）。关系视角强调定期沟通联系紧密的长期战略合作，并且关注特殊关系影响因素在关系租金中的作用，因此本书研究关系租金基于关系视角具有一定的理论依据和可行性。

（三）外包关系租金的形成条件

先前有学者提出在组织间关系中的关系租金的三大来源包括：特定关系能力、项目管理能力和知识共享惯例（Dyer & Singh，1998）。在关系视角中，特定关系能力可以在行业背景中作为针对某一客户所提供的能力。关系视角认为组织间学习也是关系租金的来源之一。能够促进组织间学习的有效知识共享机制被认为同样能产生更多的关系租金。从供应商的角度来看，我们认为合作知识转移是外包关系租金的重要来源。项目管理能力也被认为是产生关系租金的关键因素，尤其是非正式自我保障机制。此外，信任也是外包关系研究的核心。信任比第三方管理机制更有利于维护和产生关系租金（Dyer & Singh，1998）。因此，它被认定为另一个外包关系租金的来源。上述 3 个因素，即特定关系能力和知识共享一起作为关系租金产生的基本条件，而信任可以通过降低交易成本和提高价值共创间接促进关系租金，通过特定关系能力投入和提高合作知识转移能力一定程度上保障关系租金的产生。

除了特定关系能力外，先前的研究还识别出另一种供应商能力，即项目管理能力同样对于离岸外包成功至关重要（Ethiraj et al.，2004；Levina & Ross，2003）。特定关系能力和项目管理能力在性质和使用范围上是不同的，并且在关系租金上有不同的影响路径（Mesquita et al.，2008）。因此，我们试图比较它们对关系租金的相对贡献。

供应商必须提供高质量的服务，才能实现客户竞争优势（Gopa & Koka，2009）。外包服务质量是供应商和客户关注的核心问题（Ramachandran & Gopal，2010）。以往的研究也将服务质量作为外包成功的关键因素之一（Grover et al.，1996；Kim et al.，2005）。客户与供应商建立长期合作关系，有助于供应商合作知识转移的具体需求并产生特定关系能力，从而达到更高的服务质量（Grover et al.，1996）。因此，我们采用关系服务质量来操作化定义关系租金，关系服务质量体现了供应商为不同客户提供服务质量存在的差异性。

由于服务的无形性和过程性，服务质量评价是比较困难的，尤其是对于离岸服务外包。然而，3 个维度与本研究情境密切相关，包括服务可靠性、响应性、服务水平的保证，可以作为获取离岸外包服务质量的线索（Grover et al.，1996；Kim et al.，2005）。可靠性是指可靠而准确地执行所承诺的服务，并确保客户所期望的服务水平。响应性是指提供帮助和服务的及时性和意愿。保证显示供应商的服务诚意和能力，是激发客户信任的重要基础。

1. 合作知识转移

合作知识转移是指供应商对特定客户的知识获取，通过感知特定的合作伙伴来建立更好的合作关系（Doz & Hamel，1998；Inkpen & Currall，2004；Tsang，1999）。其包括对客户的协作环境、目标和需求、工作过程和业务领域的理解（Doz & Hamel，1998）。

根据关系视角的观点，伙伴关系中的组织间学习对于产生关系租金至关重要（Dyer & Singh，1998；Mesquita et al.，2008）。合作伙伴通常是新的想法和技术的最重要来源。供应商对客户的感知可以为特定客户提供更好的服务质量。对客户感知程度较高的供应商可以更好地理解客户的需求、环境、期望，从而关注那些提高服务质量的活动（Zhao & Stank，2003）。此外，合作知识转移提高了知识共享程度，这被普遍认为是外包绩效提升的重要前提（Blumenberg et al.，2009；Lee，2001；Rai et al.，2009）。然而，在特定关系中通过知识获取所产生的绩效收益具有一定的特异性，这意味着很难通过知识溢出转移到其他交互关系中（Dyer & Hatch，2006）。综上所述，本文提出假设：

H1：合作知识转移对供应商的关系服务质量会产生积极影响。

2. 信任

信任指的是对合作伙伴可信度的积极判断。信任可能是基于互动相互影响的结果，也可能基于对合作伙伴机会主义倾向的理解或者足够可靠的信息，形成的合作伙伴不会伤害自身的判断和认知（McAllister，1995）。本书关注的是供应商对客户的信任。关系视角的理论认为非正式的保障治理机制在关系租金中具有重要性（Dyer & Singh，1998）。而信任是这种非正式保障机制的核心。它在降低与冲突管理、监控和讨价还价相关的交易成本方面发挥着关键作用。信任可以通过保障专有资产投入和提供激励价值创造活动来促进关系租金的产生并保障其稳定性。有大量证据证实信任对 IT 外包成功的贡献（Lee et al.，2008；Poppo & Zenger，2002）。供应商对特定客户的信任可能会促使供应商关注那些能够为客户提供更好服务的价值创造活动，而不是致力于解决冲突或预防的不必要努力。因此，本文提出假设：

H2：信任对供应商的关系服务质量会产生积极影响。

3. 特定关系能力与项目管理能力

特定关系能力是指一种稳定的日常集体行动模式（Zollo & Winter，2002），是在服务特定客户时通过与该客户交互合作中产生的（Ethiraj et al.，2004；Levina & Ross，2003）。它可以被认为是对人力资产专有投入的结果，这种专有性通常渗透到潜在知识和技能中，这些潜在知识和技能是在与特定客户长期合作后通过专门信息和知识整合而形成的（Dyer & Singh，1998；Ethiraj et al.，2004）。它反映了对双方有效沟通以及合作技巧的特质理解（Asanuma，1989；Fichman & Levinthal，1991；Simeon，2010），在不同合作关系中具有一定的特异性。特定关系能力能让供应商有效地管理特定客户，从而产生额外绩效。

项目管理能力指的是根据既定的过程和方法进行有效的项目规划和控制能力（Ethiraj et al.，2004）。它可以跨客户移植到不同的外包关系中，因此不是特定于某个客户的投入。它通常包括软件设计和开发能力、精确的项目规划能力以及控制项目质量、进度和成本的能力。根据资源基础观，那些拥有宝贵、稀缺、无法取代的技术和能力的公司可以获得竞争优势（Barney，1991）。特定关系能力和项目管理能力都是有价值的，而且模仿成本高，可以利用它们来实现高绩效（Asanuma，1989；Zhao & Stank，2003）。然而，正如先前文献提出的，在解释超额的关系租金方面，关系视角比资源基础观更为准确（Mesquita et al.，2008）。基于关系视角，特定伙伴关系租金更依赖于特定关系能力，而不是项目管理能力（Mesquita et al.，2008）。

特定关系能力对于关系租金的重要性可以归因于以下几种。首先，特定关系能力使供应商能够捕获客户特有的工作实践和惯例，从而以更有效的方式处理它们（Simeon，2010），而项目管理能力只能以一般的方式提供帮助。供应商—客户方关系证明了特定关系能力对关系租金的贡献。它可以通过更高的沟通效率和有效性、更低的事务成本、更大的服务差异化、更高的质量和更快的服务响应速度来提升关系租金（Asanuma，1989；Dyer & Singh，1998）。当客户的需求以一种复杂的方式表达，就像与日本客户的沟通中所观察到的那样，特定关系能力可能特别有价值。因此，供应商将更有效地应对客户的需求并提供更好的服务。此外，特定关系能力还可以促进合作伙伴之间的流程整合，从而实现无缝协作和有效的客户服务。其次，特定关系能力的特殊性促使供应商从现有的特定关系能力中获取价值。特定关系能力是针对特定关系量身定制的，并且不太可能通过知识溢出在特定关系之外产生相同的绩效水平（Dyer & Hatch，2006）。因此，与可溢出的项目管理能力相比，供应商更愿意将现有的客户端特定关系能力利用到当前的离岸关系中，以从现有的客户特定关系能力中充分提取价值，从而更显著地提升关系租金。因此，本书提出假设：

H3a：与项目管理能力相比，供应商特定关系能力对关系服务质量产生积极影响更大。

特定关系能力对关系绩效的影响受项目管理能力的大小调节。换言之，应通过一定水平的项目管理能力确保特定关系能力对关系租金的贡献。对于那些拥有更高水平的项目管理能力的供应商，客户特定关系能力对关系租金的积极影响可以更大程度上实现，因为他们拥有更强的专业知识和技能来满足特定客户的需求（Zhao & Stank，2003）。与此相反，那些拥有有限项目管理能力的供应商将发现，即使他们已经建立了高水平的协作知识，并且知道应该为特定客户做些什么，他们也很难提供高水平的服务质量。因此，本书提出假设：

H3b：供应商的项目管理能力正向调节特定关系能力与关系服务质量之间的关系。

（四）信任对合作知识转移的影响

信任促进合作知识转移的原因如下。首先，通过增强供应商的价值观和客户组织文化、需求和目标的认同感，信任可以促进对客户的了解。信任所达成的共识和相互理解有助于供应商吸收和利用所获得的知识。其次，信任促进了供应商向客户寻求帮助和获取知识的意愿。出于对客户的信任，供应商更愿意寻求帮助并听从客户的建议，从而导致行为和心态的改变，进而获得更有效的学习（Szulanski et al.，2004）。最后，信任可以通过减少知识验证的需求和成本来促进合作知识转移（Levin & Cross，2004；Szulanski et al.，2004）。因此，本书提出假设：

H4：供应商对客户的信任对合作知识转移会产生积极影响。

（五）信任和合作知识转移对特定关系能力的影响

有关供应商能力开发的研究已较为广泛。早期的研究强调了能力开发中"干中学"的积累过程（Nelson & Winter，1982）。能力不仅可以通过学习来发展，还可以通过对主动学习机制的投资来发展，而构建学习机制目的在于获取知识（Zollo & Winter，2002）。本书认为合作知识转移和信任有助于供应商特定关系能力开发。

1. 信任

基于关系视角，特定关系能力开发成本高且关系明确，需要采取必要的保障机制。信任可以被视为一种机制（Dyer & Singh，1998）。有学者认为，信任与合作伙伴在买方—供应商关系中的特定资源投入（Suha & Kwon，2006）密切相关。很可能随着时间推移，合作伙伴寻求信任以此来获得经济保障，从而达到保护特定资源的目的。因此，信任可以促进供应商对客户的特定关系能力。

此外，信任可以通过提供更好的学习环境来实现供应商特定于客户的功能开发。在相互信任的环境中，客户可以积极地为供应商的特定关系能力开发提供支持，例如业务领域知识的培训。供应商也会表现出更高的学习意愿，从而形成更多特定关系能力（Jarvenpaa & Mao，2008）。因此，本书提出假设：

H5a：供应商对客户的信任对供应商特定关系能力产生积极影响。

2. 合作知识转移

有研究表明，能力发展不仅仅是通过被动经验积累（Simonin，1997）。它在很大程度上依赖于知识获取机制的有效性（Tsang，2002）。那些积极践行关系管理（Tsang，2002）并投身于从联盟经验中获取和编码隐性知识的供应商将从合作经验中获得更多的协作知识（Kale & Singh，2007）。从伙伴合作中吸取的教训必须内化成具体的专门知识，才能有效地指导今后的行动（Simonin，1997）。这些研究强调了知识获取在特定关系能力开发中的重要作用。在本研究情境中，供应商通过合作知识转移而获得的知识可以被用来开发特定关系能力。合作知识转移最终有助于供应商制定复杂的特定协作程序，在此过程中他们特定关系能力的能力将得到发展（Mesquita et al.，2008）。因此，本书提出假设：

H5b：合作知识转移将对供应商的特定关系能力产生积极影响。

根据上述讨论，研究模型如图6-3所示。

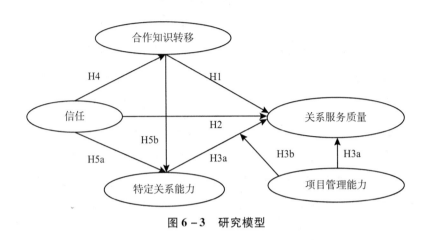

图6-3　研究模型

三、方法

本节研究方法采用了与第一节类似的研究方法，用同样的样本进行假设检验。具体测量如下。

1. 关系服务质量

我们从供应商的角度来衡量离岸外包服务质量。测量包括3个改编自SERVQUAL的题项，包括3个维度，即服务的可靠性、响应、服务保证水平，每一个维度都用一个题项来衡量。外包领域的相关文献也采用了这种方法（Gopal & Koka，2009；Grover et al.，1996；Kim et al.，2005）。根据前人的方法，将每个样本的服务质量值（供应商报告的为该客户的服务质量）减去该供应商对所有客户的服务质量平均值，得到关系服务质量（Mesquita et al.，2008）。

2. 前因变量

在以往的实证研究中，对于特定关系能力和项目管理能力的测量并没有较好的测量工具。因此，我们基于这两种能力的定义，根据访谈记录生成了新的维度划分和测量题项。特定关系能力由 4 个维度来衡量：特殊的沟通和协作程序、对有效沟通和协作流程的共同理解、对客户特定的或默认的需求和环境的熟悉和深入理解，以及应对客户和协作的熟练程度。同样形成了 4 个维度来测量项目管理能力，包括成本和进度评估技能、质量控制技能、成本控制技能和软件开发效率。

由于知识具有隐性特征，很难测量知识获取。在实证研究中，通常要求受访者报告从一个信息源中获取知识的水平（Dhanaraj et al.，2004；Lyles & Salk，1996；Tsang，2002）。在对合作知识转移的测量中也采用了类似的方法。然而，尽管认识到领域知识获取的重要性（Chua & Pan，2008；Faraj & Sproull，2000），但目前关于合作知识转移的研究较少。在离岸 IT 外包中，至少需要三方面合作知识来维持成功的外包合作：合作环境（如客户的开发环境和组织文化）、领域知识和合作过程（Doz & Hamel，1998）。为此我们设定了 4 个题项，以衡量供应商对上述维度的认知程度，每个维度都用 1 至 2 个题项来测量。此外，信任的测量包括 4 个题项，分别涵盖情感信任和认知信任（McAllister，1995），其中 3 个题项来自以往实证研究的量表中（McAllister，1995），1 个题项来自访谈材料。

四、数据分析与结果

为了充分利用样本信息，将零星缺失值替换为平均值。采用 PLS 方法，利用 SmartPLS 2.0 模型对测量模型和结构模型进行检验。由于 PLS 方法能够处理相对较小的样本规模因而适用于本研究，并且本研究的样本量满足这种方法的使用要求。我们需要测试调节效应，并且本研究问题具有探索性特征，因此 PLS 方法具有较强适用性。用200个样本的Bootstrapping法对119个样本进行了检测，得出了显著的水平。

（一）测量验证

表6-15给出了信度、构念的相关关系。结果表明，Cronbach的值和复合信度都远高于建议值的0.7。因此，信度在可以接受范围内。此外，AVE大于0.666。在对角项中AVE的平方根大于与该数字对应的行或列中的任何元素，这表明区别效度是可以接受的。

表6-15　　　　　　　　　　　　构念相关系数

构念	Cronbach α	CR[a]	1	2	3	4	5
1. 关系服务质量	0.922	0.951	0.930				
2. 特定关系能力	0.894	0.927	0.585	0.873			
3. 项目管理能力	0.896	0.928	0.648	0.621	0.873		
4. 合作知识转移	0.833	0.888	0.354	0.582	0.454	0.816	
5. 信任	0.859	0.904	0.517	0.653	0.546	0.443	0.838

注：a复合信度，所有构念都在0.05的水平上显著相关。对角线是AVE平方根。

与其他基于所有自我报告数据的研究一样，常见的同源偏差可能是一个潜在的问题。根据先前研究方法，我们通过保护受访者的匿名性、平衡问题顺序、改进量表条目等措施事先采取了预防性措施，例如提供例子来帮助受访者理解不熟悉的概念（Podsakoff et al.，2003）。此外，采用多种方法进行统计评估。首先，将所有项目放在一起执行Harman的单因素测试。结果表明，单因素模型与样本数据并不匹配，而多因素模型与样本数据匹配较好。因此，不存在共同因素。其次，采用了一种未测量潜在方法因子的效果控制技术（Podsakoff et al.，2003）。本书还借鉴先前研究中PLS建模方法（Liang et al.，2007；Herath & Rao，2009），以所有的测量作为指标，在有和没有潜在公共方法方差因子（LCMVF）的情况下对理论模型进行了测试。如表 6 – 16 和图 6 – 4 所示，这两种模型的荷载和结构路径系数具有相似的大小和相同的显著性水平。测量载荷都在 0.7 以上。在 LCMVF 模型中，LCMVF 的平均权重为 0.049，远低于客观因子（0.302）。此外，有研究表明，对于具有调节效应的研究，同源偏差问题可能影响性较小（Dong et al.，2009）。因此，我们认为在本研究中，同源偏差可能不是一个严重的问题。

表 6 – 16　　　　　　　　　　　　测量负荷

构念	题项	无 LCMVF 时负荷	t 值	有 LCMVF 时负荷	t 值
关系服务质量	RSERQUAL1	0.949	87.921	0.950	97.715
	RSERQUAL2	0.928	49.167	0.929	48.111
	RSERQUAL3	0.915	49.729	0.913	46.743
特定关系能力	CSCAPA1	0.907	40.685	0.903	39.799
	CSCAPA2	0.929	80.114	0.927	84.795
	CSCAPA3	0.901	42.543	0.895	38.253
	CSCAPA4	0.741	12.187	0.758	14.129
项目管理能力	PMCAPA1	0.871	39.076	0.869	34.134
	PMCAPA2	0.904	48.586	0.897	36.965
	PMCAPA3	0.858	25.931	0.858	21.301
	PMCAPA4	0.860	29.796	0.869	33.588
合作知识转移	LEARNABC1	0.810	24.033	0.802	22.759
	LEARNABC2	0.773	13.480	0.795	15.040
	LEARNABC3	0.872	33.645	0.872	39.113
	LEARNABC4	0.806	16.067	0.795	15.700
信任	TRUST1	0.809	19.350	0.792	15.639
	TRUST2	0.828	24.949	0.819	21.473
	TRUST3	0.867	26.575	0.881	36.533
	TRUST4	0.847	19.649	0.860	32.403

（二）结构模型

为了检验项目管理能力的调节效果，我们生成了4个新的交互指标，通过匹配的方式来衡量特定于客户的项目管理能力的交互项（Marsh et al.，2004）。匹配的过程是根据载荷值，根据"高到高"和"低到低"规则构建了测量题项的交互项。为避免出现严重的共线性问题，将两类能力的题项转化为Z分数后，计算新的交互项指标。

结构模型的结果如图6-4所示，包括有LCMVF和无LCMVF模型的结构系数，无LCMVF模型的R^2。关系服务质量的R^2值很高，为0.545，而特定关系能力和对合作知识转移分别为0.539和0.208。

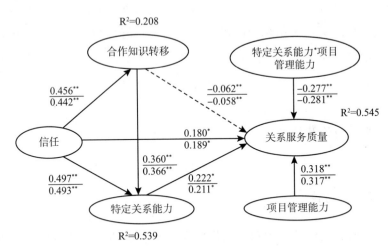

图6-4　研究结果结构模型

注：线上为没有LCMVF的结构系数的数据，线下为有LCMVF的结构系数的数据。

如图6-4所示，4个假设因素中有3个对关系服务质量有显著作用，即信任、特定关系能力和项目管理能力。然而，合作知识转移的影响并不显著。此外，特定关系能力比项目管理能力影响更大的假设并不支持。项目管理能力的影响程度（0.318）甚至高于特定关系能力（0.222）。结果表明，本书支持 H2，不支持 H1。而 H3a 仅得到部分支持。结果还表明，项目管理能力和特定关系能力对关系服务质量有显著的影响。然而，结果与 H3b 相反。项目管理能力负向调节特定关系能力和关系服务质量之间的关系。随着项目管理能力的提高，特定关系能力对关系租金的作用也会减弱。此外，研究结果也发现了信任对于提高合作知识转移的重要性，表明支持 H4。

最后，本研究发现，信任和合作知识转移都对特定关系能力有显著影响。因此，H5a 和 H5b 是支持的。结合合作知识转移对关系服务质量的不显著影响，似乎特定关系能力完全中介了合作知识转移对关系服务质量的影响。合作知识转移与供应商能力开发有很大关系，反之其对关系租金的提升关系不大。值得注意的是，结果还表明信任对于关系服务质量的重要性。信任不仅对关系服务质量有直接影响，而且还通过特定关系能力的部分中介施加间接影响。

五、讨论和结论

（一）讨论

本研究采用关系视角，从供应商服务质量的角度探讨了离岸外包的关系租金的来源。结果表明，以特定关系能力和信任作为一种非正式的自我治理保护机制将会产生更高的关系租金，即其绩效优于供应商与其普通客户之间的绩效。在先前的研究中已经充分证明了信任对外包绩效的重要性（Mao et al.，2008）。我们的结果表明，信任作为一种非正式的治理机制，对关系租金也具有重要意义。

对于特定关系能力比项目管理能力更有利于提高关系服务质量的假设并没有在结果中得到验证。一个潜在的原因可能是，目前位于中国等新兴市场的供应商仍然受到项目管理能力薄弱的制约（Jarvenpaa & Mao，2008）。目前，可溢出的项目管理能力可以成为为特定客户提供令人满意的服务水平的基本条件。此外，结果表明，这两种类型的能力在关系租金中发挥了替代作用，潜在的原因可能是实现较高的关系租金时，存在较低的项目管理能力和较高的特定关系能力的组合，或较低的特定关系能力和较高的项目管理能力的组合（Zhao & Stank，2003）。

结果还表明，合作知识转移会显著地影响特定关系能力，而不是关系租金，合作知识转移主要通过供应商对客户特定关系能力开发对关系租金产生影响。这表明，合作知识转移对绩效的直接影响不如合作知识转移对能力开发的影响更显著。关系租金是通过知识获取得到提升的，而这种知识仅仅是指将知识充分利用后产生的能力。

本书提出了特定关系能力的2个重要促成因素，即合作知识转移和信任。这些发现有助于特定关系能力的研究。通常来说，特定关系能力可以理解为是与特定客户的多次经验积累的结果（Ethiraj et al.，2004；Levina & Ross，2003）。类似的长期合作经验并不能保证供应商获得相同数量的特定合作技能（Tsang，2002）。本书结果表明，合作知识转移可能是影响特定关系能力的关键因素之一。当协作经验内化到特定关系能力时，供应商应该认真考虑合作知识转移的作用。此外，研究结果还表明，特定关系能力作为一种高成本的人力资源特殊投入，需要非正式的信任保障机制。最后，本书还强调了信任在合作知识转移方面的重要性，这与知识获取文献中的发现具有一致性（Szulanski et al.，2004）。

（二）理论贡献与管理启示

本书基于关系视角，通过实证检验供应商关系租金的来源，对离岸服务外包文献做出了贡献。本研究还尝试用新的方法研究外包绩效的前因变量。结果表明，供应商有为所有客户提供高外包价值的潜能，但实际价值对每个客户来说都是不同的。此外，我们还对离岸关系服务外包文献中的能力理论做出了贡献。我们比较了供应商不同类型的能力对离岸外包关系租金的边际贡献，并揭示了特定关系能力和项目管理能力在关系服务质量中扮演了替代角色，这丰富了我们对供应商能力影响的理解。值得注意的是，我们还通过揭示客户在特定关系能力开发中信任和学习方面所扮演的角色，来拓展对特定关系能力的研究。事实上，本书也对一般组织间交互关系的研究有所贡献。虽然关系观点提倡从未来愿景方面来解释组织间竞争优势，但实证证据是极其有限的。我们从关系租金来源和它的前因变量方面得出了有价值的证据。

管理的启示包括以下几个方面。首先，我们的结果提倡供应商和客户共同努力以提高关系租金。对于供应商而言，提升特定关系能力并将信任作为一种有效的非正式自我保障机制，可以在服务质量方面获得更高的绩效回报。虽然建立信任是一项具有挑战性的长期任务，但供应商可以考虑通过有效沟通、企业间协调和文化融合等机制促进相互信任的提升。对于特定关系能力而言，除了通过合作知识转移和建立信任来进行知识共享之外，供应商还可以提升人力资源能力，比如招聘更多熟悉客户行业知识、业务流程和组织文化的资深人士，或者那些在客户国家有工作或教育经验的人。此外，对特定客户发展更多的项目是积累客户特定关系的关键。

对于客户，我们的研究结果表明，积极参与知识共享促进供应商对客户的感知，提高供应商的信任和特定关系能力程度，对客户是有利的。我们的结果还表明，客户可以通过增加对少数关键供应商的依赖程度来获取价值，这有助于知识共享并提升特定关系能力。日本客户倾向于与少数供应商建立长期的战略联盟关系，通过相互拜访、赞助培训、提供项目管理工具、手册、重复项目等多种方式，积极为供应商合作知识转移提供支持，帮助供应商开发客户特定关系，增进互信。

其次，供应商应该慎重考虑应该开发哪些能力，因为特定关系能力和项目管理能力在关系服务质量改进中的作用相互替代，特别是对于那些仍处于开发早期、管理资源和财务资源有限的供应商。一种建议是致力于与少数客户建立伙伴关系，通过这种关系，特定关系能力可以受到限制，从而开发更多的项目管理能力和剩余资源。另一种选择是根据战略计划和自身能力水平来权衡两种能力投入。

（三）外包关系租金构建的动态观

有关学者对从动态视角对关系观进一步扩充，认为接入合作伙伴的互补性资源只是提供了获取关系租金的前提条件，但基于互补资源基础上的关系租金在联盟关系的生命周期里会逐渐消散，传统获取价值创造的因素比如信任、专有性资产、重复的链接也有可能导致联盟绩效的降低（Dyer et al.，2018）。在获取高关系租金后，相互信任水平大幅提高，甚至完全替代了正式契约机制，导致了关系惰性，进而减少了关系租金产生的价值创造基础。另外，内部的竞争因素，比如一方善于吸收和复制伙伴的互补性资源和能力，提高了谈判能力，在后续的组织分配中要求更高，也会导致关系租金潜在的耗散。所以外包中关系租金构建是动态调整的，也要警惕潜在的消耗。

基于动态的关系租金观（Dyer et al.，2018），为保持合作关系的稳定，需要构建一个合理的外包关系管理策略。第一步，外包关系发展与协作阶段，通过实验项目建立初始信任，保证适当的专有资源投入和知识共享，强调通过正式机制来分割预期的关系租金。第二步，加强专有投资促进协作，提高专有性投资，强化相互依赖关系，发展情感型信任、利用互补性资源，促进关系租金构建。第三步，关系租金的收割和持续管理。识别潜在的租金减少和关系惰性威胁，减少额外的互补性资源投资，应对外包关系的不稳定，提高对租金分割的竞争。

表 6-17　　　　　　　　　　　操作化定义和题项

构念	来源	操作化定义	题项
关系服务质量（RSER-QUAL）	Mesqui-ta et al.，2008；Parasu-raman et al.，1988	某供应商为某特定客户提供的服务质量与该供应商为所有客户提供服务平均水平之间的差异	如果我们团队承诺在某个时间内解决客户提出的问题，我们总能做到（SERQUAL1）。 无论多忙，我们团队都能保证及时回应客户的要求（SERQUAL2）。 我们团队所提交的各种交付物是可靠的（SERQUAL3）。
特定关系能力（CSCA-PA）	Ethiraj et al.，2004；Levina & Ross，2003；Zollo & Winter，2002	通过与特定客户的重复交往，获得用于应对和服务该客户的稳定的集体行动模式和惯例	通过与该客户的磨合，我们团队：与他们形成了许多特定的有效合作惯例（比如需求理解）（CSCAPA1）。 与他们对什么是有效的交流和合作惯例有了一个共同理解（CSCAPA2）。 掌握了许多如何与他们合作的诀窍知识，与他们合作时能得心应手（CSCAPA3）。 在与该客户交流时，能深刻地体会他们微妙用语背后的真正含义（CSCAPA4）。

构念	来源	操作化定义	题项
项目管理能力（PM - CAPA）	Ethiraj et al.，2004；Levina & Ross，2003	在软件开发、根据设定的流程和方法进行有效项目规划控制等方面的技能	我们团队在做项目计划时，能准确地估算人员投入和进度（PMCAPA1）；我们团队能有效地控制每千行代码缺陷率水平（PMCAPA2）；我们团队能有效地控制成本（PMCA-PA3）；我们团队的软件生产率水平高（PM-CAPA4）；
合作知识转移（LEAR - NABC）	Doz & Hamel，1998；Inkpen & Currall，2004；Tsang，1999	通过理解和学习了解某个特定伙伴，获得用于与该伙伴更好合作的诀窍和经验	通过与该客户的反复交往，我们团队了解了他们的：企业文化（LEARNABC1）；业务领域知识（LEARNABC2）；作业流程（LEARNABC3）；开发环境（如技术平台和业务环境）（LEARNABC4）；
信任（TRU - ST）	McAllister，1995	对客户方可信赖水平的积极评价	我们和客户双方在这个工作关系中都投入了一定的感情（TRUST1）；如果不再能一起合作，我们和客户双方都会感到一种损失（TRUST2）；跟这个客户打过交道的其他团队，都信任和尊重他们并很愿意跟他们合作（TRUST3）；我们认可客户方的做事方式（TRUST4）；

第四节　不同业务模式下知识转移及能力和绩效的差异分析

一些对 IT 外包的早期研究发现，在我国 IT 外包实践中，对日

IT 外包和对欧美 IT 外包的发展和模式还存在一定的区别。在对日出口项目中，很多情况是由日本专业外包公司与最终客户打交道，负责需求分析、上层设计、合同签订以及最后的系统安装、测试和服务。中、低层的服务环节则通过层层转包，一般直到项目的最底层才转包到中国的 IT 外包公司。中国一般只从事底层的模块开发或服务，较少接触客户需求分析工作以及系统架构设计工作，因此更像是承接"订单"的"来料加工"业务。而在欧美 IT 外包中，无论美国、印度还是中国的服务商都必须直接接触最终客户，独立完成需求分析、提出解决方案、独立签订外包合同，并负责系统的上层设计、模块设计、软件开发、测试和质量保障，以及最终的系统安装和售后服务。然而随着 IT 外包产业的发展，这些业务模式是否仍然存在差别？相关的系统实证研究还非常欠缺。为了检验不同情境下知识转移、知识转移的影响因素、能力和绩效是否存在差异，下面分别从客户方所在国别、客户类型、股权类别这 3 个方面进行单因素方差分析。

一、对日和对欧美 IT 外包情境下的差异

为了检验在对日和对欧美 IT 外包情境下，知识转移及相关变量是否存在差异，进行单因素方差分析。结果见表 6 – 18。从表中可以看出，在两种模式下，样本的方差并没有显著差异性，因此，符合单因素方差的一个基本条件。单因素方差分析结果并没有发现在对日和对欧美 IT 外包情境下知识转移及其相关变量有显著差异。在访谈中也发现与对日 IT 外包中的知识转移相似，许多欧美客户也通常强调知识转移，支持辅助供应商，比如博彦科技副总裁这么告诉我们："（微软、惠普等）这些公司希望我们跟他们一起成长，他们希望帮助管理团队管理好公司的成长。我们从微软学到很多，

似乎在用不同的方式复制他们（比如团队培训），我们也从他们那里吸收了各种内部工具以提高项目质量。"

表 6 - 18　　对日和对欧美外包情境下的单因素方差分析

变量	组别	平均值	标准差	Levene 值	P 值	F	P 值
技能转移	1	5.023	1.201	0.056	0.813	1.252	0.265
	2	4.727	1.288				
合作知识转移	1	5.141	1.099	0.123	0.726	0.091	0.763
	2	5.211	1.036				
项目质量	1	5.049	0.945	0.990	0.322	0.609	0.437
	2	5.205	1.114				
特定关系能力	1	5.169	1.122	0.092	0.762	0.077	0.782
	2	5.225	1.039				
项目管理能力	1	4.883	1.139	1.214	0.273	0.576	0.449
	2	4.710	0.969				
成本控制绩效	1	0.146	0.289	0.973	0.326	0.111	0.730
	2	0.123	0.438				
进度控制绩效	1	0.105	0.164	11.380	0.001	0.930	0.330
	2	0.154	0.412				
客户支持	1	4.707	1.113	2.275	0.134	0.159	0.691
	2	4.794	1.325				
信任	1	4.974	1.207	2.594	0.110	1.395	0.240
	2	4.697	1.036				
控制	1	5.496	1.262	1.217	0.272	0.569	0.452
	2	5.674	1.001				

注：组别栏中，1 代表日本客户，样本量为 96；2 代表欧美客户，样本量为 33。

另外，欧美 IT 外包与对日外包类似，也通常强调信任，强调基于从小项目开始双方逐渐建立长期合作伙伴关系。比如在访谈中欧美事业部高级经理告诉我们，"（欧美客户）在试验项目阶段，有一定比例的客户会派一个人过来，我觉得这是在建立一个信任和长期合作伙伴关系起作用……欧美企业接触新供应商的时候非常小心，一般从比较小、人员规模小的（项目）开始"。而在项目控制方面，欧美事业部项目经理也提到欧美 IT 外包中的客户方控制并不是通常理解的只重结果不重过程，"他们需要关心我们的过程，因为我们做的项目还不是很多，其实还是要关心过程、文档，比如需求分析确认、项目管理等。他们也试图给我们一个东西，不管过程，只要求一个结果，但实际上结果都不好。如果只要结果，那是交不出什么东西来的，因为软件这个东西很复杂"。这一点与日本客户方的严格项目过程控制也是有相通之处的。因此，本研究结论表明在对日和对欧美两种情境下知识转移和外包治理关系（信任和控制）的差异并不能简单地认为一定存在决然不同的差异。一个可能的原因在于制度融合的趋势。对日本供应链关系研究的已有一些文献也发现，日本供应链关系不断发生变革，表现出不断融合的趋势。这些都对对日 IT 外包治理关系产生了一定的影响。进一步通过列联表发现（见表 6-19），在对日 IT 外包样本项目中，样本团队所从事的低端和高端的项目数竟然相等，Pearson 卡方值为 3.850（p=0.05），Fisher 精确检验显著性水平为 0.068（双侧），说明日本客户受到成本推动等因素影响，也开始将一些高端的项目发包给供应商，而不仅仅是传统的"金字塔"型层层转包模式下的底层项目。

表6-19　　　　　　　　客户方类别与项目类别的列联表

客户方国别	项目类别		总计
	低端项目	高端项目	
日本	48	48	96
欧美	10	23	33
总计	58	71	129

另外也有可能本书所关注的是团队层面的知识，比如项目管理工具、软件过程、开发环境、作业流程等，这些知识相对于公司层面的知识而言在各种不同制度环境下具有较强的相通性，与包括文化在内的国家层面的制度差异相关性较小。

结合这些讨论，说明简单地认为对日IT外包和对欧美IT外包存在决然不同，在外包治理关系（双方信任和控制机制）、客户支持、知识转移及绩效存在显著差异可能是不合适的，而是应该看到日本外包模式知识转移和绩效上也在不断地变迁。另外，在讨论制度差异对知识转移影响时，可能也要关注制度差异对各种不同知识转移的影响。

二、不同客户类型下的差异

为了检验客户方类型对知识转移及其他各变量是否有影响，进行了单因素方差分析，表6-20显示了单因素方差分析结果。从表中可以看出，在两种客户类型下，样本的方差并没有显著的差异性，因此，符合单因素方差分析的一个基本条件。根据分析结果，在合作知识转移、特定关系能力、客户支持上，两种客户类型的平均值存在显著差异。

表 6 - 20　　　　　　不同客户类型的单因素方差分析

变量	组别	平均值	标准差	Levene 值	P 值	F	P 值
技能转移	1	5.044	1.303	0.261	0.611	0.497	0.482
	2	4.870	1.213				
合作知识转移	1	5.542	0.929	1.740	0.190	6.900	0.010
	2	4.979	1.130				
项目质量	1	5.135	1.021	0.043	0.835	0.006	0.938
	2	5.119	0.984				
特定关系能力	1	5.542	1.091	0.104	0.748	5.839	0.017
	2	5.009	1.110				
项目管理能力	1	4.889	1.044	0.014	0.905	0.280	0.598
	2	4.773	1.122				
成本控制绩效	1	0.086	0.207	0.837	0.362	1.841	0.177
	2	0.178	0.382				
进度控制绩效	1	0.109	0.142	2.579	0.111	0.010	0.919
	2	0.114	0.286				
客户支持	1	5.145	1.230	0.022	0.882	6.465	0.012
	2	4.552	1.142				
信任	1	5.160	1.183	0.054	0.816	3.045	0.084
	2	4.753	1.161				
控制	1	5.660	1.137	0.018	0.895	0.213	0.645
	2	5.547	1.254				

注：组别栏中，1 代表直接客户，样本量为 36；2 代表间接客户，样本量为 83。

根据第六章第一节中的探讨，在离岸 IT 外包实践中，客户方有可能是项目的直接用户，也有可能本身是 IT 公司，客户方是在为另外一个客户做本项目。第一种对应的是"金字塔"型的层层分包模式，许多大型的 IT 外包供应商从终端客户处接包，再把项目进行层层分解，然后把各个不同的模块发包给不同的供应商。而后一种模式是终端客户的直接发包模式。这两种外包业务模式的一个重要指标就是客户方类型的不同，一个是项目的总供应商，另一个是项目的直接用户。

结果显示两种业务模式下，双方的合作知识转移存在明显差异，同时也导致供应商的特定关系能力存在差异。直接客户类型下更有利于客户合作知识转移，能够获得更多的特定关系能力，客户方的支持程度也更高。这与第四章假设部分的分析相一致。在"金字塔型"外包模型下，由于客户方本身是供应商（甚至可能是二级或三级供应商），业务领域、技术平台等知识的转移需要通过层层转移才能到达我国IT外包项目团队，必然增加了合作知识转移的难度，进而给特定关系能力带来负面影响，因此在这种模式下，客户方知识转移的动机和能力要低。相反在直接客户这种业务模式下，客户方拥有更多的业务知识，技术平台等合作环境知识，能够更直接有效地转移给供应商团队，进而促进其构建特定关系能力。而客户方为了推动项目顺利实施，也更有积极性支持合作知识的转移。从这个角度来看，直接终端客户这种业务模式是相对有效的。

另外，结果还显示，信任水平也在边际上存在一定差异。直接客户类型下，信任水平显得相对较高。有可能在层层转包这种业务模式中，客户方的业务领域知识等相对直接客户而言没有优势，同时，层层转包的项目往往是成本驱动型的，通常项目难度大、利润率低、这些因素都有可能导致供应商项目团队对客户方的信任水平下降。

由于本研究的样本量中，直接客户这一组样本量较少，无法进行分组回归，不能严谨评估具体的差异。如果能够对这两种客户类型代表的业务模式展开后续研究将有可能产生一定的理论价值和实践指导意义。

三、不同股权类别下的差异

为了检验不同股权类别下，知识转移及其他相关变量是否存在差异，进行单因素方差分析。根据客户方是否持有供应商股份分为两组，0 表示不持有股份，1 表示持有股份。方差分析结果见表 6 – 21。从表中可以看出，在两种股权类别下，样本的方差并没有显著的差异性，因此，符合单因素方差分析的一个基本条件。

表 6 – 21 不同股权类别的单因素方差分析

变量	组别	平均值	标准差	Levene 值	P 值	F	P 值
技能转移	0	4.982	1.269	0.555	0.458	0.687	0.409
	1	4.764	1.058				
合作知识转移	0	5.199	1.075	0.020	0.886	0.352	0.554
	1	5.063	1.079				
项目质量	0	5.149	0.983	0.744	0.390	1.452	0.230
	1	4.893	1.035				
特定关系能力	0	5.315	1.053	0.228	0.634	6.234	0.014
	1	4.741	1.148				
项目管理能力	0	4.879	1.028	2.627	0.108	0.243	0.623
	1	4.763	1.325				
成本控制	0	0.120	0.310	0.633	0.428	1.750	0.188
	1	0.215	0.405				
进度控制	0	0.132	0.274	2.227	0.138	1.303	0.256
	1	0.070	0.146				
客户支持	0	4.851	1.114	1.599	0.208	4.956	0.028
	1	4.301	1.288				

续表

变量	组别	平均值	标准差	Levene值	P值	F	P值
信任	0	4.962	1.187	0.229	0.633	1.447	0.231
	1	4.661	1.108				
控制	0	5.593	1.155	2.328	0.130	0.388	0.535
	1	5.432	1.402				

注：组别栏中，1代表客户方持有股份组，样本量为28；0代表客户方不持股份，样本量为99。

结果发现在两种股权类别下，知识转移并不存在明显差异，这与关涛等（2008）的研究结论相左。一个可能的原因在于他们关注的是隐性知识的转移，而本研究关注的是技能转移和合作知识转移这两种不同性质的知识转移，不仅仅包括测试规范、企业文化等隐性知识，还包括作业流程等显性化程度较高的知识。显性知识的转移难度系数低，降低了样本中知识转移的差异性。

结果表明在两种股权类别下，特定关系能力和客户支持存在明显差异。客户支持上的差异比较容易理解，对于知识发送方来说，发送知识存在一定的风险性，特别是一些关键技能和知识。一些学者把组织间的知识转移比作"学习竞赛"，能从合作方学到更多的知识意味着在后续合作中拥有更多的谈判能力。因此，在不同股权类别下，客户方对知识转移的意愿、动机存在一定的差异，表现为客户方对知识转移的支持程度存在不同。

而特定关系能力上存在的差异则有可能是在不同的股权类别下，供应商与客户方在流程整合、交往方式上存在差异，从而具有不同的特定关系能力。

第七章

基于知识转移的组织惰性
克服和价值链升级路径

第一节 价值链升级路径及俘获型
治理突破策略

一、全球价值链下的 IT 外包供应商升级路径

（一）全球价值链下的 IT 外包供应商类型

从全球价值链的视角来研究国际 IT 外包产业升级问题的关键之一就是识别 IT 外包中供应商的各种类型。不同类型的供应商将会有不同的升级道路和前景。根据供应商在价值链中所处位置及承担角色，可以将供应商分为附属型、关系型和自主型（Gereffi et al.，2005）。

附属型供应商通常自身能力弱，从事的任务范围比较狭窄简

单，如系统模块编码、测试和维护、呼叫中心等活动。附属型供应商在客户方完成设计后，根据参数化的标准和流程规范提供外包服务。客户方对供应商实施层级的支配和控制，供应商对客户方存在依赖性，缺乏谈判能力，转换成本高，被锁定性强。当前我国绝大部分供应商仍然属于这种类型。

关系型供应商则具有较强的专业服务能力，能承接更复杂的项目，如根据客户需求进行概要设计、个性化定制，甚至主动为品牌客户规划新产品，提供流程解决方案。与客户方的关系也比较平等，双方具有能力互补性，主要通过信任、声誉机制等来保证长期合作的顺利开展。供应商的业务来源和利润水平有一定保障。我国一部分供应商已经升级为这种类型供应商，如博彦科技、E公司等企业。

自主型供应商则指那些具有相当强的实力，能自主创新，进行产品开发，提供整体解决方案，自主选择市场和外包项目来源，在外包服务中相对处于主导地位的供应商。自主型供应商的数量相对较少，属于交钥匙供应商（turn-key supplier），可以具有或不具有自主品牌。这种类型供应商能自主地开展上游的需求分析，具有相当的研发能力，与客户方之间建立了相当平等的战略联盟关系，并参与产业标准制定，从而削弱了主导厂商的产业控制。国内自主型供应商数量还很少，典型的如东软集团。

（二）供应商升级模式

基于全球价值链的视角，有学者提出了一种以企业为中心、由低级到高级的四层次升级模式（Humphrey & Schmitz, 2002）：一是工艺流程升级，即通过提升价值链中某环节的工艺流程效率或对生产体系进行改进来提高效率，如提高存货周转率和生产效率，由此达到升级目的；二是产品升级，即通过设计新产品或改进现有产品来达到升级目的；三是产业功能升级，即通过重新组合价值链中环节，或从现有低附加值环节转移到高附加值环节（如生产环节向设计和营销环节转移）来完成升级；四是链条升级，即将在一条价值链上获得的知识和能力转移到另一条价值量更高的价值链的升级方式。尽管学术界在关于升级模式的论述中提到各种不同的模式，但基本上可以归入以上四种模式，这四种模式在实践中也得到了较广泛认可。本书通过对近 10 家国内有代表性的供应商进行了调研访谈，基于升级模式（Humphrey & Schmitz，2002），归纳总结了价值链升级的几种路径，发现供应商主要是通过其中的工艺流程升级、产品功能升级和产品升级这三种模式，实现供应商类型的跨越式转变，达到升级转型目的。

二、升级路径选择及驱动力

当前，我国绝大部分供应商仍然属于附属型的供应商，从事的是一些测试、编码、数据处理、呼叫中心等低端的价值链环节。为提高国际 IT 外包业务的附加值，在 IT 外包价值链占据更有利位置，广大供应商需要根据自身资源能力禀赋，选择合适的升级路径，通过工艺流程升级、产品功能升级和产品升级等升级模式，实现向关系型和自主型供应商的升级转型。根据所采用的升级模式，跨越的价值链环节和实现的供应商类型转变，可以把国际供应商的升级路径分为技术拓展型、专业服务型和自主创新型三种（如图 7-1 所示）。所对应的升级模式、升级机制、驱动力及代表企业如表 7-1 所示。

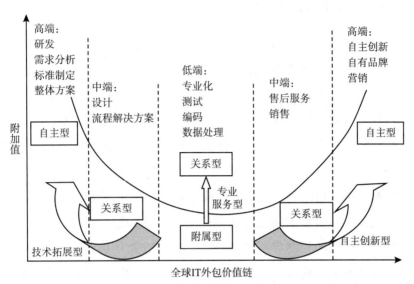

图 7 - 1　基于全球价值链的供应商动态升级路径

表 7 - 1　　　　　　　　IT 外包供应商升级路径及驱动力

升级路径	供应商类型演进	升级模式	升级机制及驱动力	代表企业
专业服务型	附属型—关系型	工艺流程升级	资质认证（如 CMMI）；规模经济；流程改进；领域知识学习；专业化	C 公司；B 公司
技术拓展型	附属型—关系型—自主型	功能升级	技术转移；国内外市场联动；研发	博彦科技；D 公司；E 公司
自主创新型	附属型—关系型—自主型	功能升级产品升级	领域知识学习；管理和营销能力提升；研发；渠道管理；市场开发	A 公司；东软集团

（一）专业服务型

专业服务型升级路径指通过提升 IT 外包交付能力、运作能力提升某个专业领域的服务水平，最终在某个专业中低端价值链环节中具有成本优势。升级后由于能稳定高效地完成国际 IT 外包的某个价值链环节，供应商将与客户方建立一种关系型合作关系，业务来源稳定，利润率也得到一定保证，最终完成从附属型向关系型的转变过程。比如访谈中发现某公司近几年的管理不断规范，能力不断提升。在项目的管理、品质管理方面都有提升。在建立文档、监控的关键点、监控的周期方面，原来不是很系统，现在监控的点、项目生命周期的控制等不断系统化。管理方式从最开始的 10 多人的作坊式的工作模式，到后来逐渐的分工（划分为管理者、测试者、开发者）再到进度管理等不断进步。开始的项目管理没有方法论支撑，后来形成了自己的方法论系统，有效地预期和安排了工期。相应地，与客户的合作关系也强化了，被公司的最大客户日立公司列为金牌合作伙伴，日立出钱为公司拉了一条网络专线，提供电话号码和备用的交换机，建立专线的目的主要是用于电视会议，并并入客户方的局域网，公司可以拿着数据在测试环境中进行测试，获得设计资料等。

在国际 IT 外包升级过程中，能最终走向研发、自主创新、品牌建设等上下游环节实现功能和产品升级的企业毕竟是少数。更多的供应商是通过某个中低端价值链环节的工艺升级来实现升级，因此，专业服务型升级是广大中小供应商的首要升级路径。主要的升级机制及驱动力包括资质认证（如 CMMI）、规模经济、流程改进、领域知识学习、专业化等。

专业服务型升级的核心是工艺流程升级和专业化。工艺流程的目的是要改变目前项目管理能力弱、过程管理成熟度水平低的现状。当前许多 IT 外包供应商的项目管理能力落后，不少项目还处在过程管理滞后的外包服务早期，缺乏完善规范的外包服务流程等。许多服务工程师缺乏质量意识和团队合作精神，习惯于英雄主义，受"差不多"文化的制约，难以遵循外包服务过程标准，导致不少项目出现质量问题，影响了 IT 外包供应商的声誉和国际 IT 外包产业的长期发展。因此必须通过资质认证和流程改进等途径，提升项目管理水平和 IT 外包成熟度。认证过程对系统地提升公司的流程规范和管理能力能起到积极的促进作用，在一定程度上可以规范公司制度。但是在通过标准之后，一些供应商可能会出现执行不力的情况。为此，还必须通过企业内系统培训、人力资源激励等手段提高认证的最终效果。另外，通过承担更多的项目，获取规模经济，获得干中学的学习效应也是升级的有效机制。最后，通过学习客户方的过程管理经验，吸纳有效的业务流程也有助于实现工艺流程升级。专业化则意味着通过深耕某个业务领域，主攻某个价值链环节，在某种业务领域或环节中具备竞争优势。为此必须通过业务领域知识学习等渠道构筑专业化优势。

（二）技术拓展型

技术拓展型是指企业通过提升在设计、研发、需求分析、系统设计等高价值环节的技术水平来实现从附属型—关系型—自主型的转型升级。这种升级涉及从价值链下游到上游的功能升级。比如博彦科技早期依附于大企业价值链的低端，后来从微软 Windows95、WindowsNT、Exchange 等软件本地化和测试项目起步，不断提升技术水平。从几个人发展到 3 000 多人，年复合自然增长率达到70%，已成为惠普、IBM、索尼、雅虎、SUN、英特尔等企业的金牌合作伙伴，在国际 IT 外包领域建立了相当的竞争优势，胜利实现了技术跨越。博彦在技术拓展过程中，相继开发出一系列针对不同行业的软件开发工具，提高了开发的效率和服务质量，形成自己独特的核心竞争力。例如，以前的软件在线测试服务全部用手工，速度慢效率低，博彦科技研究后开发出一款工具软件，可以自动识别待测试软件中属于重复性的可以通过机器自动完成测试的部分。再比如，所从事的软件汉化工作属于 IT 外包业的低端服务，博彦科技却通过整合全球不同地区的资源，为客户提供一站式的解决方案，发展出一种一揽子本地化外包服务新模式，能同时为客户提供35 种语言的本地化服务。

在技术拓展型升级过程中，客户方到供应商的技术转移、研发和国内外市场联动是关键的提升机制。比如博彦通过构建学习型组织，借鉴吸收了微软的各种软件测试工具、项目管理技能，提升了自身技术水平。为此应该通过在海外设立分支机构、建立技术联盟、派驻桥梁工程师等途径提高知识溢出的吸收率。另外，在经济危机的影响下，西方国家为了保障本国居民的就业，试图限制一些高附加值的业务外包到低成本的海外国家。为此必须适当考虑通过国内外市场联动机制，通过发掘国内市场的高端项目来提升系统分析与设计、系统集成等技术能力。

（三）自主创新型

自主创新型指一些供应商在通过从事 IT 外包项目提升了自身能力后，开始进行自主创新，开发自有品牌的升级路径。这种路径涉及跨价值链环节的功能升级，也包含新创产品或者改进既有产品的产品升级模式。采纳这种路径的既包括一些原来就有自主知识产权产品的外包服务企业（如东软），还包括一些试图掌握核心模块技术进行自主品牌新创的供应商（如 A 公司）。一些供应商在长期做外包项目后，可能会发现利润率难以保持或者提高，所以能力提高后，会开始更多地关注国内市场或开始做一些自主品牌的软件产品。比如，在访谈过程中某公司总经理提到，"日方客户这几年的设计水平文档在退步，上游设计在退步，要靠下游有经验的来弥补他们，尤其是 NEC 接触比较多，明显在退步，感觉（要求和利润）压的比较狠，（作为）跟 NEC 共同进步的协力公司还是很难的……（在自主创新方面）产品方面新的产品已经开发出来，差不多就要成功，还会追加投资，我们成本比较低，特点比较好，可能还会有一定的空间"。

要实现自主创新型升级，不能简单地停留于中低端 IT 外包项目，而应该逐渐向某个特定服务领域渗透，同时切入终端客户、行业客户业务核心领域。关键的升级机制包括领域知识学习、管理和营销能力提升、研发、渠道管理、市场开发等方面。

三、俘获型治理下价值链升级的策略选择

（一）促进组织学习，提升市场势力

提升供应商实力，获得谈判能力是突破俘获型治理的根本策略。具体包括以下几方面。第一，获得规模经济。在服务外包中，供应商通过专业化获得规模经济是外包发展的一个重要驱动力。通过规模经济获得工艺升级，提升外包服务能力是突破俘获型治理的基础，也为高端的功能升级等创造了基本条件。只有供应商承接的外包项目规模和水平达到一定的临界点，承包者才能积累一定的外包服务能力和资源，缓解发包者与承包者之间在治理结构上的能力不对称程度。第二，通过专注于政府、零售、金融、物流、医药研发、制造业等差异化垂直行业的某一水平外包（ITO、BPO、KPO）需求，提高垂直行业渗透率和影响力，不断积累垂直行业的业务领域知识，提升行业内谈判能力，突破俘获型治理。第三，通过

CMMI 等认证，促进服务外包流程规范化，提升服务质量，获取进入高端外包市场的基本条件。这些认证从一定程度上可以规范公司制度，促进工艺升级，但在通过标准之后，还必须通过培训、人力资源激励等手段提高认证的最终效果。

（二）促进核心企业在价值链升级中的引领作用

核心企业在关键性资源、技术以及营销网络等方面都具有绝对优势。因此，处于整个产业的中心位置，外围的中小企业都紧紧围绕着核心企业，以分包等方式参与产业的分工协作。价值链升级往往依靠这些核心企业，它们能够通过较强的对外扩张能力和多元化的信息交流渠道，获得丰富外部知识，专注于价值链中的一个或几个优势环节，增强自身核心竞争力，从而推动价值链升级。

1. 利用式创新与产业内部的知识溢出

核心企业实际上承担着产业集群治理者的角色，因为核心企业能够获取产业集群中的核心利润，从而具备了价值链升级的能力。价值链升级的关键就是对产业内部现有的知识和能力进行开发和利用，在这一过程中，核心企业相比于其他企业，在产业知识禀赋和知识溢出方面都存在明显的优势，因此能够更好地促进创新和升级。通过分包的网络合作形式，核心企业和周边企业构建了良好的社会资本，形成了较强的嵌入关系，凭借自身的经验积累，有助于促进知识在产业内部更好地扩散和利用，赋能价值链升级。

2. 探索式创新与产业外部知识引入

在俘获型治理模式下，我国产业集群在全球价值链上的升级受到限制。现有绝大部分供应商自身能力还存在不足，难以承担高端项目。虽然出现了规模较大、能力较强的领军企业，如文思海辉等，但多为 500 人以下的中小企业，自身能力不足。产业集群缺乏一个能够代表产业集群参与价值链谈判，与跨国企业争夺价值链剩余价值的主导企业。核心企业要想领导产业集群实现升级，除了通过利用式创新利用好产业集群内部的知识，还应该善于从外部环境中捕捉获得新知识的机会，通过探索式创新从外部引入有价值的新知识，助力价值链升级。核心企业在外部知识引入中的作用体现在以下方面。（1）知识识别。核心企业具有较强的对外扩张能力和多元化的对外交流渠道，有更多的冗余资源开展探索式学习，在获取外部新知识上拥有显著的优势。核心企业是连接产业集群内部和外部的桥梁，担任着产业集群内外部之间"知识守门人"的角色，在对产业集群外部知识进行搜索的时候，核心企业凭借自身的知识积累和经验，能够更有效地识别有价值的外部知识。（2）知识吸收。知识吸收能力影响集群的知识分享路径，而先前的经验积累、重叠的技术和建立互动路径是吸收能力的主要来源。产业集群中的不同企业对外部知识的吸收能力是不同的，核心企业早期积累了丰富的经验和知识，拥有多元和重叠的技术整合，对知识的理解能力突出，因此比集群中其他周边企业有用更高的知识吸收能力。（3）知识优化。核心企业凭借着自身强大的技术实力、对市场敏锐的观察力、与集群外部强大的网络联系，能更好发挥知识优化整合的作用，成为集群内部知识转移的主要推动者。

3. 核心企业带动区域产业升级

核心企业在区域产业升级中充当着创新"发动者"角色，一方面通过利用式创新促进产业内部的知识溢出和知识转移，促进工艺流程和产品的升级，增强区域产业升级的创新动力和外包价值链国际竞争力；另一方面通过探索性创新获取外部异质性知识，在产业内部形成示范效应和竞争效应，从而实现核心企业的功能和链条升级，最终带动区域产业升级。

（三）优化产业环境促进价值链升级

支持我国供应商价值链升级，突破俘获型治理的政策是多方面的，但应围绕支持重点地区、重点行业和企业提升实力，实现功能升级来展开。具体包括人才培养、中小企业融资担保、产业基金、税收优惠、规范和保护技术创新、构建 IT 外包公共平台、支持鼓励外包企业设立海外营运中心等。比如大连的软件远征军在走出去过程中，面临各种运营成本问题。为此，大连市政府联合大连高新园区管委会，在日本住友大厦租用办公区域，建设大连（日本）软件园为核心园区；以大连软件园、华信、海辉、东软 4 家企业驻日分公司为分园；以"1 + 4"模式开办大连（日本）软件园，通过政府的支持为他们搭建一个在日发展的统一平台，形成一个整体，整合资源，构建了一个知识转移的桥头堡，在促进价值链升级方面发挥了积极作用。

第二节　IT 外包供应商的组织惰性克服机制

IT 外包供应商组织惰性的形成发源于认知与行为惰性、外包业务模式本身的路径依赖，受限于外部俘获型治理机制和金字塔型业务模式。因此，组织惰性的克服机制也是一个系统工程，涉及组织双元性学习机制、外部控制机制、认知惰性克服等方面。

一、强化双元性学习机制，克服路径依赖

（一）组织惰性中双元性学习的作用

1. 双元性学习在克服组织惰性中的意义

现有 IT 外包供应商能力研究的文献主要从供应商能力评价、

供应商能力发展的角度，尤其侧重从组织学习角度探讨供应商能力演化的机理（Levina & Ross，2003；Jarvenpaa & Mao，2008），忽略了供应商能力演进中的另一面，即能力僵化问题。当供应商无法掌控更多类型高端项目，缺乏创新空间时，供应商的能力演进有可能从一个"客户满意→更多高端项目（创新空间）→能力提升→客户满意"的良性循环（Levina & Ross，2003）转变成一个"能力低下→客户不信任→更多低端项目（缺乏创新空间）→能力无法提升"的恶性循环，供应商陷入一种能力僵化的锁定状态。外包供应商主要接触到某个阶段的业务环节，尤其是从事对日外包的供应商，由于客户方的商业管理、文化差距、语言和人才素质等原因，一直难以接触高端价值链环节，更有可能面临这种能力僵化的困境，影响创新能力提升，阻碍整个产业发展。当前整个产业发展面临的各种困境都与这种创新能力低下有密切关系。比如一些供应商在应对危机过程中，提出了"国内国外两个市场"的应对措施，试图开始关注国内市场，开发自主品牌产品，但发现以往的外包项目安于成本优势，忽视了创新能力提升，缺乏相应的市场开拓和品牌能力等，最终陷入僵局。

事实上，在战略管理领域，现有能力研究文献较早就注意到这个问题，认为一个企业的核心能力在打造竞争优势的同时，也有可能由于路径依赖和锁定效应、组织承诺、结构性惯性等原因（Schreyögg & Kliesch-Eberl，2007），演变成一个企业的核心僵化能力，有学者把这个问题叫作"能力僵化悖论"（Leonard-Barton，1992），这种悖论被许多学者看作是最棘手的管理挑战之一。而造成能力僵化悖论的根本原因在于能力利用会对能力开发形成挤占作用（Leonard-Barton，1992），所以解决这个悖论的根源恰恰在于确保在新项目实施过程中同时实现能力开发和能力利用。

2. 双元性策略的本质和模式

双元性的本质是企业解决两种对立的力量和冲突。单个企业无法完全依赖自身资源确保自身的生存和发展，因此组织更多地从供应链和战略联盟中寻求帮助，双元性理论也开始向组织间层面扩展（凌鸿等，2010）。事实也证明，企业仅依靠探索式创新或利用式创新是无法一直为企业创造价值的，企业必须协调不同创新之间的关系，关注不同组织结构对双元性战略所产生的影响，才能为企业带来长远效益创造条件。诸多学者近几年也开始对组织双元性创新平衡愈加关注，王晓飞等（2017）从组织双元结构观的角度考虑，为解决探索式创新和利用式创新两种创新活动不协调所带来的问题，总结得出两种创新形式之间的四种整合模式，即并存模式、衍生模式、混合模式和平台模式，企业可以根据两种不同创新形式与组织资源、组织流程之间的匹配程度，进行不同的战略选择。

3. 双元性理论在 IT 外包中的研究

近年来，国内外诸多学者开始关注双元性战略在服务外包中的应用。张千军（2013）的研究发现，双元能力对信息技术外包项目绩效产生积极影响，而且在不同的信息技术外包模式下双元能力都有相同的作用。此结论支持了以往学者的观点，即保持两种不同创新形式的平衡以及提升这种平衡有助于实现双元性组织结构，从而带来更好的绩效结果。彭新敏等（2016）发现全球制造网络"嵌入悖论"的存在使后发企业面临价值链持续攀升的难题，通过纵向案例研究，揭示了双元性可以作为一种破解悖论的机制，后发企业可以通过在合作伙伴、合作方式和合作职能 3 个维度之间进行联结多样性配置来构建双元性。因此，双元性策略构成了俘获型治理下外包业价值链升级的微观机制。

先前文献中提出了利用式创新和探索性创新的概念，利用式创新指为了现有的市场和客户，对企业既有技术和能力的提炼和拓展。而探索式创新指的是为了新的市场和客户，利用外部新知识对企业重新设计、开辟新的市场和分销渠道（Benner & Tushman，2003）。这两类创新通常性质差异较大，常常存在矛盾与冲突，因此需要企业采用双元性战略来实现二者的平衡。具体到服务外包中即通过流程、产品升级开发当前产业环节潜力，通过功能和链条升级探索新的产业环节与产业链，实现两方面的平衡（赵付春，2011）。为此，一方面供应商可以发掘现有潜力，解决就业问题，积累资源能力；另一方面通过提升吸收能力、逆向外包等手段获取IT外包中的知识溢出。

利用式创新方面可以针对业务现状实施边缘变革，主要指策略改变。如面对着人力成本不断增加的危机，通过校企合作，以及在成本较低的二三线城市部署离岸交付中心来缓解人力成本上升带来的压力。再比如与客户方谈判调高价格，强调开源节流等。而探索式创新则追求核心变革，主要指战略调整，如开始注重国内市场、客户调整。比如有媒体报道博彦科技在转型升级中按月梳理、阶段性的"杀掉买家"，剔除一些低价值客户。IBM、华为等大公司也都曾经因为账期太长、利润率太低，而被清除。博彦科技高管认为，在客户方选择供应商同时，供应商也要选择客户方，比如将一些业务成长性差、利润率低、付款周期长、经常无理变更需求的客户方剔除，保证业务的健康持续。

（二）双元性机制的策略

借鉴以往学者的观点（Raisch & Birkinshaw，2008），双元性战略的主要包括结构、情境和领导行为三方面。

1. 结构双元性

结构指在组织内部或产业链上通过组织结构分割、组织配置等让不同的业务单元或合作伙伴分别注重探索和利用式创新以实现平衡。具体来说就是组织内部的某一部门或单位专门从事利用式创新，注重效率和挖掘式问题的解决。另一部门或单位专门从事探索式创新，注重柔性和创新性问题的解决（O'Reilly et al.，2011）。组织要想获得长期成功，就必须建立双重结构来分别实现探索和开发。有关学者提出了可以同时在不同的空间设置不同的结构性机制，以应对对立性组成元素所提出的竞争性要求。对于供应商来说，可以针对不同的垂直行业或客户对象，构建不同的业务单元，实施结构双元行为。供应商不同的业务单元或者产业链的不同企业从事不同性质的工作，相互之间是隔离的，互不干扰。利用式业务单元通常规模大而集中，文化相对比较保守，流程比较紧凑，致力于开发活动，重点关注现有业务模式的改进，追求渐进式创新。而探索式业务单元，通常规模小且分散，文化比较自由，拥有松散的流程，重点关注探索式创新，追求全新的技术或业务模式。

2. 情境双元性

情境双元性强调通过绩效管理制度、组织文化建设、流程设计等在组织内部确保员工形成兼顾探索和利用的惯例和意识，同时根据项目特征情境等决策是注重探索还是利用（Gibson & Birkinshaw，2004）。情境型双元要求在整个业务单元内同时实现利用和探索，组织通过建立一系列程序或系统以鼓励员工在面临利用和探索时如何分配自己的时间和精力。它不必通过空间分离来实现双元性创新，而是通过组织流程设计和文化价值观来影响员工，培育员工的双元性思维能力，让员工自己判断应该在何种情境下采用何种创新方式，保证双元性。采用情境双元性战略的供应商，需要通过给予信任和支持，或者绩效管理等方式在企业内部或产业链内部构造一种良好的情境，培养员工的双元性思维。

3. 领导行为双元性

领导行为双元性强调高层管理者在塑造双元性过程中发挥的重要作用。高管团队的行为整合可以在一定程度上弥补中小企业的资源短缺，企业的双元性倾向与行为整合程度正相关（Lubatkin，2006）。面对革新机会时，需要对员工充分授权，鼓励每个员工大胆尝试；而面对"封闭性"或危机的情境，则要求领导对员工的行为进行有效控制，确保业务稳定和持续性。领导双元性特征要求领导者具备双元性的领导风格，协调利用和探索式创新之间的矛盾，实现企业绩效的转化和产业价值链的升级。

二、提升创业导向，缓解认知惰性

管理者的认知偏差是认知惰性的根本原因，认知偏差来源于对现有绩效的满足，对低端外包业务潜在的俘获型治理和组织惰性危害的忽视，以及对市场威胁的不警觉。同时，长时间处于客户方的控制之中，使得供应商组织内部趋于稳定，组织惰性也由此滋生。而如果想跳出舒适圈向中高端领域发展，提升管理团队的创业导向，激发员工的创新潜能，缓解认知惰性是重要保障。提升创业导向，需要管理团队改变短期成本套利的思维定式，快速解决问题与响应环境变化，自主行动，承担风险，加快技术进步，驱使企业扩张。创业导向体现在创新性、风险承担性、先动性、开拓性、积极竞争、自治性等多个维度。完善合理的激励机制，使得管理者勇于承担风险、积极创新、面对市场竞争压力，是提升创业导向的基本保障。

三、积累冗余资源，破解行为惰性

组织惰性发源于资源僵化，当把所有组织资源用于完成苛刻要求、创新空间低的中低端项目时，组织的资源便被锁定在既有路径中，缺乏创新升级所需冗余资源，从而导致惯例僵化和行为惰性的出现。因此通过向中高端领域延伸，打破俘获型治理，展开双元性学习，积累冗余资源，是破解行为惰性的关键所在。面对发达国家客户方的层层压制，本土企业容易一直处于低水平的重复劳动中。通过双元性策略来积累冗余资源，渐进式和激进式创新交叉融合，有利于逐渐提升项目管理能力和客户关系管理能力，提升低端供应商在"金字塔型"多层分包模式下的地位，最终形成一个高利润空间、高冗余资源、低组织惰性、高成长性的良性循环。

四、强化压力感与认同感，发挥适宜控制机制作用

正式控制与非正式控制共同组成了控制机制。正式控制作为一种目标导向的规制过程，能够通过强制性的流程植入和渗透等方式，改进供应商的知识扫描和学习意愿，进而促进显性知识转移，缓解行为惰性。正式控制比非正式控制在缓解行为惰性中发挥了更主要的作用，相比非正式控制在知识转移作用过程中强调的通过文化认同等形式寄希望于受控方理解基础上潜移默化地改变认知惰性，通过正式控制进行流程植入，使其通过实际经历体会到新知识的价值和重要性，能使其更直接转变态度，真正吸收和应用知识，缓解行为惰性。因此，要善于利用不同机制的各自特点，缓解组织惰性。比如在组织惰性出现时，及时调整目标设定，提高要求，让员工体会到知识吸收中的压力感，改变其行为惰性，减缓认知惰性。但在施行正式控制时，需要把握好强制性的程度。如果程度过高，会导致员工产生更为严重的组织惰性，比如消极怠工等。

此外，非正式控制通过人员交流、参观访问、确立战略合作伙伴关系等也构成了信息性压力源。合理实施非正式控制能够弥补正

式控制的不足之处。机理模型也揭示隐性知识转移是认知惰性缓解的重要因素，而隐性知识转移则可以借助非正式控制产生的认同源和信息性压力源。所以企业可以通过文化融合、人员交流、参观访问、培训和学习指导等非控制手段，改变供应商团队的认同感，促进其隐性知识吸收，进而缓解认知惰性。

五、加强与客户方交流和互动，促进知识转移

通过吸收外部异质性知识，是缓解组织惰性的重要手段。为获取外包项目中的知识溢出，需要加强与客户方交流和互动。由于地域文化、公司文化等的影响，如果不积极沟通，企业间的差异性会阻碍双方的知识转移。通过与客户交流融合，有利于深刻了解客户方的内隐性知识，提高对知识利用情境的理解，减少知识验证和整合成本，促进知识利用。同时在交流互动中，还能潜移默化地了解客户方的业务情境，从客户方获取更多的业务领域、技术乃至管理层面知识，为缓解组织惰性奠定坚实基础。此外，加强双边交流，有助于与客户方建立长期合作伙伴关系，获得客户方信任和支持，减少组织间知识隐藏。通过知识转移有利于企业克服自身组织惰性，积累核心能力，加快企业的转型升级。

第三节　促进知识转移的路径选择

在 IT 外包中，供应商的技术发展与升级模式，与全球价值链网络中的治理模式密切相关。因此，处于俘获型治理模式下的供应商要实现向均衡或市场型治理模式转变，或自主选择进行工艺升级、产品升级、功能升级或链升级中的任一环节或者是完整升级过

程，必须探索俘获型治理模式的长效突破策略。这种机制的核心在于通过外包中的知识溢出，促进核心能力提升。获得知识溢出空间取决于关键两个：一是通过优化外包模式和客户网络，扩大知识溢出。二是通过内部有效组织学习，提升吸收能力，把握外包项目中的知识溢出机会。

一、优化客户网络结构，扩大知识溢出空间

先前研究发现促进印度 IT 外包业能力提升的两个关键因素就在于创新空间（主要是掌握的客户资源和项目来源）和能力杠杆（Lema，2010）。而外包行业的创新空间主要取决于客户网络结构，包括"职能域"（与客户方在价值链上各自所处的环节，如高端或低端）、"结构域"（合作关系所处阶段）和"属性域"（双方在管理成熟度、规模、实力等方面的特性差异）3 个维度（Lavie et al.，2006）。构建适宜的客户网络特征是获得溢出知识空间的重要基础，具体可采用以下策略。

（一）建立海外运营中心，促进知识转移

通过设立海外运营中心，主动接触终端用户，切入价值链上游和下游是摆脱困境的有效策略。随着业务的增长，必须开始积极尝试"走出去"，在客户方设立分支机构。比如大连市在日本以各种形式设立分支机构的企业已达 20 余家；还有许多企业也有类似的愿望和计划。可以往这些海外运营中心派驻一定数量的桥梁工程师，直接介入终端客户需求分析，做好国内开发团队与客户之间的项目沟通，缓解金字塔型分包模式中层层知识转移的风险。同时，这些运营中心也可以作为技术监听站和营销中心，一方面获取海外客户业务领域知识，另一方面培养客户开发、市场营销、研发、需

求分析、系统设计等高端能力。

（二）市场多元化，开拓国内和欧美高端市场

第六章的实证研究结果揭示客户支持在知识转移中发挥中重要作用。从客户方角度来看，提供支持和积极参与供应商的开发过程对于有效的知识转移是不可或缺的，这有助于供应商提高项目质量和控制项目成本。开拓具有更多知识溢出空间的客户方市场是知识转移的重要保障。

功能升级和链条升级要求不再局限于原有的低端项目，如后台支持 IT 外包、软件模块编码和测试项目等，而是要发展研发外包、系统集成、系统分析设计等高端项目，同时大力发展"业务流程外包"（如呼叫中心、硬件网络管理、市场及业务研究）等新外包形式。为此，首先应该培育本土市场的中高端需求。与印度同行相比，国内供应商的一个巨大优势在于国内需求，因此应该有所侧重培育本土中高端市场，以降低对国外低端市场的依赖，逐渐摆脱跨国客户方的俘获和控制。其次，努力降低对日本市场的依赖程度，积极开拓北美、中东和北欧国家等其他高端客户市场。当前，国内 IT 外包的客户方仍然以日本客户为主，日本外包通常采用金字塔型多层分包制，难以接触研发，系统分析设计等上游业务环节，长期而言陷入俘获型治理的可能性比较大。相对而言，欧美国家的外包模式中，服务商必须直接接触最终客户，独立完成从上游的需求分析、提出解决方案、到实施和售后服务的整个过程。有更多的机会接触价值链上下游环节，突破俘获型治理模式。最后，可以考虑以韩国、东南亚、俄罗斯、拉美、东盟等新区域市场为突破口，争取功能升级。在这些市场快速成长的新价值链中，交易双方市场势力较为均衡，可以争取市场型或均衡型的治理模式。

（三）通过逆向外包等手段获取知识溢出机会

为提升知识溢出机会，还可以利用产业内分工这种水平外包的双向游戏规则，主动向发达国家进行"逆向发包"，重点是研发类的 IT 外包订单，获取系统分析设计、研发等高端项目所必需的能力。

二、强化组织学习机制，提升吸收能力

离岸 IT 外包涉及跨国境和跨文化的知识转移，面临诸多困难。供应商自身基于组织学习的吸收能力提升是促进知识转移的重要核心要素。吸收能力是企业从环境中识别、消化和探索知识的能力。吸收能力是一个多层面多纬度的概念，在更多意义上是一个动态能力。

首先，提升吸收能力需要供应商储备一定的知识基础，比如通过高端 IT 人才招聘、储备大智移云、区块链、人工智能等为代表的各种新兴技术，以提高对新技术的甄别、吸收、整合和利用能力。

其次，组织学习机制是构建吸收能力的根本保障。实证研究揭示，供应商自身的学习机制在有效知识转移中发挥了重要作用。这种学习机制包括被动的经验积累和主动的知识表述、知识编码等学习机制。除了通过项目干中学之外，还需在项目实施过程中强化知识表述，建立制度化的措施，包括过程、指导和例行程序，以促进知识的表达，例如审查和评估中期成果，通过讨论、收集和分析项目数据进行总结和反思。学习机制的构建还要强调双元性机制的利用，一方面通过承担客户方低创新性项目培养团队，积累冗余资源。另一方面需要在组织结构多元性设计、双元性情境构建、双元性领导行为等方面提升基于双元性学习机制的吸收能力。

再其次，提升吸收能力还需优化促进创新的组织氛围，强化组织惯例和流程，完善激励、补偿、培训政策，构建吸收能力的组织机制。

最后，强化吸收能力的动态性。不同维度的知识转移是动态演化的，在外包契约关系演进过程中会出现此消彼长的变化。因此，要通过剩余控制权的配置及关系租金分割、优化外包合作关系类型和知识转移的私有共有利益比、调整组织机制等保持吸收能力的动态调整，应对知识转移不同演化阶段的要求。

参 考 文 献

［1］白景坤. 组织惰性生成研究——环境选择、路径依赖和资源基础观的整合［J］. 社会科学，2017（3）.

［2］毕静煜，谢恩，梁杰. 联盟控制机制与知识获取：伙伴选择的调节作用［J］. 科技进步与对策，2018.

［3］陈传明，陈松涛，刘海建等. 企业组织刚性影响因素的实证研究［J］. 南京社会科学，2004（5）.

［4］陈菲琼. 我国企业与跨国公司知识联盟的知识转移层次研究［J］. 科研管理，2001，22（2）：66-73.

［5］陈果，齐二石. 风险情境下的 IT 外包知识转移效果改进决策［J］. 运筹与管理，2017（1）.

［6］刁丽琳，朱桂龙. 产学研合作中的契约维度、信任与知识转移——基于多案例的研究［J］. 科学学研究，2014，32（6）.

［7］丁栋虹，陈学猛. 领导力锚定陷阱："成功乃失败之母"的机理探索［J］. 领导科学论坛，2014（2）.

［8］高展军，王龙伟，陈锋. 市场导向与联盟控制对知识获取的影响研究［J］. 科学学与科学技术管理，2012（1）.

［9］龚毅，谢恩. 中外企业战略联盟知识转移效率的实证分析［J］. 科学学研究，2005，23（4）：500-505.

［10］关涛，阎海峰，薛求知. 跨国公司知识转移：产权控制与合作的比较［J］. 科研管理，2008，29（1）.

［11］郭睿．创新驱动我国产业升级的方式浅析——基于全球价值链理论视角［J］．中国管理信息化，2018，21（23）：131-133.

［12］贺勇，欧阳粤青，廖诺．服务质量、关系质量与物流外包绩效——基于合作关系视角的案例研究［J］．管理案例研究与评论，2016（6）.

［13］胡汉辉，潘安成．组织知识转移与学习能力的系统研究［J］．管理科学学报，2006，9（3）：81-87.

［14］姜荣春．新常态下我国服务外包产业转型升级困境及其突破路径［J］．国际贸易，2015（11）：62-68.

［15］姜忠辉，罗均梅，孟朝月．基于双元性感知的组织惰性克服路径研究［J］．浙江大学学报（人文社会科学版），2018，48（6）：172-189.

［16］李柏洲，徐广玉．内部控制机制对知识粘滞与知识转移绩效关系的影响研究［J］．管理评论，2013，25（7）.

［17］李西林．中国服务外包产业转型升级方向、路径和举措［J］．国际贸易，2017（9）：11-16.

［18］李自杰，李毅，肖雯娟等．弱管理控制与中国企业的跨国知识转移［J］．科学学与科学技术管理，2013（7）.

［19］凌鸿，赵付春，邓少军．双元性理论和概念的批判性回顾与未来研究展望［J］．外国经济与管理，2010，32（1）.

［20］刘帮成，王重鸣．影响跨国知识转移效能的因素研究：以在华进行跨国创业企业为例［J］．科研管理，2007，28（6）：1-11.

［21］刘春生，王泽宁．全球价值链视角下我国服务外包的定位与路径选择——基于北京市服务外包升级发展的分析［J］．管理世界，2017（5）.

［22］刘栋．国际软件外包：中国IT企业的发展契机［J］．国际经济合作，2005（11）：31-33.

［23］刘瑞佳，杨建君．控制类型、企业间竞合及知识创造关系研究［J］．科技进步与对策，2018，35（17）．

［24］刘伟，邱支艳．关系质量、知识缄默性与 IT 外包知识转移——基于接包方视角的实证研究［J］．科学学研究，2016（12）：108－117．

［25］刘益，刘婷，薛佳奇．制造商控制机制的使用与零售商知识转移——渠道关系持续时间的影响［J］．科研管理，2008（3）．

［26］刘志彪，张杰．全球代工体系下发展中国家俘获型网络的形成、突破与对策——基于 GVC 与 NVC 的比较视角［J］．中国工业经济，2007（5）：39－47．

［27］龙勇，李忠云，张宗益等．技能型战略联盟合作效应与知识获取、学习能力实证研究［J］．系统工程理论与实践，2005，25（9）：1－7．

［28］罗珉，徐宏玲．组织间关系：价值界面与关系租金的获取［J］．中国工业经济，2007（1）：70－79．

［29］彭新敏．全球制造网络中后发企业的持续升级：一个双元性视角［J］．科研管理，2016，37（1）：145－152．

［30］秦燕，张国梁，汪克夷．从软件外包看中国软件企业的发展与创新［J］．科学学与科学技术管理，2006，27（1）：126－131．

［31］宋华．企业战略联盟中关系性租金的形成［J］．经济科学，2000，22（2）：22－27．

［32］孙洁，陈建斌，沈桂兰．全球价值链下 IT 服务外包企业能力的评价指标体系研究［J］．管理现代化，2014（1）．

［33］谭力文，田毕飞．美日欧跨国公司离岸服务外包模式的比较研究及启示［J］．中国软科学，2006（5）．

［34］谭云清，翟森竞．国际外包中跨国公司知识转移运行机制研究：来自中国提供商的证据［J］．管理评论，2014（8）：200－208．

［35］陶锋，李诗田．全球价值链代工过程中的产品开发知识溢出和学习效应——基于东莞电子信息制造业的实证研究［J］．管理世界，2008（1）．

［36］王建军，陈思羽．创新、组织学习能力与 IT 外包绩效关系研究：关系质量的中介作用［J］．管理工程学报，2016，30（2）．

［37］王雷．FDI 驱动型集群演化机制及其锁定效应［J］．改革，2008（3）：47－52．

［38］王琦，刘咏梅，卫旭华．IT 外包项目中知识转移影响因素的多案例研究——基于 IT 外包服务提供商的视角［J］．管理案例研究与评论，2014，7（3）：248－259．

［39］王婷，杨建君．组织控制协同使用、知识转移与新产品创造力——被调节的中介研究［J］．科学学与科学技术管理，2018．

［40］王晓飞，吕文栋，汪全勇．探索性创新和挖掘性创新整合模式的研究——基于组织双元结构观视角［J］．科技管理研究，2017（4）．

［41］王晓红．我国服务外包产业的转型升级与创新发展［J］．中国社会科学院研究生院学报，2019（1）．

［42］王毅．粘滞知识转移研究述评［J］．科研管理，2005，26（2）．

［43］王瑛华，张剑，张海利．信息性与控制性：工作压力源的性质研究［J］．管理工程学报，2012，26（2）：127－132．

［44］王永贵，马双．服务外包中创新能力的测量、提升与绩效影响研究——基于发包与承包双方知识转移视角的理论探讨与实证研究［C］．中国企业改革发展优秀成果 2018（第二届）上卷．2018．

［45］魏江，王铜安．个体、群组、组织间知识转移影响因素的实证研究［J］．科学学研究，2006，24（1）．

［46］魏钧，张勉，杨百寅．组织认同受传统文化影响吗——中国员工认同感知途径分析［J］．中国工业经济，2009（60）（3）：118-126.

［47］吴锋，李怀祖．知识管理对信息技术和信息系统外包成功性的影响［J］．科研管理，2004，25（2）.

［48］夏清华．联盟企业的治理结构、吸收能力与弱势企业的学习［J］．财经问题研究，2006（2）：92-96.

［49］谢卫红，蒋峦，张招兴等．跨国战略联盟中的组织学习与知识构建［J］．中国软科学，2006（8）：119-126.

［50］徐海波，高祥宇．人际信任对知识转移的影响机制：一个整合的框架［J］．南开管理评论，2006，9（5）：99-106.

［51］徐建伟，葛岳静，刘璐等．优势、创新与俘获型价值链突破——以爱尔兰、印度软件产业发展为例［J］．经济地理，2010，30（2）.

［52］薛求知，关涛．跨国公司知识转移：知识特性与转移工具研究［J］．管理科学学报，2006，9（6）：64-72.

［53］寻舸，叶全胜．论跨国公司技术锁定策略对业务外包的影响［J］．特区经济，2007，216（1）：85-86.

［54］闫立罡，吴贵生．中外战略联盟中的组织学习与企业技术能力的提高［J］．软科学，2006，20（3）.

［55］易法敏，文晓巍．新经济社会学中的嵌入理论研究评述［J］．经济学动态，2009（8）：130-134.

［56］张成考，吴价宝，纪延光．虚拟企业中知识流动与组织间学习的研究［J］．中国管理科学，2006（2）：129-135.

［57］张辉．全球价值链理论与我国产业发展研究［J］．中国工业经济，2004（5）.

［58］张杰，刘志彪，郑江淮．出口战略、代工行为与本土企

业创新——来自江苏地区制造业企业的经验证据 [J]. 经济理论与经济管理，2008（1）：12－19.

[59] 张磊，徐琳. 服务外包（BPO）的兴起及其在中国的发展 [J]. 世界经济研究，2006（5）.

[60] 张磊楠，刘益，赵阳. 交易伙伴间关系满意与知识转移 [J]. 情报杂志，2009，28（12）：38－41.

[61] 张培，夏立真，马建龙等. 多维信任、知识转移与软件外包绩效 [J]. 科研管理，2018（6）：172－179.

[62] 张千军，刘益，王良. 基于权变视角的知识利用、知识开发以及双元性对外包项目绩效的影响研究 [J]. 管理学报，2013，10（7）：1065.

[63] 张庆武，郭东强. 联合竞争企业的关系性租金分析 [J]. 技术经济与管理研究，2001（4）：45－46.

[64] 赵付春，焦豪. 产业升级的微观实现机制研究：基于双元性理论的视角 [J]. 科学学与科学技术管理，2011，32（5）：79－85.

[65] 周海琴. 日本商业服务外包的发展模式研究及启示 [J]. 日本问题研究，2010，24（2）：20－24.

[66] 周晓东，项保华. 企业知识内部转移：模式、影响因素与机制分析 [J]. 南开管理评论，2003（5）：7－10.

[67] Ai L C, Pan S L. Knowledge Transfer and Organizational Learning in IS offshore Sourcing [J]. Omega, 2008, 36 (2): 267－281.

[68] Anand B N, Khanna T. Do Firms Learn to Create Value? the Case of Alliances [J]. Strategic Management Journal, 2000, 21 (3): 21.

[69] Argote L, Ingram P. Knowledge Transfer: A Basis for Competitive Advantage in Firms [J]. Organizational Behavior & Human Decision Processes, 2000, 82 (1): 150－169.

[70] Argote L. Organizational Learning: Creating, Retaining, and

Transferring Knowledge ［M］. Kluwer Academic Publishers Norwell, MA, USA, 1999.

［71］ Asanuma B. Manufacturer-supplier Relationships in Japan and the Concept of Relation-specific Skill ［J］. Journal of the Japanese & International Economies, 1989, 3（1）: 1 – 30.

［72］ Balaji S, Ahuja M K, Ranganathan C. offshore Software Projects: Assessing the Effect of Knowledge Transfer Requirements and ISD Capability ［C］. Hawaii International Conference on System Sciences, 2006.

［73］ Bandyopadhyay S, Pathak P. Knowledge Sharing and Cooperation in Outsourcing Projects – A Game Theoretic Analysis ［J］. Decision Support Systems, 2007, 43（2）: 349 – 358.

［74］ Barney J. Firm Resources and Sustained Competitive Advantage ［J］. Journal of Management, 1991, 17（1）: 99 – 120.

［75］ Baumard, Philippe. Tacit Knowledge in Professional Firms: the Teachings of Firms in Very Puzzling Situations ［J］. Journal of Knowledge Management, 2002, 6（2）: 135 – 151.

［76］ Becerra M, Lunnan R, Huemer L. Trustworthiness, Risk, and the Transfer of Tacit and Explicit Knowledge Between Alliance Partners ［J］. Journal of Management Studies, 2008, 45（4）: 23.

［77］ Benner M J, Tushman M L. Exploitation, Exploration, and Process Management: the Productivity Dilemma Revisited ［J］. Academy of Management Review, 2003, 28（2）: 238 – 256.

［78］ Berger H, Lewis C. Stakeholder Analysis is Key to Client – Supplier Relationships of Global Outsourcing Project Success ［J］. International Journal of Information Management, 2011, 31（5）: 480 – 485.

［79］ Björkman I, Barner – Rasmussen W, Li L. Managing Knowledge Transfer in MNCs: the Impact of Headquarters Control Mechanisms [J]. Journal of International Business Studies, 2004, 35 (5): 443 –455.

[80] Blumenberg S, Wagner H T, Beimborn D. Knowledge Transfer Processes in IT Outsourcing Relationships and Their Impact on Shared Knowledge and Outsourcing Performance [J]. International Journal of Information Management, 2009, 29 (5): 342 –352.

[81] Bresman H, Birkinshaw J N R. Knowledge Transfer in International Acquisitions [J]. Journal of International Business Studies, 1999, 30 (3): 439 –462.

[82] Cha H S, Pingry D E, Thatcher M E. Managing the Knowledge Supply Chain: An Organizational Learning Model of Information Technology offshore Outsourcing [J]. Mis Quarterly, 2008, 32 (2): 281 –306.

[83] Choudhury V, Sabherwal R. Portfolios of Control in Outsourced Software Development Projects [J]. Information Systems Research, 2003, 14 (3): 291 –314.

[84] Cohen W M, Levinthal D A. Chapter 3 – Absorptive Capacity: A New Perspective on Learning and Innovation [J]. Administrative Science Quarterly, 1990, 35 (1): 128 –152.

[85] Cohen W M, Levinthal D A. Innovation and Learning: the Two Faces of R&D. [J]. Economic Journal, 1989, 99 (397): 569 –596.

[86] Cummings J L. Knowledge Transfer Across R&D Units: An Empirical Investigation of the Factors Affecting Successful Knowledge Transfer across Intra-and Inter-organization Units, Dissertation [J]. the George Washington University, 2001.

[87] Das T K, Teng B S. Instabilities of Strategic Alliances: An Internal Tensions Perspective [J]. Organization Science, 2000, 11

（1）：77 – 101.

[88] Dhanaraj C, Tihanyi L. Managing Tacit and Explicit Knowledge Transfer in IJVs：the Role of Relational Embeddedness and the Impact on Performance ［J］. Journal of International Business Studies, 2004, 35（5）：428 – 442.

[89] Dibbern J, Goles T, Hirschheim R, et al. Information Systems Outsourcing：a Survey and Analysis of the Literature ［J］. Acm Sigmis Database the Database for Advances in Information Systems, 2004, 35（4）：6 – 102.

[90] Dibbern J, Winkler J K, Heinzl A. Explaining Variations in Client Extra Costs Between Software Projects offshored to India ［J］. MIS Quarterly, 2006, 32（2）：333 – 366.

[91] Dixon N M, Harvard B S P. Common knowledge：how companies thrive by sharing what they know ［J］. Aorn Journal, 2004, 79（4）：872 – 872.

[92] Dong S, Xu S X, Zhu K X. Information Technology in Supply Chains：the Value of IT – enabled Resources Under Competition ［M］. Information Systems Research, 2009, 20（1）：18 – 32.

[93] Doz Y L. the Evolution of Cooperation in Strategic Alliances：Initial Conditions or Learning Processes ［J］. Strategic Management Journal, 1996, 17（S1）：55 – 83.

[94] Doz Y, Hamel G. the Art of Creating Value through Partnering ［M］. Alliance advantage：the art of creating value through partnering, 1998.

[95] Du R, Ai S, Abbott P, et al. Contextual Factors, Knowledge Processes and Performance in Global Sourcing of IT Services：An Investigation in China ［J］. Journal of Global Information Management,

2011, 19 (2): 1 – 26.

[96] Duanmu J L, Fai F M. A Processual Analysis of Knowledge Transfer: from Foreign MNEs to Chinese Suppliers [J]. International Business Review, 2007, 16 (4): 449 – 473.

[97] Williamson O E. The Economic Institutions of Capitalism [J]. Journal of Economic Issues, 1985, 21 (1): 528 – 530.

[98] Dussauge P, Garrette B, Mitchell W. Learning from Competing Partners: Outcomes and Durations of Scale and Link Alliances in Europe, North America and Asia [J]. Strategic Management Journal, 2000, 21 (2): 99 – 126.

[99] Dutton J. the Making of Organizational Opportunities: An Interpretive Pathway to Organizational Change [M]. Research in Organizational Behavior, 1992, 14: 195 – 226.

[100] Dyer J H, Chu W. the Role of Trustworthiness in Reducing Transaction Costs and Improving Performance: Empirical Evidence from the United States, Japan, and Korea [J]. Organization Science, 2003, 14 (1): 57 – 68.

[101] Dyer J H, Hatch N W. Relation – Specific Capabilities and Barriers to Knowledge Transfers: Creating Advantage through Network Relationships [J]. Strategic Management Journal, 2006, 27 (8): 701 – 719.

[102] Dyer J H, Nobeoka K. Creating and Managing A High – Performance Knowledge – Sharing Network: the Toyota Case [J]. Strategic Management Journal, 2000, 21 (3): 345 – 367.

[103] Dyer J H, Singh H, Hesterly W S. the Relational View Revisited: A Dynamic Perspective on Value Creation and Value Capture [J]. Strategic Management Journal, 2018, 39 (12): 3140 – 3162.

[104] Dyer J H, Singh H. the Relational View: Cooperative Strat-

egy and Sources of Interorganizational Competitive Advantage ［J］. Academy of Management Review，1998，23（4）：660 – 679.

［105］Edmondson A C，Dillon J R，Roloff K S. Three Perspectives on Team Learning：Outcome Improvement，Task Mastery，and Group Process.［J］. Academy of Management Annals，2007，1（1）：269 – 314.

［106］Edmondson A C，Winslow A B，Bohmer R M J，et al. Learning How and Learning What：Effects of Tacit and Codified Knowledge on Performance Improvement Following Technology Adoption ［J］. Decision Sciences，2003，34（2）：197 – 224.

［107］Espino – RodríGuez，TomáS F，RodríGuez – DíAz，Manuel. Effects of Internal and Relational Capabilities on Outsourcing：An Integrated Model ［J］. Industrial Management & Data Systems，2008，108（3）：328 – 345.

［108］Ethiraj S K，Kale P，Krishnan M S，Et Al. Where Do Capabilities Come From and How Do They Matter? A Study In the Software Services Industry ［M］. Strategic Management Journal，2004.

［109］Fang Y，Jiang G L F，Makino S，Et Al. Multinational Firm Knowledge，Use of Expatriates，and Foreign Subsidiary Performance ［J］. Journal of Management Studies，2010，47（1）：27 – 54.

［110］Feeny D，Lacity M，Willcocks L. Taking the Measure of Outsourcing Providers ［J］. Sloan Management Review，2005，46（3）：41 – 49.

［111］Fichman M，Levinthal D A. Honeymoons and the Liability of Adolescence：A New Perspective on Duration Dependence in Social and Organizational Relationships.［J］. Academy of Management Review，1991，16（2）：442 – 468.

［112］Fink M，Kessler A. Cooperation，Trust and Performance –

Empirical Results from Three Countries [J]. British Journal of Management, 2010, 21 (2): 469 - 488.

[113] Fiol C M, Lyles M A. Organizational Learning [J]. Academy of Management Review, 1985, 10 (4): 803 - 813.

[114] Friedman L, Wall M. Graphical Views of Suppression and Multicollinearity In Multiple Linear Regression [J]. the American Statistician, 2005, 59 (2): 127 - 136.

[115] Galbraith C S. Transferring Core Manufacturing Technologies in High - Technology Firms [J]. California Management Review, 1990, 32 (4): 56 - 70.

[116] Gereffi G, Humphrey J, Sturgeon T. the Governance of Global Value Chains [J]. Review of International Political Economy, 2005, 12 (1): 78 - 104.

[117] Gibson C B, Birkinshaw J. the Antecedents, Consequences, and Mediating Role of Organizational Ambidexterity [J]. Academy of Management Journal, 2004, 47 (2): 209 - 226.

[118] Gilbert C G. Unbundling the Structure of Inertia: Resource Versus Routine Rigidity [J]. Academy of Management Journal, 2005, 48 (5): 741 - 763.

[119] Gopal A, Koka B R. Determinants of Service Quality In Offshore Software Development Outsourcing [M]. Information Systems Outsourcing. 2009.

[120] Gottschalk P, Solli - Sather H. Knowledge Transfer In IT Outsourcing Relationships: Three International Case Studies [J]. International Journal of Innovation & Learning, 2007, 4 (2): 103 - 111.

[121] Grant, Robert M. Toward A Knowledge - Based Theory of the Firm [J]. Strategic Management Journal, 1996, 17 (S2): 109 - 122.

[122] Grover V, Teng C J T C. the Effect of Service Quality and Partnership on the Outsourcing of Information Systems Functions [J]. Journal of Management Information Systems, 1996, 12 (4): 89 – 116.

[123] Gupta A K, Govindarajan V. Knowledge Flows Within Multinational Corporations [J]. Strategic Management Journal, 2000, 21 (4): 473 – 496.

[124] Hedlund G. A Model of Knowledge Management and the N – Form Corporation [J]. Strategic Management Journal, 1994, 15 (S2): 73 – 90.

[125] Helena Holmström Olsson, Eoin Ó ConchÚIr, Pär J. Ågerfalk, Et Al. Two – Stage offshoring: An Investigation of the Irish Bridge [J]. MIS Quarterly, 2008, 32 (2): 257 – 279.

[126] Henrich R, Greve H R. Interorganizational Learning and Heterogeneous Social Structure [J]. Organization Studies, 2005, 26 (7): 1025 – 1047.

[127] Herath T, Rao H R. Encouraging Information Security Behaviors In Organizations: Role of Penalties, Pressures and Perceived Effectiveness [J]. Decision Support Systems, 2009, 47 (2): 154 – 165.

[128] Hodgkinson G P. Cognitive Inertia In A Turbulent Market: the Case of UK Residential Estate Agents [J]. Journal of Management Studies, 1997, 34 (6): 921 – 945.

[129] Huber G P. Special Issue: Organizational Learning: Papers In Honor of (and By) James G. March [J]. Organization Science, 1991, 2 (1): 88 – 115.

[130] Huff J S, Thomas H. Strategic Renewal and the Interaction of Cumulative Stress and Inertia [J]. Strategic Management Journal, 1992 (13): 55 – 75.

[131] Humphrey J, Schmitz H. How Does Insertion In Global Value Chains Affect Upgrading In Industrial Clusters [J]. Regional Studies, 2002, 36 (9): 1017 – 1027.

[132] Humphrey, J and Schmitz, H. Chain Governance and Upgrading: Taking Stock [A]. Schmitz, H. Local Enterprises In the Global Economy: Issues of Governance and Upgrading [C]. Cheltenhan: Elgar, 2004.

[133] Inkpen A C, Tsang E W K. Social Capital, Networks, and Knowledge Transfer [J]. Academy of Management Review, 2005, 30 (1): 146 – 165.

[134] Inkpen A C, Beamish P W. Knowledge, Bargaining Power, and the Instability of International Joint Ventures [J]. Academy of Management Review, 1997, 22 (1): 177 – 202.

[135] Inkpen A C, Currall S C. the Co – Evolution of Trust, Control, and Learning In Joint Ventures [J]. Organization Science, 2004, 15 (5): 586 – 599.

[136] Inkpen A C. Learning and Knowledge Acquisition Through International Strategic Alliances [J]. Academy of Management Perspectives, 1998, 12 (4): 69 – 80.

[137] inkpen A C. Learning Through Joint Ventures: a Framework of Knowledge Acquisition [J]. Journal of Management Studies, 2000, 37 (7): 1019 – 1044.

[138] Jarvenpaa S L, Mao J Y. Operational Capabilities Development in Mediated offshore Software Services Models [J]. Journal of information Technology, 2008, 23 (1): 3 – 17.

[139] Jensen R, Szulanski G. Stickiness and the Adaptation of Organizational Practices in Cross – Border Knowledge Transfers [J]. Journal

of international Business Studies, 2004, 35 (6): 508 – 523.

[140] Joshi K D, Sarker S, Sarker S. Knowledge Transfer Among Face-to – Face information Systems Development Team Members: Examining the Role of Knowledge, Source, and Relational Context [C]. Hawaii international Conference on System Sciences. 2004.

[141] Kale P, Dyer J H, Singh H. Alliance Capability, Stock Market Response, and Long – Term Alliance Success: The Role of the Alliance Function [J]. Strategic Management Journal, 2002, 23 (8): 747 – 767.

[142] Kale P, Singh H, Perlmutter H. Learning and Protection of Proprietary Assets in Strategic Alliances: Building Relational Capital [J]. Strategic Management Journal, 2000, 21 (3): 217 – 237.

[143] Kaplinsky R, Morris M. A Handbook for Valuechain Research [M]. Prepared for the IDRC, 2002.

[144] Kaplinsky R. Spreading the Gains from Globalization: What Can be Learned from Value – Chain Analysis? [J]. Problems of Economic Transition, 2004, 47 (2): 74 – 115.

[145] Karasek P, Theorell, T. Healthy Work: Stress, Productivity and the Reconstruction of Working Life [M]. New York: Basic Books, 1990.

[146] Khanna T, Nohria G N. The Dynamics of Learning Alliances: Competition, Cooperation, and Relative Scope [J]. Strategic Management Journal, 1998, 19 (3): 193 – 210.

[147] Kim D R, Chen M J, Aiken M. Towards an Understanding of the Relationship Between IS Outsourcing Vendors Service Quality and Outsourcing Effects [J]. international Journal of information Technology and Management, 2005, 4 (1): 12.

[148] Kirsch L J. Portfolios of Control Modes and IS Project Management [J]. information Systems Research, 1997, 8 (3): 215 –239.

[149] Kloot L. Organizational Learning and Management Control Systems: Responding to Environmental Change [J]. Management Accounting Research, 1997, 8 (1): 47 –73.

[150] Kogut B, Zander U. Knowledge of the Firm and the Evolutionary Theory of the Multinational Corporation [J]. Journal of international Business Studies, 1993, 24 (4): 625 –645.

[151] Koh C, Song A, Ang S. IT Outsourcing Success: A Psychological Contract Perspective [J]. information Systems Research, 2004, 15 (4): 356 –373.

[152] Kotabe M, Domoto M H. Gaining From Vertical Partnerships: Knowledge Transfer, Relationship Duration, and Supplier Performance Improvement in the U. S. and Japanese Automotive industries [J]. Strategic Management Journal, 2003, 24 (4): 293 –316.

[153] Lacity M C, Khan S, Yan A, Et Al. A Review of the IT Outsourcing Empirical Literature and Future Research Directions [J]. Journal of information Technology, 2010, 25 (4): 395 –433.

[154] Lacity M, Hirschheim R. information System Outsourcing: Myths, Metaphors and Realities [M]. John Wiley & Sons, inc. 1993.

[155] Lam, A. Embedded Firms, Embedded Knowledge: Problems of Collaboration and Knowledge Transfer in Global Cooperative Ventures [J]. Organization Studies, 1997, 18 (6): 973 –996.

[156] Lane P J, Lubatkin M. Relative Absorptive Capacity and interorganizational Learning [J]. Strategic Management Journal, 1998, 19 (5): 17.

[157] Lane P J, Pathak K S. The Reification of Absorptive Capaci-

ty： A Critical Review and Rejuvenation of the Construct ［J］. The Academy of Management Review, 2006, 31 (4)： 833 – 863.

［158］ Lane P J, Salk J E, Lyles M A. Absorptive Capacity, Learning, and Performance in international Joint Ventures ［J］. Strategic Management Journal, 2001, 22 (12)： 23.

［159］ Lavie D, Rosenkopf L. Balancing Exploration and Exploitation in Alliance Formation ［J］. Academy of Management Journal, 2006, 49 (4)： 797 – 818.

［160］ Lee C C, Tsai F S, Lee L C. Parent Control Mechanisms, Knowledge Attributes, Knowledge Acquisition and Performance of Ijvs in Taiwan Service industries ［J］. The Service industries Journal, 2011, 31 (14)： 2437 – 2453.

［161］ Lee J N, Huynh M Q, Hirschheim R. An integrative Model of Trust on IT Outsourcing： Examining a Bilateral Perspective ［J］. information Systems Frontiers, 2008, 10 (2)： 145 – 163.

［162］ Lee J N, Kim Y G. Effect of Partnership Quality on IS Outsourcing Success： Conceptual Framework and Empirical Validation ［J］. Journal of Management information Systems, 1999, 15 (4)： 29 – 61.

［163］ Lee J N. The Impact of Knowledge Sharing, Organizational Capability and Partnership Quality on IS Outsourcing Success ［J］. information and Management, 2001, 38 (5)： 323 – 335.

［164］ Lema R. Adoption of Open Business Models in the West and innovation in india's Software industry ［J］. IDS Research Reports, 2010, 62： 1 – 144.

［165］ Leonard – Barton D. Core Capability and Core Rigidities： A Paradox in Managing New Product Development ［J］. Strategic Management Journal, 1992, 13 (1)： 111 – 125.

［166］Leonardi P M, Bailey D E. Transformational Technologies and the Creation of New Work Practices: Making Implicit Knowledge Explicit in Task – Based offshoring ［J］. Mis Quarterly, 2008, 32 (2): 411 – 436.

［167］Levin D Z, Cross R. The Strength of Weak Ties You can Trust: The Mediating Role of Trust in Effective Knowledge Transfer ［J］. Management Science, 2004, 50 (11): 1477 – 1490.

［168］Levina N, Ross J W. From the Vendor'S Perspective: Exploring the Value Proposition in information Technology Outsourcing ［J］. MIS Quarterly, 2003, 27 (3): 331 – 364.

［169］Liang H, Saraf N, Xue H Y. Assimilation of Enterprise Systems: The Effect of institutional Pressures and the Mediating Role of Top Management ［J］. MIS Quarterly, 2007, 31 (1): 59 – 87.

［170］Liliana PéRez – Nordtvedt, Kedia B L, Datta D K, Et Al. Effectiveness and Efficiency of Cross – Border Knowledge Transfer: An Empirical Examination ［J］. Journal of Management Studies, 2008, 45 (4): 714 – 744.

［171］Lubatkin M H. Ambidexterity and Performance in Small-to Medium – Sized Firms: The Pivotal Role of Top Management Team Behavioral integration ［J］. Journal of Management, 2006, 32 (5): 646 – 672.

［172］Lui S S. The Roles of Competence Trust, Formal Contract, and Time Horizon in interorganizational Learning ［J］. Organization Studies, 2009, 30 (4): 333 – 353.

［173］Luo Y, Rui H. An Ambidexterity Perspective toward Multinational Enterprises from Emerging Economies ［J］. Academy of Management Executive, 2009, 23 (4): 49 – 70.

［174］Lyles M A, Salk J E. Knowledge Acquisition from Foreign

Parents in international Joint Ventures: An Empirical Examination in the Hungarian Context [J]. Journal of international Business Studies, 1996, 27 (5): 877 – 903.

[175] Makhija M V, Ganesh U. The Relationship Between Control and Partner Learning in Learning – Related Joint Ventures [J]. Organization Science, 1997, 8 (5): 508 – 527.

[176] Makino S, Delios A. Local Knowledge Transfer and Performance: Implications for Alliance Formation in Asia [J]. Journal of international Business Studies, 1996, 27 (5): 905 – 927.

[177] Mao J Y, Lee J N, Deng C P. Vendors' Perspectives On Trust and Control in offshore information Systems Outsourcing [J]. 2008, 45 (7): 482 – 492.

[178] Marsh H W, Wen Z, Hau K T. Structural Equation Models of Latent Interactions: Evaluation of Alternative Estimation Strategies and Indicator Construction [J]. Psychological Methods, 2004, 9 (3): 275 – 300.

[179] Martí E, Gil D, Julià C. A PBL Experience in the Teaching of Computer Graphics [C]. Computer Graphics Forum. 2005: 95 – 103.

[180] Martin X, Salomon R. Knowledge Transfer Capacity and its Implications for the Theory of the Multinational Corporation [J]. Journal of international Business Studies, 2003, 34 (4): 356 – 373.

[181] Mcallister D J. Affect-and Cognition – Based Trust as Foundations for Interpersonal Cooperation in Organizations [J]. The Academy of Management Journal, 1995, 38 (1): 24 – 59.

[182] Mesquita L F, Brush A T H. Comparing the Resource – Based and Relational Views: Knowledge Transfer and Spillover in Vertical Alliances [J]. Strategic Management Journal, 2008, 29 (9): 913 – 941.

［183］ Minbaeva D, Pedersen T, Bjrkman I, Et Al. MNC Knowledge Transfer, Subsidiary Absorptive Capacity, and HRM ［J］. Journal of international Business Studies, 2003, 34 （6）: 586 – 599.

［184］ Moore G C, Benbasat I. Development of An instrument To Measure The Perceptions of Adopting An information Technology innovation ［J］. information Systems Research, 1991, 2 （3）: 192 – 222.

［185］ Mowery D C, Oxley J E, Silverman B S. Strategic Alliances and interfirm Knowledge Transfer ［J］. Strategic Management Journal, 1996, 17 （S2）: 77 – 91.

［186］ Mursitama T N. Creating Relational Rents: The Effect of Business Groups on Affiliated Firms' Performance in indonesia ［J］. Asia Pacific Journal of Management, 2006, 23 （4）: 537 – 557.

［187］ Muthusamy S K, White M A. Learning and Knowledge Transfer in Strategic Alliances: A Social Exchange View, Organization Studies, 2005, 26 （3）: 415 – 441.

［188］ Nelson R, Winter S. An Evolutionary Theory of Economics Change ［M］. Cambridge: The Belknap Press of Harvard University Press, 1982.

［189］ Nonaka I, Takeuchi H. The Knowledge – Creating Company: How Japanese Companies Create the Dynamics of innovation ［M］. Oxford: Oxford University Press, 1995.

［190］ O'Reilly C A, Tushman M L. Organizational Ambidexterity in Action: How Managers Explore and Exploit ［J］. California Management Review, 2011, 53 （4）: 5 – 22.

［191］ Osterloh M, Frey B S. Motivation, Knowledge Transfer, and Organizational Form ［J］. Organization Science, 2000, 11 （5）: 538 – 550.

［192］Parasuraman A. Communication and Control Processes in the Delivery of Service Quality ［J］. Journal of Marketing，1988，52（2）：35 – 48.

［193］Park J Y，Im K S，Kim J S. The Role of IT Human Capability in the Knowledge Transfer Process in IT Outsourcing Context ［J］. Information & Management，2011，48（1）：53 – 61.

［194］Parkhe A. interfirm Diversity，Organizational Learning，and Longevity in Global Strategic Slliances ［J］. Journal of International Business Studies，1991，22（4）：579 – 601.

［195］Persson M. The Impact of Operational Structure，Lateral Integrative Mechanisms and Control Mechanisms On Intra – MNE Knowledge Transfer ［J］. International Business Review，2006，15（5）：547 – 569.

［196］Plugge A，Borman M，Janssen M. Strategic Manoeuvers in Outsourcing Arrangements ［J］. Strategic Outsourcing：An international Journal，2016，9（2）：139 – 158.

［197］Podsakoff P M，Mackenzie S B，Lee J Y，Podsakoff N P. Common Method Biases in Behavioral Research：A Critical Review of the Literature and Recommended Remedies ［J］. Journal of Applied Psychology，2003，88（5）：879 – 903.

［198］Podsakoff P M，Organ D W. Self – Reports in Organizational Research：Problems and Prospects ［J］. Journal of Management，1986，12（4）：531 – 544.

［199］Ponte S. Sturgeon T. Explaining Governance in Global Value Chains：A Modular Theory – Building Effort ［J］. Review of international Political Economy，2014，21（1）：195 – 223.

［200］Poppo，L.，& Zenger，T. Do Formal Contracts and Relational Governance Function as Substitutes or Complements? [J] Strategic Management Journal, 2002, 23 (8): 707 – 725.

[201] Prahalad C K, Bettis R A. The Dominant Logic: A New Linkage Between Diversity and Performance [J]. Strategic Management Journal, 1986, 7 (6): 485 – 501.

[202] Quinn J B. Strategic Outsourcing: Leveraging Knowledge Capabilities [J]. Sloan Management Review, 1999, 40 (4): 9 – 21.

[203] Rai A, Maruping L M, Venkatesh V. Offshore information Systems Project Success: The Role of Social Embeddedness and Cultural Characteristics [J]. Mis Quarterly, 2009, 33 (3): 617 – 641.

[204] Raisch S, Birkinshaw J. Organizational Ambidexterity: Antecedents, Outcomes, and Moderators [J]. Journal of Management, 2008, 34 (3): 375 – 409.

[205] Ramachandran V, Gopal A. Managers' Judgments of Performance in IT Services Outsourcing [J]. Journal of Management information Systems, 2010, 26 (4): 181 – 218.

[206] Reagans R, Mcevily B. Network Structure and Knowledge Transfer: The Effects of Cohesion and Range [J]. Administrative Science Quarterly, 2003, 48 (2): 240 – 267.

[207] René M, Bakker, Bart Cambré, Korlaar L, et al. Managing the Project Learning Paradox: A Set-theoretic Approach toward Project Knowledge Transfer [J]. International Journal of Project Management, 2011, 29 (5): 494 – 503.

[208] Ringberg T, Reihlen M. Towards a Socio – Cognitive Approach to Knowledge Transfer [J]. Journal of Management Studies, 2008, 45 (5): 23.

[209] Rottman J W. Successful Knowledge Transfer within offshore

Supplier Networks: A Case Study Exploring Social Capital in Strategic Alliances [J]. Journal of information Technology, 2008, 23 (1): 31 –43.

[210] Sarker S. Knowledge Transfer and Collaboration in Distributed U. S. – Thai Teams [J]. Journal of Computer – Mediated Communication, 2005, 10 (4): 1.

[211] Saunders C, Gebelt M, Hu Q. Achieving Success in Information Systems Outsourcing [J]. California Management Review, 1997, 39 (2): 63 – 79.

[212] Schreyögg G, Kliesch – Eberl M. How Dynamic can Organizational Capabilities be? Towards a Dual – Process Model of Capability Dynamization [J]. Strategic Management Journal, 2007 (9): 913 –933.

[213] Shi Z, Kunnathur A S, Ragu – Nathan T S. IS Outsourcing Management Competence Dimensions: Instrument Development and Relationship Exploration [J]. Information and Management, 2005, 42 (6): 901 –919.

[214] Simeon R. Evaluating The Strategic Implications of Japanese IT Offshore Outsourcing in China and India [J]. International Journal of Management & Information Systems, 2010, 14 (3): 25 –36.

[215] Simonin B L. Ambiguity and The Process of Knowledge Transfer in Strategic Alliances [J]. Strategic Management Journal, 1999, 20 (7): 595 –623.

[216] Simonin B L. An Empirical investigation of the Process of Knowledge Transfer in international Strategic Alliances [J]. Journal of international Business Studies, 2004, 35 (5): 407 –427.

[217] Simonin B L. The Importance of Collaborative Know – How: An Empirical Test of the Learning Organization [J]. Academy of Management Journal, 1997, 40 (5): 1150 –1175.

[218] Singh K H. Building Firm Capabilities Through Learning: The Role of the Alliance Learning Process in Alliance Capability and Firm – Level Alliance Success [J]. Strategic Management Journal, 2007, 28 (10): 981 – 1000.

[219] Smidts A, Riel C, Pruyn A. The Impact of Employee Communication and Perceived External Prestige On Organizational Identification [J]. Academy of Management Journal, 2001, 49 (5): 1 – 19.

[220] Sproull F L. Coordinating Expertise In Software Development Teams [J]. Management Science, 2000, 46 (12): 1554 – 1568.

[221] Suh T, Kwon I W G. Matter Over Mind: When Specific Asset investment Affects Calculative Trust in Supply Chain Partnership [J]. industrial Marketing Management, 2006, 35 (2): 191 – 201.

[222] Szulanski G, Cappetta R, Jensen R J. When and How Trustworthiness Matters: Knowledge Transfer and The Moderating Effect of Causal Ambiguity [J]. Organization Science, 2004, 15 (5): 600 – 613.

[223] Szulanski G, Jensen R J. Presumptive Adaptation and The Effectiveness of Knowledge Transfer [J]. Strategic Management Journal, 2006, 27 (10): 937 – 957.

[224] Szulanski, Gabriel. Exploring Internal Stickiness: Impediments To The Transfer of Best Practice Within The Firm [J]. Strategic Management Journal, 1996, 17 (S2): 27 – 43.

[225] Tiwana A, Mclean E. Expertise Integration and Creativity in Information Systems Development [J]. Journal of Management Information Systems, 2005, 22 (1): 13 – 43.

[226] Tsai W. Knowledge Transfer in Intraorganizational Networks: Effects of Network Position and Absorptive Capacity On Business Unit Innovation and Performance [J]. Academy of Management Journal, 2001,

44（5）：996 – 1004.

［227］Tsang Eric W K. Acquiring Knowledge by Foreign Partners from international Joint Ventures in A Transition Economy：Learning-by – Doing and Learning Myopia ［J］. Strategic Management Journal, 2002, 23（9）：835 – 854.

［228］Tsang Eric W. K. A. Preliminary Typology of Learning in International Strategic Alliances ［J］. Journal of World Business, 1999, 34（3）：211 – 229.

［229］Turner K L, Makhija M A. The Role of Organizational Controls in Managing Knowledge ［J］. Organization Science, 2006, 31（1）：197 – 217.

［230］Uzzi B. Social Structure and Competition in Interfirm Networks：The Paradox of Embeddedness ［J］. Administrative Science Quarterly, 1997, 42（1）：35 – 67.

［231］Van Solingen R. Berghout, E. From Process Improvement to People Improvement：Enabling Learning in Software Development ［J］. Information and Software Technology, 2000, 42（14）：965 – 971.

［232］Wang P, Tong T W, Koh C P. An integrated Model of Knoeledge Transfer from MNC Parent to China Subsidiary ［J］. Journal of World Business, 2004, 39（2）：168 – 182.

［233］Watson S, Hewett K. A Multi – Theoretical Model of Knowledge Transfer in Organizations：Determinants of Knowledge Contribution and Knowledge Reuse ［J］. Journal of Management Studies, 2006, 43（2）：141 – 173.

［234］Willcocks L P, Kern T. IT Outsourcing as Strategic Partnering：The Case of the UK inland Revenue ［J］. European Journal of information Systems, 1998, 7（1）：29 – 45（17）.

[235] Williams C. Client – Vendor Knowledge Transfer in IS Off-shore Outsourcing: Insights from a Survey of indian Software Engineers [J]. Information Systems Journal, 2011, 21 (4): 335 – 356.

[236] Williams C. Transfer in Context: Replication and Adaptation in Knowledge Transfer Relationships [J]. Strategic Management Journal, 2007, 28 (9): 867 – 895.

[237] Wong S S, Ho V T, Lee C H. A Power Perspective to Inter-unit Knowledge Transfer: Linking Knowledge Attributes to Unit Power and the Transfer of Knowledge [J]. Journal of Management, 2007, 34 (1): 127 – 150.

[238] Wu W L, Yeh R S, Lin C H. Managing Effective Knowl-edge Acquisition in International Outsourcing Alliances [C]. Technology Management for Global Economic Growth, 2010.

[239] Xu P, Yao Y. Knowledge Transfer in System Development Offshore Outsourcing Projects, In Proceedings of the 12th Americas Con-ference on Information Systems, Acapulco, Mexico, 2006.

[240] Yang Q, Mudambi R, Meyer K E. Conventional and Re-verse Knowledge Flows in Multinational Corporations [J]. Social Science Electronic Publishing, 2008, 34 (5): 882 – 902.

[241] Yli – Renko H, Autio E, Sapienza H J. Social Capital, Knowledge Acquisition, and Knowledge Exploitation in Young Technolo-gy – Based Firms [J]. Strategic Management Journal, 2001, 22 (6 – 7): 587 – 613.

[242] Yli – Renko H, Sapienza H J, Hay M. The Role of Contractu-al Governance Flexibility in Realizing the Outcomes of Key Customer Rela-tionships [J]. Journal of Business Venturing, 2001, 16 (6): 529 – 555.

[243] Zahra S A, George G. Absorptive Capacity: A Review,

Reconceptualization, and Extension ［J］. Academy of Management Review, 2002, 27 （2）: 185 – 203.

［244］ Zhao M, Stank T P. Interactions Between Operational and Relational Capabilities in Fast Food Service Delivery ［J］. Transportation Research Part E, 2003, 39 （2）: 161 – 173.

［245］ Zheng, Y. Q., Willcocks, L., & Yang, Bo. China's Emerging Software Services Outsourcing Industry. In M. C. Lacity, et al. （Eds.）, China's emerging outsourcing capabilities: The services challenge London & New York: Palgrave Macmillan Press, 2010: 17 – 36.

［246］ Zollo M, Winter S G. Deliberate Learning and the Evolution of Dynamic Capabilities ［J］. Organization Science, 2002, 13 （3）: 339 – 351.